바사(BASA)와 함께하는

증거기반 읽기 교수-학습 전략

김동일 저

학지사

본 저서는 2011년도 정부(교육기술과학부, 기초연구지원인문사회일반연구)의 재원으로 한국연구재단의 지원을 받아 연구되었음(NRF-2011-32A-B00194).

| 머리말 |

중재반응모형(responsiveness to intervention: RTI)의 중요성이 강조됨에 따라 교육 연구에 의하여 증거가 제시된 교육을 실천해야 하며, 공식적인 연구에 의한 검증 근거가 없는 경우는 연구자로서의 개별 교사가 학생의 성취를 확인할 수 있는 교육의 실천이 현장에 적용되어야 한다. 이러한 맥락에서 증거기반 교육실천(Evidence-Based Instruction or Evidence-Based Practice)이 교육학 및 특수교육 분야에서 주목을 받기 시작하였다. 그러나 원래 이 '증거기반'이라는 표현은 의학 연구 분야에서 먼저 나타났다. 이후 '증거기반'이란 용어는 심리학, 경제학뿐만 아니라 사회과학 전반에서 중요한 용어가 되었다.

우리나라에서도 읽기 관련 증거기반 교수-학습 전략을 적용하고 그 효과성을 평가하기 위한 읽기 기능 수행평가체제로서 BASA(Basic Academic Skills Assessement)가 개발되어 널리 활용되고 있으나, 이러한 평가 체제에 걸맞은 사례 연구와 효과적인 교수-학습 전략의 보급에 대한 요구가 점차 증가하고 있는 실정이다. 현장에서의 요구와 더불어 읽기 중재 전략에 대한 이해와 적용을 시도하려는 교육 전문가와 교사들을 돕기 위하여 이 책에서는 다음과 같은 점을 강조하고 있다.

첫째, 이 책은 총 4부 14개 장으로 구성되어 1부에서 음운 유창성 교수-학습 전략, 2부 인지전략 중심 교수-학습 전략, 3부 매체 활용 교수-학습 전략, 4부 통합 교수-학습 전략이 제시되어 있다.

둘째, 이 책에 나온 읽기 교수-학습 전략은 그동안 현장 교사 및 관련 전문가들이 직접 수행한 국내의 '증거기반' 현장 연구에 근거하여 정리되고 서술되어 있다. 이 책에 언급된 여러 현장 전문가와 교사들의 노고와 기여에 대하여 다시 한 번 깊은 감사의 말을 전한다.

셋째, 각각의 이론적 배경에만 매몰되지 않고, 다양한 읽기 교수–학습 전략 프로그램을 이해하고 분석하며, 실제 프로그램을 직접 '만져 보고' 수행해 보며 그 효과성을 확인할 수 있는 기회를 제공하고자 하였다.

이 책에 제시된 읽기 교수–학습 프로그램이 가장 모범적인 모습(exemplary practice)은 아니며, 오류가 없는 완벽한 것도 아니지만, 읽기 교수–학습 전략을 실천하고자 하였을 때 현장 전문가들이 한번쯤은 살펴보아야 할 전형적 모습(typical practice)을 포함하고자 하였다. 그러나 제한된 지면에 실제적인 측면을 강조하려고 하다 보니 부족한 부분이 여전히 많은 것을 고백한다. 저자의 설명에서 개념 전달이 되지 않은 부분이 있다면 독자들께서 많은 충고와 제언을 주어 다시 수정할 수 있도록 허락을 얻고자 한다.

이 작업을 진행하면서 직간접적으로 도와준 많은 분에게 감사한다. 특별히, 처음부터 끝까지 지지해 주고 연구에 참여한 조경화 선생의 수고로움을 기억하고, 참고문헌 정리를 도와준 김우리야 선생에게 깊은 고마움의 말을 전하고자 한다.

2012년 12월 관악에서
김동일

| 차 례 |

제2부 인지전략 중심 교수-학습 전략

제1부

음운 유창성 교수-학습 전략

01
음운인식훈련

이론적 배경

1. 음운인식의 정의

음운인식이란 구어에서 사용되는 단어 속에 들어 있는 여러 가지 소리의 단위와 유형을 지각하고 아는 것이다(Ball & Blachman, 1991; Castle, Riach, & Nicholson, 1994; Goswami & Bryant, 1990: 이차숙, 1999 재인용). 즉, 음 구조에 대한 인식으로 구어가 더 작은 요소로 나누어질 수 있고 여러 방법으로 조작될 수 있음에 대한 이해다. 구어는 여러 가지 방법으로 나눌 수 있다. 즉, 문장 속의 어절로, 어절 속의 음절로, 음절 속의 개별 음소로 나눌 수 있다. 다시 말해서, 음운인식이란 단어를 이루는 낱자의 소리들을 식별할 수 있고, 또 그런 소리들이 결합되어 낱말이 된다는 사실을 알며, 말소리의 최소 단위인 음소들을 합치고, 분절하고, 빼고, 삽입하고, 대체할 줄 아는 것이다. Morais(1991)에 따르면,

음운인식의 기본 요소는 첫째, 음운적인 연속체에 대한 인식, 둘째, 음절에 대한 인식, 셋째, 음소에 대한 인식(분절적 인식) 그리고 넷째, 음성학적 자질에 대한 인식으로, 이 중 음성학적 자질에 대한 인식 연구는 상대적으로 부족한 편이다(최영미, 2006).

2. 음운인식의 하위 능력

음운인식의 하위 능력은 다양하다. 여기서는 선행연구(박향아, 2000; 이차숙, 1999; 홍성인, 2000; 황보명 외, 2000)에서 주로 소개된 음운인식 훈련 방법들을 알아보고자 한다.

1) 두운/각운 비교하기

두운/각운 비교하기는 아동이 글자를 읽을 수 없어도 할 수 있는 과제다. 그림카드를 제시하고 그림의 단어와 같은 소리가 나는 그림카드를 찾게 하거나, 소리를 들려주어 같은 소리가 나는 부분을 찾게 한다. 즉, '소나무' '소라'를 들려주고 똑같은 소리가 나는 부분을 듣고 말하게 한다. 또한 노래활동으로 두운/각운의 인식능력을 키워 주는 것은 정교한 수준의 음운인식활동을 촉진시켜 줄 수 있으며 문자를 접하는 아동에게 흥미와 관심을 불러일으킨다.

2) 문장 속의 어절, 어절 속의 음절, 음절 속의 음소 수 세기

문장 속의 어절을 찾는 훈련은 글을 읽지 못해도 가능하다. 교사는 아동에게 익숙한 노래나 짧은 동화 속의 이야기를 들려주고, 각각의 어절로 분절하도록 한다. 또한 어절 속의 음절 수 세기는 아동의 이름이나 부모의 이름 그리고 친숙한 단어들을 그림카드나 말로 제시하여 이름을 말하고, 소리 수를 세어 보게 한다. 음절 속의 음소 수 세기는 문장 속의 어절 수 세기나 어절 속의 음절 수 세기 과제보다 어렵다. 그러나 아동에게 가장 친숙한 문자인 아동 자신의 이름이나 부모의 이름들 속에 구성된 각각의 음절을 선택하여 음절을 구성하는 음소 수 세기를 한다면 쉬울 수 있다.

3) 음소 결합, 대치

말의 최소 단위인 음소를 지각하기란 쉽지 않다. 왜냐하면 사람이 지각하는 소리 단위는 음소 단위가 아닌 음절 단위이기 때문이다. 즉, '책' 이라는 소리는 덩어리 소리인 /책/이라고 들리지 /ㅊ/ /ㅐ/ /ㄱ/으로 들리지 않는다. 음소를 지각하기란 쉽지 않지만, 말소리의 최소 단위인 음소로 이루어진 음소 문자의 경우는 자소-음소의 대응관계를 터득하는 것이 읽기의 관건이 된다. 글을 읽지 못하는 유아에게는 세 개의 음절을 들려주고 성격이 다른 음절을 찾게 한다. 즉, '그' '기' '우' 를 들려주고 다른 소리로 들리는 것이 무엇인지 말해 보게 한다.

그리고 문자 해독 단계에 있는 아동이나 문자를 읽는 것을 어려워하는 아동을 대상으로는 자소-음소의 대응관계의 원리를 깨닫게 하는 훈련이 중요하다. 자소-음소의 대응관계를 깨닫게 하는 음소 결합 과제는 자음과 모음으로 구성된 블록이나 카드를 준비하여, '바' 라는 소리가 되려면 무엇과 무엇을 결합하여야 하는지를 보여 준다. 음소 대치 훈련은 '바' 를 '자' 로 혹은 '바' 를 '비' 로 소리 나게 하려면 어떤 부분을 바꾸어야 하는지 말해 보고 직접 바꾸어 보게 한다.

4) 음소 첨가, 탈락

음소 첨가 훈련은 '바' 에 받침 'ㅇ' 이 첨가되면 어떤 소리가 나는지 말해 보게 한다. 이와는 반대로 음소 탈락 훈련은 '방' 에서 받침 'ㅇ' 을 탈락시키면 어떤 소리가 나는지 말해 보게 한다.

음운인식훈련 프로그램을 활용한 읽기지도의 효과성[1)]

1. 연구대상

본 연구에서는 P시에 있는 초등학교의 일반학급에 재학 중이면서 소아정신과에서 학습장애로 진단받은 아동, 혹은 읽기에 문제가 있다고 담임교사의 추천을 받은 아동들을 대상으로 하였다. 총 13명 중에서 다음 기준에 부합하는 아동 6명을 1차로 선정한 후, 부모 상담 및 동의하에 3명을 최종적으로 본 연구의 대상아동으로 배정하였다.

첫째, K-WISC-III 지능검사에서 IQ 80 이상인 아동
둘째, 기초학습기능검사의 읽기 I에서 연령과 읽기수준의 차이가 12개월 이상인 아동
셋째, 음운인식검사에서 전체 정반응률 50%에 미치지 못하는 아동
넷째, 읽기의 문제가 시각, 청각, 정서장애 등의 다른 장애요인이나 외부의 문화적 · 교육적 영향에 의한 것이 아닌 아동

2. 검사도구

1) 음운인식 검사도구

본 연구에서 사용한 음운인식 검사도구는 다음과 같이 세 가지로 구분된다. 두운-각운, 첨가-생략-대치, 결합-변별에 대한 음운인식이다. 이 검사는 미국 Oregon 대학교에서 읽기장애아동을 위해 개발한 DIEBEL 프로그램(Good &

1) 이원령(2003). 음운인식훈련이 읽기장애아동의 음운인식과 읽기 능력에 미치는 효과. 대구대학교 대학원 박사학위논문.

Kaminski, 2001)과 여러 연구(김영우, 서경희, 2002; 박향아, 2000; 서경희, 2001; 윤혜경, 1997; 이차숙, 1999; Abbott, Walton, & Greenwood, 2002)에 기초하여 전문가 세 명의 자문을 얻어 연구자가 내용을 구성하였다. 이에 대한 신뢰도(Cronbach' s α)는 0.94다.

2) 읽기검사도구

읽기검사는 글자 읽기, 단어 읽기, 비단어 읽기 등 세 가지 영역으로 나누어져 있다. 글자 읽기와 단어 읽기는 이상로, 서봉연, 송명자와 송영혜(1989)의 연구에서 사용한 검사 내용을 기초로 하여 재구성하였다. 비단어의 경우에는 아동이 쉽게 접하는 단어 '어머니, 아버지, 선생님, 신발장, 코끼리, 운동장, 동물원, 고구마' 에 대한 음소 첨가, 생략, 대치를 이용하여 문항들이 만들어졌다. 이때 글자 읽기는 1음절, 단어 읽기는 2음절, 비단어 읽기는 3음절로 이루어졌다.

3. 연구 설계

첫째, 본 연구는 '대상자 간 중다 간헐 기초선 설계'를 사용하여 실험 1에서는 두운-각운에 대한 음운인식훈련, 실험 2에서는 음소 첨가-생략-대치에 대한 음운인식훈련, 실험 3에서는 음소 결합-변별에 대한 음운인식훈련을 실시하였다.

둘째, 실험 1에서 두운과 각운 가운데 하나라도 정반응률이 80% 이상 연속 4회 나타나고, 다른 영역도 정반응률이 적어도 50% 이상일 때 중재를 종료하였다. 1주일 후 유지 기간에는 5일 간격으로 3회 검사를 실시하였다. 또한 유지 기간 동안 다음 실험에 대한 기초선 검사를 동시에 실시하였다.

셋째, 음운인식훈련을 통한 읽기 능력의 향상을 알아보기 위해서 글자 · 단어 · 비단어 읽기를 사전-사후로 각 2회씩 실시하여 정반응률에 대한 평균을 산출하였다.

4. 연구 절차

표 1-1 음운인식훈련 단계

단계	목표	총 회기 수	글자 형식	내용
실험 1	받침 없는 글자 읽기 두운-각운의 이해	58회기	1, 2형식	1. 글자판 읽기-같은 시작음 단어 및 같은 끝음 단어 찾기 2. 끝말잇기 3. 그림카드에서 같은 시작음 단어 및 같은 끝음 단어 찾기 4. 지시에 따라 글자 만들어 보기 5. 여러 글자 중에서 제시어 찾기 6. 비슷한 글자 구분하기
실험 2	받침 있는 글자 읽기 첨가-생략-대치의 이해	70회기	4, 5형식	1. 받침 없는 글자판과 받침 'ㄱ ㄴ ㄷ ㄹ ㅁ ㅂ ㅅ ㅇ'을 사용하여 4, 5형식 글자 익히기 2. 첨가, 생략, 대치를 이해하도록 글자판을 가지고 연습 3. 지시에 따라 글자 만들어 보기 4. 여러 글자 중에서 제시어 찾기 5. 제시한 글자가 들어 있는 단어 찾아보기 6. 비슷한 글자 구분하여 읽기

5. 연구 결과 및 해석

1) 두운-각운에 대한 음운인식

실험 1에서는 두운과 각운에 대한 음운인식훈련을 실시하였다. 이때 아동 A와 아동 B에게는 24회기, 그리고 아동 C에게는 15회기 동안 중재를 실시하였다. 아동들의 기초선과 중재, 유지 기간 동안의 두운과 각운에 대한 음운인식 정반응률과 음운인식 변화를 살펴보면 다음과 같다.

(1) 두운

기초선 4회기 동안에 3학년인 아동 A의 두운에 대한 인식은 27~40%로 평균 정반응률 35%를 나타내었다. 중재가 시작되고 중재 9회기(13회기)까지는 두운에 대한 인식이 정반응률 53%까지 향상되었으나 변화의 기폭이 심하게 나타났다. 그러나 중재 12회기(기초선 4회기 포함 16회기)부터 중재 18회기(기초선 4회기 포함 22회기) 동안에는 안정적인 모습을 나타내었다. 아동 A는 중재 15회기(기초선 4회기 포함 19회기)부터 연속적으로 80% 이상의 정반응률을 4번 보임으로써 중재가 종료되었다.

(2) 각운

아동 B는 두운과 마찬가지로 기초선에서 정반응률 0%를 나타내었다. 그러나 중재 9회기(기초선 19회기 포함 28회기)에는 정반응률 47%까지 향상되었다. 그 후에도 중재 15회기(34회기)에는 정반응률 67%, 중재 21회기(기초선 19회기 포함 40회기)에는 정반응률 87%를 보이며 지속적인 발전 양상을 보였다. 전체적으로 중재 기간에는 13~87% 범위의 정반응률과 유지 기간에는 73~87% 범위의 정반응률을 나타내었다.

2) 첨가-생략-대치에 대한 음운인식

(1) 첨가

아동 A는 기초선에서 30~40% 범위의 평균 정반응률 32.5%를 나타내었다. 중재 15회기(기초선 4회기 포함 19회기)까지는 첨가에 대한 음운인식이 불안정하게 나타났다. 그러나 중재 18회기(기초선 4회기 포함 22회기) 이후에는 지속적으로 급격하게 첨가에 대한 음운인식이 향상되었다. 중재 24회기(기초선 4회기 포함 28회기)에는 정반응률 100%까지 도달하였다. 이와 같이 아동 A는 중재 기간 동안 30~100% 범위의 정반응률과 유지 기간에는 90~100% 범위의 정반응률을 보였다. 제시 절차는 다음과 같다. 교사가 '가' 글자를 제시하면 아동 A가 먼저 읽어 본다. 여기에 받침 'ㅇ' 을 붙이면 아동 A는 '가 → 강' 하면서 4형식의 글자를 읽게 된다. 그 후 아동에게 '강' 이란 글자가 들어가는 말을 찾아보게 했을 때 아동 A는 '강물' 혹은 친구 이름 중에서 '강○○' 라고 이야기하면서 즐거워하였다. '남' 이란 글자에 대해서도 '남자' 혹은 같은 반 친구의 이름 '남○○' 을 생각해 내었다.

(2) 생략

아동 C는 기초선에서 10～30%로 평균 정반응률 22.5%를 나타내었다. 아동 C는 '나' 혹은 '날' 과 같은 글자를 읽을 수는 있지만 '날' 에서 받침이 생략되면 '나' 가 된다는 음운인식에 상당한 혼란을 느꼈다. 중재 9회기(기초선 40회기 포함 49회기)까지는 생략에 대한 음운인식이 지속적인 발전을 보였으며, 정반응률 70%까지 향상되었다. 다시 중재 12회기(기초선 40회기 포함 52회기)부터 중재 18회기(기초선 40회기 포함 58회기)에는 정반응률 90%까지 향상되었다. 중재 기간에는 10～90%의 정반응률과 유지 기간에는 80～90% 범위의 정반응률을 나타내었다.

(3) 대치

아동 B는 기초선에서 정반응률 0%를 보이며 중재를 시작하였다. 중재 15회기(기초선 22회기 포함 37회기)까지 10～30%의 정반응률을 보였다. 중재 18회기(기초선 22회기 포함 40회기)에는 정반응률이 60%로 향상하였다. 그 후 변화의 기폭은 보였지만, 중재 30회기(기초선 22회기 포함 52회기)에 정반응률 70%를 나타내며 중재가 종료되었다. 중재 기간 동안 10～70% 범위의 정반응률과 유지 기간에는 70～80% 범위의 정반응률을 나타내었다.

6. 결론

읽기장애아동에게 음운인식훈련을 실시한 결과를 바탕으로 한 본 연구의 결

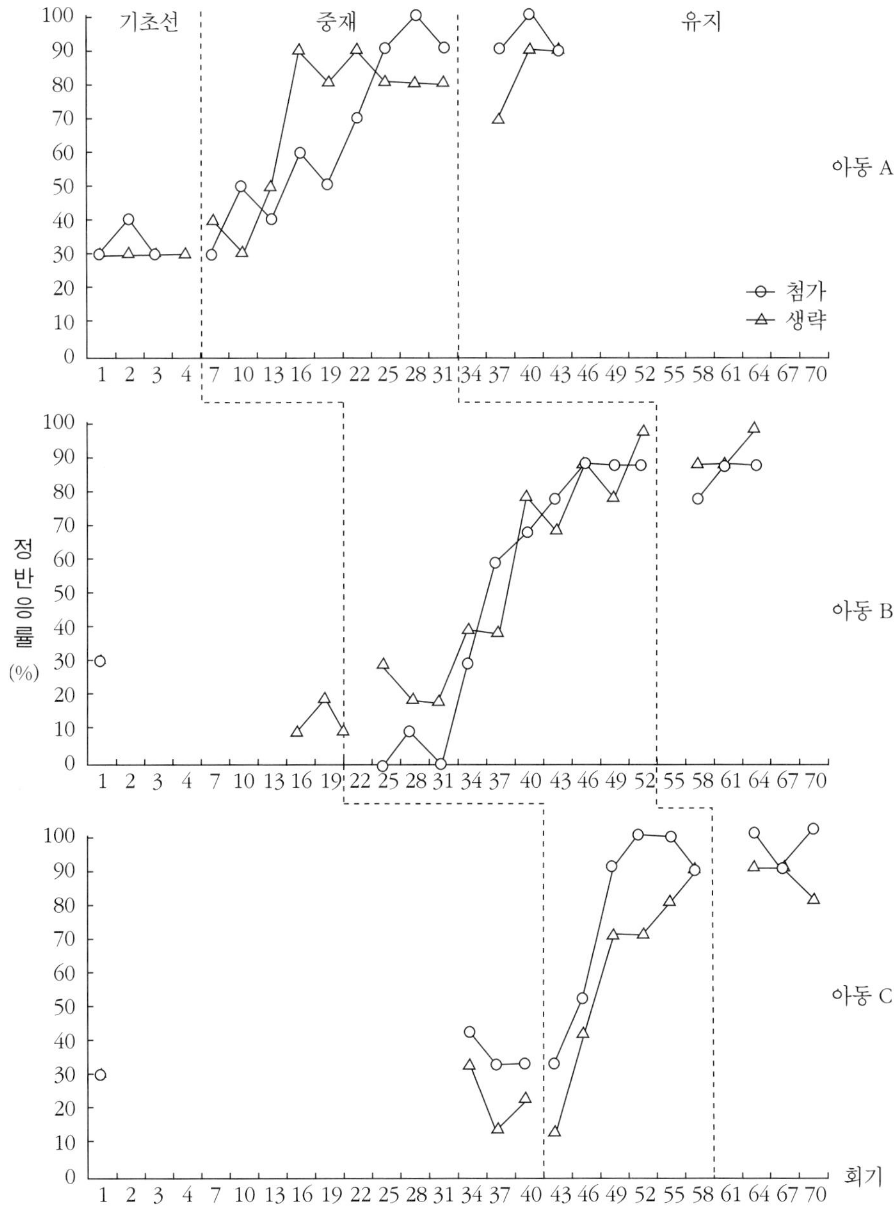

[그림 1-1] 첨가-생략에 대한 음운인식의 변화

론은 다음과 같다.

첫째, 음운인식훈련이 읽기장애아동의 두운-각운에 대한 음운인식을 향상시키는 데 효과적이었다. 특히 두운에 대한 음운인식이 각운에 대한 음운인식보다 향상됨으로써 음운인식훈련이 두운의 음운인식에 더 영향을 준 것으로 판단된다.

둘째, 음운인식훈련이 읽기장애아동의 음소 첨가-생략-대치에 대한 음운인식을 향상시키는 데 효과적이었다. 특히 첨가와 생략에 대한 인식이 대치에 대한 음운인식보다 높게 나타난 점으로 미루어 보아서 음운인식훈련의 효과가 더 크다고 할 수 있다.

본 연구 결과 여러 영역의 음운인식이 분명한 시각적 판단 수준으로 향상됨으로써 음운인식훈련이 글자 · 단어 · 비단어 읽기에도 긍정적인 영향을 주는 것으로 결론지을 수 있다.

음운인식훈련 프로그램을 활용한 읽기지도의 예시

1. 음절 수준의 음운인식 프로그램[2)]

1) 프로그램 절차

<table>
<tr><th>항목</th><th colspan="2">음운인식훈련 프로그램</th></tr>
<tr><td rowspan="4">I. 음절 수 세기</td><td>목표</td><td>단어목록에 있는 그림카드에서 그림으로 제시된 1, 2, 3음절의 단어를 명명하고 그 수를 헤아릴 수 있다.</td></tr>
<tr><td>활동</td><td>1. 치료사는 단어목록에 있는 1, 2, 3음절 단어의 그림카드를 아동에게 보여 주고 명명하도록 지시한다.
2. 치료사는 그림카드의 명사를 명명하게 한 후, 아동들이 음절 수만큼 손뼉을 쳐 보도록 한다.
3. 치료사는 그림카드의 명사를 명명하게 한 후, 아동들이 음절 수만큼 발을 굴러 보게 한다.
4. 치료사는 신체부위에서 1, 2, 3음절이 나는 곳을 아동들이 찾아서 말해 보도록 한다.</td></tr>
<tr><td>단어 목록</td><td>• 1음절 수 세기: 개 귀 눈 말 문 발 밤 배 소 손 입 코
• 2음절 수 세기: 가방 가지 개미 가위 나무 나비 다리 문어 매미 바지 사과 사탕 오이 오리 포도 포크 팽이
• 3음절 수 세기: 개구리 나팔꽃 다리미 바나나 바구니 병아리 사다리 잠자리 전화기 주사기 주전자 코끼리 피아노 호랑이</td></tr>
<tr><td>단계</td><td>• 단계 1: 치료사가 제시한 단어카드의 그림을 보고 명명하게 한다.
• 단계 2: 치료사가 제시한 1, 2, 3음절의 단어카드의 그림과 글자를 보고 음절 수를 세어 보게 한다.
• 단계 3: 치료사가 제시한 1, 2, 3음절의 단어카드의 그림을 보고 음절 수를 세어서 손뼉 치고 발을 굴러 보게 한다.</td></tr>
<tr><td colspan="2">유의점</td><td>1. 음절 수만큼 손뼉 치거나 발 구르기를 치료사가 먼저 모델링해 줌으로써 아동들에게 음절의 인식을 먼저 시켜 준다.
2. 음절인식이 잘 되지 않는 경우에는 그림카드 뒷면의 글자를 보여 줌으로써 시각적 단어로 음절의 이해를 돕는다.</td></tr>
</table>

2) 최영미(2006) 음절 수준의 음운인식 훈련이 정신지체아동의 단어 읽기 능력에 미치는 효과. 대구대학교 재활과학대학원 석사학위논문

2) 음절 수준의 음운인식 프로그램 활동지

(1) 음절 수 세기 훈련

아래 그림의 이름을 각각 말해 보고 이름의 글자 수만큼 박수를 쳐 보자.			

(2) 음절 짝짓기 훈련

〈보기〉 그림의 이름을 말해 보고 첫소리 글자와 같은 소리가 나는 그림의 이름을 크게 말해 보자.			
〈보기〉	①	②	③

〈보기〉 그림의 이름을 말해 보고 첫소리 글자와 같은 소리가 나는 그림의 이름을 크게 말해 보자.			
〈보기〉	①	②	③

(3) 음절 분리하기 훈련

가위	코끼리	나비	개구리

• 언어적 지시의 예: '가위' 는 어떤 소리로 시작하나요?

(4) 음절 합성하기 훈련

사	자

• 언어적 지시의 예: '사' 와 '자' 를 합치면 무슨 말이 될까요?

(5) 음절 대치하기 훈련

나비	개미

• 언어적 지시의 예: 각 그림의 이름에서 첫소리 글자를 '아' 소리로 바꾸어서 말해 봅시다.

(6) 음절 탈락하기 훈련

포도	잠자리

• 언어적 지시의 예: 그림의 이름에서 첫소리 글자를 빼고 말해 봅시다.

2. 음운인식훈련 프로그램[3)]

〈1단계 활동〉

1단계 하위 영역	설 명
1. 두운 산출 및 변별하기	교사: 제일 좋아하는 과일을 하나씩 말해 보자. 아동: 수박이요. 교사: 수박을 제일 좋아하는구나. 그럼 '수' 자로 시작하는 말에는 뭐가 있을까? 우리 같이 '수수수 자로 시작하는 말' 노래를 불러 보면서 한 가지씩 말해 보자. 아동: 수건이요. (아동들은 노래를 부르면서 '수' 자로 시작되는 단어를 한 가지씩 말한다.) 교사: 잘했구나. 그러면 선생님이 3개의 단어를 말하면 그중에서 시작하는 말이 다른 것 하나만 찾을 수 있겠지? 아동: 네. 교사: 수박, 수건, 호떡. 아동: 호떡이요. 교사: 잘했어요. * 각운 산출 및 변별하기 활동도 이와 같이 진행한다.

3) 오병하(2006). 발음중심법을 병행한 음운인식훈련이 읽기부진아동의 단어읽기 및 쓰기에 주는 영

<table>
<tr><td>2. 음절
수 세기</td><td>교사: 자기 이름을 말해 보자.
아동: 김철수요.
교사: 그럼 /김철수/에는 몇 개의 소리가 있는지 세어 보자.
(/김철수/를 말하면서 박수를 3번 친다.)
아동: 3개요.
(다른 아동의 이름도 말하고 소리 수만큼 박수를 치고 몇 개의 소리가 있는지 말해 본다.)</td></tr>
<tr><td>3. 글자-음절
일대응 대응
관계, 발음
항상성 알기,
음절분리,
합성,
조작하기</td><td>교사: (아동의 이름을 쓴 카드를 제시한다.) 여기 /김철수/ 이름이 있는데, 가위로 한 글자씩 잘라 보자.
(아동이 가위로 자른다.)
교사: /김철수/ 이름을 몇 개로 나눌 수 있지?
아동: 3개요.
교사: 3개, 맞았어요. 김철수라는 이름에는 3개의 글자가 있어. 그러면 그 글자의 소리가 무엇인지 말해 볼래?
아동: /김/, /철/, /수/ 요.
교사: /김/, /철/, /수/를 다시 합치면 어떤 말이 될까?
아동: (3개의 글자카드를 합친다.) /김철수/ 내 이름이요.
교사: /김/과 /수/의 자리를 바꾸면 어떤 말이 될까?
아동: (글자카드의 위치를 바꾼다.) /수철김/이요.
교사: /김철수/ 아니니?
아동: 아니요. /수철김/이에요.
교사: 맞았어. 이것은 /김철수/가 아니라 /수철김/이지. 글자의 위치가 바뀌면 말하는 소리의 순서도 바뀌게 되지. 각 글자는 그것의 모양에 따라 소리도 달라진단다. 아까 배운 '수박' 에서의 '수' 와 '김철수' 의 '수' 는 모양이 같기 때문에 어느 위치에 있더라도 같은 소리를 갖는단다.
교사: 자, 그러면 /김철수/에서 /김/을 빼면 무슨 말이 될까?
아동: /철수/요.
교사: 맞았어요. /김철수/에서 /김/ 대신에 /박/을 넣으면 무슨 말이 될까?
아동: /박철수/요.
교사: 잘했어요. /박철수/ 끝에다가 /짱/을 넣으면 무슨 말이 될까?
아동: /박철수짱/이요.
교사: 잘했어요.</td></tr>
</table>

향. 단국대학교 대학원 석사학위논문.

4. 자모음의 글자 이름과 음가 알기	교사: 한글에는 자음, 모음이 있단다(자모음 음절표에 있는 자음과 모음을 가리킨다.). 함께 읽어 보자. 아동: 기역, 니은, 디귿……. (자음과 모음을 읽는다.) 교사: 우리 글은 자음과 모음이 만나서 글자를 이루는데 이런 글자를 만들 때 모음은 글자 이름 그대로 말해서 합치면 되지만 자음은 글자 이름을 가지고 소리를 합칠 수 없기 때문에 자음에는 모음 '+4'를 넣어서 글자를 만들어 보려고 한다. 자, 그럼 /기역/은 /그/, /니은/은 /느/ 라고 읽어 나가도록 하자. 아동: /그/, /느/, /드/…….
5. 음소 듣고 자소 찾기	교사: 선생님이 말하는 소리를 잘 듣고 어느 글자인지 찾아보도록 하자. /므/ 아동: (자소가 쓰인 종이에서 찾는다.) /ㅁ4/ 찾았어요. 교사: 잘했어요. (듣고 찾기를 10번 실시한다.)

〈2단계 활동〉

2단계 하위 영역	설 명
1. 자음과 모음 결합하기	교사: /그/와 /?@/가 만나면 무슨 글자가 될까? 선생님이 하는 것을 잘 듣고 따라해 보자. /그--아/, /그-아/, /그아/, /가/ 무슨 글자가 됐지? 아동: /가/요. 교사: 그래. 이렇게 자음의 소리와 모음의 소리가 합쳐지면 하나의 글자가 된단다. 우리 함께 글자를 만들어 보자. (아동이 음절표의 순서대로 자음과 모음을 결합하면서 글자를 만들어 본다.)
2. 음소 수 세기, 분리, 합성, 조작 활동	교사: /가/에는 몇 개의 소리가 있을까? 아동: /그/, /ㅏD/ 2개요. 교사: /가/에서 /ㅏC/를 빼면 무슨 소리가 남을까? 아동: /그/요. 교사: /그/와 /ㅏD/를 합치면 무슨 소리가 될까? 아동: /가/요. 교사: /가/라는 글자에서 /그/를 빼고 /므/를 넣으면 어떤 글자가 될까? 아동: /마/요. 교사: /마/라는 글자에서 /ㅏ?/를 빼고 /ㅗD/를 넣으면 어떤 글자가 될까? 아동: /모/요. 교사: 잘했어요.

3. 음절표의 글자 읽기	교사: 선생님이 음절표에 있는 글자를 읽을 테니까 잘 듣고 따라해 보자. (아동들이 따라 읽는다.) 교사: 그러면 한 친구씩 읽어 보도록 하자. 잘 모르면 선생님이 자음의 소리를 알려 줄 테니까 자음과 모음을 빨리 붙여서 읽어 보도록 하자. (아동이 한 명씩 읽는다.)
4. 빙고게임	교사: 빙고게임을 할 거야. 음절표에 있는 글자 중에서 생각나는 글자가 있으면 써 보자. 가로, 세로, 대각선 모두 합쳐서 3개를 만든 사람이 이기는 거야. (아동들이 9개의 빈칸에 글자를 채운다.) 교사: 이제부터 한 사람씩 자신이 쓴 글자를 부르고 그 글자가 있는 사람은 그 글자를 지우도록 하자. 누구부터 할까? 아동: 저요. /마/ 교사: /마/ 글자가 있으면 지워 보자. (자신의 글자판에 쓴 글자를 부르면서 지운다. 이기는 사람이 나올 때까지 부르고 듣고 지우는 활동을 진행한다.)
5. 무의미 글자기차 만들어 읽기	교사: 여기 기차 칸이 그려진 그림이 있어. 이 기차 칸에 음절표에 있는 글자를 하나만 쓰는 거야. 쓰고 난 다음에 기차의 맨 앞 칸부터 자기가 쓴 글자 칸까지 읽는 거야. 잘 모르는 글자가 나오면 앞사람이 하는 말을 잘 듣고 읽어 보면 될 거야. 아동: (글자 하나를 쓰고 읽는다.) /기/ 교사: (두 번째 칸에 글자 하나를 쓰고 맨 앞 칸부터 읽는다.) /기모/ 아동: (세 번째 칸에 글자 하나를 쓰고 맨 앞 칸부터 읽는다.) /기모사/ (기차 칸 10개가 다 채워질 때까지 진행한다.)

〈3단계 활동〉

3단계 하위 영역	설 명
1. 7종성 알고 소리 내기	교사: 우리 글에는 기본 받침으로 사용되는 자음이 14개가 있지만 소리는 ㄱ, ㄴ, ㄷ, ㄹ, ㅁ, ㅂ, ㅇ 7가지로만 난단다.(7종성으로 소리 나는 자음들을 소개한다.) 받침 소리는 /윽/, /은/, /읃/, /을/, /음/, /읍/, /응/ 으로 내도록 한다.

2. 음절체에 말미자음 결합하여 읽기	교사: /가/와 /윽/이 만나면 무슨 소리가 될까? 선생님이 한번 말해 볼게. /가-----윽/ /가--윽/ /가윽/ /각/ (붙이는 속도를 점점 빨리 한다.) /각/이 되었네. 선생님하고 같이 한번 해 보자. (교사와 아동이 함께 음절체에 말미자음을 결합하는 연습을 한다. 다른 음절체와 말미자음의 결합도 이와 같이 진행한다.)
3. 음소 수 세기, 분리, 합성, 조작활동	교사: /마/에다 /을/을 합치면 어떤 말이 될까? 아동: /말/이요. 교사: /말/에는 몇 개의 소리가 있을까? 아동: /므/, /ㅏD/, /을/ 3개요. 교사: /므/, /ㅏD/, /을/ 3개의 소리로 다시 합치면 어떤 말이 될까? 아동: /말/이요. 교사: /말/에서 /므/를 빼고 /스/를 넣으면 어떤 말이 될까? 아동: /살/이요. 교사: /살/에서 /을/을 빼면 어떤 말이 될까? 아동: /사/요. 교사: /말/에서 /을/을 빼고 /응/을 넣으면 어떤 말이 될까? 아동: /망/이요. 교사: /말/에서 /ㅏ〉/를 빼고 /ㅣ?/를 넣으면 어떤 말이 될까? 아동: /밀/이요. 교사: 잘했어요. (음절표의 글자 읽기, 빙고게임, 무의미 글자기차 만들기 읽기 활동의 방법은 2단계와 같다.)
4. 이야기 만들어 읽기	교사: 우리 함께 재미있는 이야기책을 만들어 보자. 한 명씩 이야기를 만들면 선생님이 쓸게. 그러고 나서 읽어 보도록 하자. 아동: 제목, 우리 아기. 우리 아기는 두 살입니다. (아동이 말한 이야기를 교사가 받아 적는다. 이야기 진행이 끝나면 한 명씩 읽어 보도록 한다.)

❖ 참고문헌

김영우, 서경희(2002). 음운인식훈련이 읽기장애아동의 문자해독에 미치는 영향. 특수교육재활과학연구, 41(2), 115-137.

박향아(2000). 아동의 음운인식 발달. 아동학회지, 21(1), 35-44.

서경희(2001). 읽기장애아의 음운 처리 고찰. 정서 · 학습장애연구, 17(2), 43-70.

오병하(2006). 발음중심법을 병행한 음운인식훈련이 읽기부진아동의 단어읽기 및 쓰기에 주는 영향. 단국대학교 대학원 석사학위논문.

윤혜경(1997). 아동의 한글읽기발달에 관한 연구. 부산대학교 대학원 박사학위논문.

이상로, 서봉연, 송명자, 송영혜(1989). 학습장애 치료교육 프로그램 개발을 위한 기초연구. 경북대학교 교육대학원 논문집, 21, 1-77.

이원령(2003). 음운인식훈련이 읽기장애아동의 음운인식과 읽기 능력에 미치는 효과. 대구대학교 대학원 박사학위논문.

이차숙(1999). 유아의 음운인식과 읽기능력과의 관계에 관한 연구. 교육학연구, 37, 389-406.

최영미(2006). 음절 수준의 음운인식 훈련이 정신지체아동의 단어 읽기 능력에 미치는 효과. 대구대학교 재활과학대학원 석사학위논문.

홍성인(2000). 한국아동의 음운인식발달. 연세대학교 대학원 석사학위논문.

황보명, 강수균(2000). 경직형 마비성 구어장애 환자와 정상인의 음절교호운동률에 관한 연구. 난청과 언어장애, 23(2), 295-308.

Abbott, M., Walton, C., & Greenwood, R. C. (2002). Research to Practice Phonemic Awareness in Kindergarten and First Grade. *Teaching Exceptional Children, 34*(4), 20-26.

Ball, W. E., & Blachman, A. B. (1991). Does phoneme awareness training in kindergarten make a difference in early word recognition and developmental spelling? *Reading Research Quarterly, 26*(1), 49-66.

Castle, M. J., Riach, J., & Nicholson, T. (1994). Getting off to a better start in reading and spelling: The effects of phonemic awareness instruction within a whole language program. *Journal of Educational Psychology, 86*(3), 350-359.

Good, H. R., Kaminski, A. R., Simmons, D., & Kame'enui, J. E. (2001). Using Dynamic Indicators of Basic Early Literacy Skills (DIBELS) in an Outcomes-Driven Model:

Steps to Reading Outcomes. *OSSC Bulletin, 44*(1), 1-24.

Goswami, U., & Bryant, P. E. (1990). *Phonological skill and learning to read.* Hove, Sussex: Lawrence Erlbaum.

Moraris, J. (1991). Constrains on the development of phonemic awareness. In S. Brady & D. Shankweiler (Eds.), *Phonological process in literacy* (pp. 5-27). NJ: Lawrence Erlbaum Associates.

02
읽기 유창성 전략 프로그램

이론적 배경

1. 읽기 유창성 전략의 필요성

유창성과 독해력 간의 밀접한 관계는 LaBerge와 Samules(1974), Sternberg (1985)의 자동화(automatization)에 대한 연구에서 그 근거를 찾아볼 수 있다. 정보처리과정의 자동화 능력은 복잡한 정보처리과정을 요하는 과제를 수행할 때 의식적 노력 없이 자동적으로 과제를 수행할 수 있는 능력을 의미한다. 따라서 자동화되어 있는 학생은 부드럽게 효과적으로 빨리 정보를 처리할 수 있다. 또한 과제의 참신함(novelty)을 쉽게 다루는 학생은 자연히 남는 지능적 능력을 정보처리의 자동화에 투입할 수 있다(김동일, 1997). 읽기부진아동은 문자를 소리로 바꾸는 데 많은 인지적 자원을 소모하게 되어 그 의미를 이해하고 구성하는 과제에 배분하기 위한 주의능력이 심각하게 제한된다. 그러나 유창하게 읽는 학생은 문자를 읽는 과정이 자동적으로 이루어지기 때문에 음운화에는 별다른 인지적 노력을 하지 않고도 주의력을 문장이해로 돌릴 수 있으므로 독해력에서도 우월한 능력을 보일 수 있게 된다. 유창한 독자는 읽기를 할 때 미숙한 독자에 비해 철자 확인, 정확한 발음, 강세, 성조, 휴지 등의 기계적인(mechanical) 부분을 보다 잘 처리한다. 유창한 독자가 이 기계적인 부분들에 특별한 주의를 기울이지 않으면서도 미숙한 독자에 비해 나은 읽기를 할 수 있는 것은 이러한 부분에 대해 주의를 기울이지 않아도 될 만큼 이 요소들을 거의 무의식적으로, 즉 자동적으로 사용할 수 있기 때문이다. 그들의 읽기 속도는 말하기 속도와 거의 유사하고 읽기 이해력 역시 훌륭하다. 왜냐하면 주의가 문자 기호의 해독이 아닌 의미 처리 과정에 투입되기 때문이다.

그러므로 읽기지도의 초기 단계에서 읽기부진아동을 위하여 정확하고 빠르게 읽는 읽기 유창성을 강조하는 교수-학습의 접근이 더욱 요구되고 있다. 읽기 유창성의 전체적인 평가는 전체적인 읽기 숙련도와 관계가 있다는 것이 발견되었다(Pinnell & White, 1995). 느리고 유창하지 않게 읽으면 이해력도 바로 미흡해진다. 따라서 이러한 학생들은 덜 읽게 되고, 또래나 같은 학년의 보통 속도로 읽는 학생들보다 읽기에서 진도가 더뎌진다. 느리게 읽는 대부분의 사람은 비효율적인 독자라고 말할 수 있다. 단어 해독은 잘 하더라도 주의 집중력이 부족하고 인지 능력이 미흡하여 자연스럽고 효과적으로 읽기를 수행하지 못하면 결국 독해 곤란이 되고, 좌절에 이르게 된다(Rasinski, 2000).

느리고 유창하지 못한 읽기는 의미 있는 구절이나 글의 의미를 구성하는 데 도움을 주는 통사에 대한 감수성의 부족과도 관련이 있다. 단어 인지 효과를 높이고 통사에 대한 감수성을 높이면, 읽기 속도나 유창성이 좋아지고 읽기를 보다 효과적으로 잘할 수 있게 된다. 그러나 이것은 기계적인 훈련이나 기능 연습을 통해서 이루어지는 것이 아니다. 읽기 속도나 능률, 유창성은 반복 읽기 같은 지도 활동을 통해서 이루어진다. 시 낭독이나 공연을 위한 대본을 연습하는 등 실제적인 활동, 또한 읽기가 유창한 짝의 도움을 받아 실제적인 읽기 활동을 할 때 효과적이다(Rasinski, 2000).

Topping(1987)은 함께읽기가 읽기 유창성과 전체 읽기를 확실히 향상시킨다는 것을 발견했다. 적절한 속도로 정확하고 유창하게 읽는 것에 대한 교육적 함의는 매우 중요하다. 성공적인 읽기를 위해서 음과 소리의 협응에 대한 규칙을 숙달해야 하고, 아울러 문장의 의미와 구조를 파악하는 능력이 필요하다. 기초 읽기 능력의 구성 요소 중 가장 커다란 기여를 하는 것도 읽기 유창성이다. 그러므로 독해에 어려움이 있는 아동이 읽기 유창성에서 심각한 문제를 보이는 것은 읽기 발달 지체로 볼 수 있다. 더구나 읽기 유창성이 독해력의 필요조건이 될 수 있다. 읽기부진아동의 지도에 필요한 구체적 읽기 지도활동은 다음과 같다.

2. 읽기 유창성 전략의 유형

1) 읽기 시범

Allington(1983)의 연구에 따르면, 유창한 독자는 그들의 가정 안에 소리 내어 읽을 목표가 되고, 그들의 유창함을 확인하도록 도와준 훌륭한 모델이 있었다. 교사 또한 학급에서 유창하게 소리 내어 읽기의 모델이 될 수 있다. 교사는 매일 학생들에게 그림책, 신문, 시 등을 읽어 주는데, 이는 이미 읽기 시범을 하고 있는 것이다. 특정한 교과서에 친숙한 상급 학생들도 어린 학생들을 위한 유창한 읽기의 모델이 될 수 있다. 각각의 읽기 시범(modeling)은 그 목적이 소리 내어 읽기에서 의미 구 단위로 끊어 읽는 것을 보여 주기 위한 것이기 때문에 지속적이어야 한다. 교사는 이러한 읽기 능력 요소 때문에 어려움을 겪는 학생을 위한 모델이 되어야 한다. Zutell과 Rasinski(1991)는 읽기를 잘 못하는 학생은 단지 잘 읽지 못하는 다른 사람을 모델로 삼고 있을 뿐이라고 지적했다.

2) 반복읽기

(1) 개념

반복읽기(repeated reading)는 짧고 의미가 명료하며 운율감이 있는 글을 유창하게 읽을 수 있을 때까지 반복하여 읽게 함으로써 읽기 기능이 미숙한 아동의 단어 파악 능력을 길러 주는 읽기 지도 활동이다. 글을 유창하게 읽는 것은 글을 빠르고 정확하게 읽는다는 뜻으로, 교사는 일단 아동이 글을 정확하게 읽는 것보다 빨리 읽도록 지도할 것을 권장한다. 그렇게 함으로써 읽기부진아동이 글을 읽을 때 주저하고 불안해하는 것을 극복할 수 있기 때문이다. 아동이 반복해서 글을 읽다 보면, 단어들을 해독하고 파악하는 데 점점 익숙해 질 것이며 단어 파악에 드는 인지적 용량이 줄어들게 된다. 따라서 이해 활동에 좀 더 많은 인지 자원(cognitive resource)을 배정할 수 있고, 그 결과 이해 정도도 향상시킬 수 있다(천경록, 1999). 반복읽기 전략을 통해 텍스트의 이해에 도달하는 과정을 그림으로 나타내면 [그림 2-1]과 같다.

반복읽기는 텍스트를 반복해서 읽음으로써 우선 자동적인 부호화 과정을 통해 유창함을 획득하고, 그에 따라 좀 더 많은 주의를 이해로 집중시킴으로써 텍스트의 이해를 높일 수 있는 방법이라고 할 수 있다(최정임, 1998).

자동성 이론 이외에 반복읽기 연구자들은 반복읽기가 유창성을 획득시키는 근거의 하나로 단어의 반복을 들기도 한다. 즉, 여러 번 반복해서 읽으면 그만큼

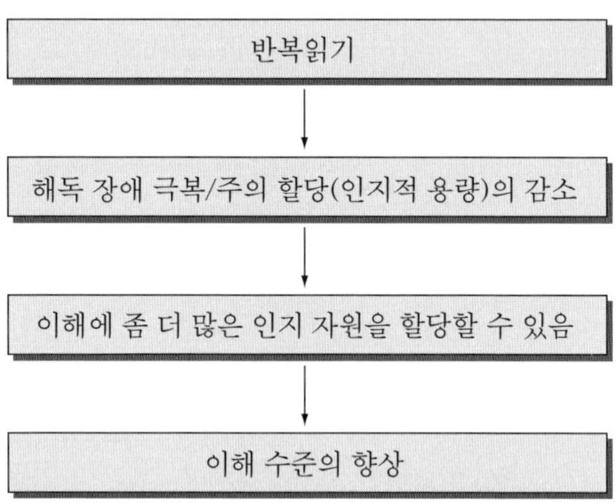

[그림 2-1] 반복읽기의 정보처리론적 배경

단어가 많이 반복되므로 좀 더 유창하게 읽을 수 있게 된다는 것이다. 그러나 단순히 이러한 단어의 중복만으로는 읽기에서 이해를 위한 첫 관문이라고 할 수 있는 유창성 획득의 측면을 설명하기 부족하다. 반복읽기는 전체 텍스트를 반복함으로써 독자에게 단지 단어 수준뿐만이 아닌 언어 구조의 모든 수준을 통합하는 연습을 제공하게 된다. 이러한 향상된 기술들은 새로운 읽기 자료에도 적용되어서 결국 읽기 유창성은 새로운 텍스트 속에서도 향상될 수 있다(Moyer, 1982).

반복읽기가 유창성을 획득시킨다는 또 하나의 근거는 독자로 하여금 텍스트의 다양한 음소론적이고 통사론적인 힌트(morphological and syntactical cues)를 발견하도록 하기 때문이다(Schreiber & Read, 1980). 결국 반복읽기는 자동성 이론(automaticity theory)에 근거하고 있다는 측면에서 볼 때 읽기에서 두 가지 과정을 자동적으로 수행할 수 있어야 한다. 즉, 독자가 효과적으로 텍스트를 이해하기 위해서는 우선 단어를 자동적으로 인지해야 하고, 또 그 인지한 단어에 의미를 자동적으로 부여할 수 있어야 한다는 것이다.

(2) 반복읽기 전략과 텍스트의 이해

반복읽기는 학습의 내용과 구조에 질적인 변화를 초래한다. 우선, 반복은 학습자에게 텍스트의 스키마(schema) 또는 개념적 틀을 제공한다(Cook & Mayer, 1983). 반복읽기는 독자가 반복해서 읽음으로써 읽기 과정 중에 텍스트에 제시된 구절이나 상황에 적합한 설명을 제공해 주는 적절한 스키마를 발견하고 활성화할 수 있도록 돕는다. 또한 반복읽기는 독자가 텍스트의 개요를 조직한 후 그 개요를 채우는 데 주의를 집중시킴으로써 주의의 초점을 이해에 맞추게 한다. 이러한 과정을 통해 독자는 텍스트에 제시된 내용을 독자 자신의 기존 지식과 결부시킴으로써 텍스트의 이해 과정으로 나아간다. 이와 같이 반복읽기 전략은 텍스트의 개념적 틀을 자세히 살필 수 있게 하기 때문에 특히 기술적이거나 친숙하지 않은 자료를 읽고 이해하는 데 도움이 된다. 그러므로 반복읽기는 기계적인 방식의 암기를 끌어낼 뿐만 아니라, 의미의 활동적인 추상적 개념을 높이는 데에도 익숙해지게 한다. 또한 반복읽기는 개념적 원리에는 영향을 주지만 유추나 상세한 회상에는 영향을 미치지 않는다고 하며 반복읽기 횟수의 증가와 함께 문제해결 수행 능력이 향상되는 경향도 있다(Cook & Mayer, 1983).

반복읽기의 유창성 측면에 중점을 두어 이루어진 연구들은 빠른 단어 인식이 결국 이해와 밀접한 관계를 가진다는 것을 보여 준다. 그러나 단어의 인식만을 따로 떼어서 그 효과를 따진다면 이는 결과적으로 이해의 향상에 기여하지 못한다. 즉, 반복에서의 의미가 아닌 단어의 분리, 즉 어휘(vocabulary)연습과 같은 경우에는 이해에 도움을 주지 못한다. 그러나 텍스트는 이미 공부하는 동안 정보를 조직화할 수 있는 구조를 가지고 있으므로 텍스트를 반복해서 읽는 것은 단순한 기계적인 반복 이상이다. 왜냐하면 반복읽기는 독자를 구문적인 구조에 친숙하게 만들어, 독자에게 텍스트의 구조를 습득 또는 숙달할 수 있는 기회를 제공할 수 있기 때문이다. 이때 반복읽기는 단지 단어 수준뿐만 아니라, 언어 구조의 모든 수준을 통합하는 연습을 제공한다. 따라서 반복읽기는 이해를 높이는 데 도움을 주며, 심도 있는 학습에 귀결된다고 할 수 있다.

독자는 반복읽기를 통해 활성화된 스키마를 활용하여 텍스트에 제시되어 있는 정보를 구조화해 나간다. 즉, 텍스트에 제시된 아이디어 간의 정보를 파악함으로써 독자는 아이디어의 기본 골격에 해당하는 텍스트의 구조를 자신의 인지틀에 맞게 재조직해 나간다. 이때 독자는 반복해서 읽는 과정을 통해 텍스트의 표상을 구성하는 데 문맥 정보를 최대한 활용할 수 있는 기회를 제공받을 수 있다. 이처럼 독자는 텍스트에 제시된 개념들을 조직하여 대단위 의미 구조를 만들어 나감으로써 텍스트에 대한 정교한 이해로 나아간다.

Cook과 Mayer(1983)는 학생들에게 텍스트를 몇 번 반복해서 읽게 했을 때 나타나는 그들의 읽기에서의 기호화 과정(encoding process)의 변화를 다음의 세 가지로 특징지었다.

- 재초점(refocusing): 텍스트의 상위 구조 정보에 주의를 할당
- 재조직(reorganization): 텍스트의 정보와 선행 지식을 바탕으로 자신의 인

지 틀에 맞게 정보를 재조직

• 다시 말하기(rewording): 실재하는 지식에 핵심 정보를 관련시키고 그 정보를 글에 진술된 말보다는 자신의 말로 표현

3) 분담하여 읽기

분담하여 읽기(shared book experience)는 집단 읽기 지도의 한 방법이다. 이 방법은 총체적 읽기에 이론적 배경을 두고 있고, 해독과 유창성을 촉진하기 위한 독해와 반응에 중점을 두고 있다. 이야기에 따라 소집단이나 대집단 단위 또는 개인적으로 테이프를 따라 읽으며 연습한다. 큰 책(Big book)은 이런 분담 읽기 학습에 적절한 자료다. 독해, 시각어휘, 단어 인지기술뿐만 아니라 뒤이어 읽기나 반복읽기를 통해서도 읽기를 유창하게 잘할 수 있다. 교사는 억양의 변화, 인물의 감정, 유창하게 소리 내어 읽기를 잘하기 위해 어법을 강조해야 한다. 반복읽기를 하는 동안, 교사는 유창성의 모델이 될 뿐만 아니라 학생들이 읽는 것을 훈련시켜야 한다. 마지막으로, 학생들이 더 연습하도록 개인적으로 교재를 제공해야 한다. 추가 연습은 개인적인 선택에 의한 반복읽기다. 학급에서 처음에 읽었던 책들은 반복읽기를 위하여 지정된 장소나 학급 도서관에 비치하는 것이 좋다.

4) 또래 짝과 함께 낭독하기

읽기장애에 대한 교수법은 유창성의 증진과 자동적 읽기의 향상을 목적으로 하는데, 여기에는 짝과 함께읽기(paired oral reading), 반복읽기(repeated reading), 합창읽기(choral reading) 등이 포함된다. 이 중에서 함께읽기와 합창읽기는 아동의 읽기 교육에 특히 효과적이다(Reid & Watson, 1981).

함께읽기는 행동주의의 사회학습이론에 중점을 두고 아동에게 강력한 모델을 제시하며, 정확한 읽기 반응에 대한 정적 강화, 특히 즉각적이고 정확한 언어 강화를 제공한다. 따라서 함께읽기는 구조화된 청각적 · 음성적 모델과 정적 강화, 즉 즉각적 피드백에 의해 아동의 읽기 능력을 향상시키고 읽기에 대한 자신감을

증가시킬 수 있게 된다(Morgan & Lyon, 1979).

초기의 함께읽기는 주로 부모에 의한 가정용 프로그램으로 개발되어 시행되었으나 교사 혹은 다른 전문가에 의한 실행도 잠재적인 효과를 지니고 있는 것으로 보인다(Pumfrey, 1986). 그러나 교사 및 부모와 함께읽기는 여러 면에서 긍정적인 효과를 나타내고 있지만, 다인수 학급의 특성상 현실적으로 매우 실행하기 어려운 프로그램이다(Law & Kratochwill, 1993). 또한 아동의 사회성 성장에 있어서 또래 집단의 중요성이 커짐에 따라 함께읽기에서 또래 중재 연구가 많이 수행되고 있다(Topping, 1987). 또래와 함께읽기는 읽기장애아의 읽기 능력 및 읽기 태도의 향상과 국어과의 성취도 증가를 가져왔으며, 특히 읽기장애아동의 읽기 능력에 매우 효과적이고 아동 상호 간에 일어나는 정의적인 측면에서 긍정적인 효과가 있다(김남순, 1996).

Rasinski와 Zutell(1990)은 유창성을 개발하는 방법으로 '짝과 함께읽기' 를 제안하였다.

- 문단을 선택하고 학생들에게 소리 내지 않고 읽게 한 다음, 학생들은 연속적으로 돌아가면서 다른 학생에게 그 문단을 세 번 소리 내어 읽어 준다. 듣는 학생은 짝에게 제안을 하고 긍정적인 반응을 하는 교사 역할을 한다.
- 교사는 학급의 학생들을 위하여 짝과 함께읽기의 모델이 될 수 있다. 교사는 수업 전에 짧은 문단을 잘 읽을 수 있는 지원자를 선택해서 수업을 시작한다. 짝과 함께읽기의 시범을 보이기 위해서 교사와 학생은 나란히 어깨를 맞대고 책을 함께 잡고 앉는다.
- 짝들은 제목과 그림에 기초해서 내용을 추측한 다음 누가 먼저 읽기를 시작할 것인지를 결정한다. 읽다가 어려움이 생기면, 짝에게 도움을 요청한다.
- 처음에 짝지어 읽기의 시범을 보일 때, 교사는 학생들이 짝을 어떻게 도와야 하는가를 보여 주기 위해서 어려움을 경험하는 척해야 한다.
- 만약 읽기가 짝 중 한 사람에게 특별하게 어렵다면, 그들은 글을 함께 읽도록 해야 한다. 짝이 함께 읽은 후에, 첫 번째 읽은 사람은 글에 대해서 질문

을 하고 짝이 읽은 것에 대해서도 의견을 제시한다. 두 번째 읽은 사람은 그에 대한 답변을 하고 의견을 제시한다.

- 교사와 지원한 학생이 시범을 보인 후에, 학급에서는 짝지어 읽기 동안에 다른 짝에게 했던 질문과 제시한 의견에 대해서 자유롭게 토론할 수 있다. 예를 들면, 주요 인물에 대해 알아낸 것이나 이야기 속에서 전개될 사건을 예측하는 질문을 할 수 있다. 의견을 제시할 때에는 모르는 말을 독자적으로 해석한 것이나 인물들의 대화를 적절한 감정으로 읽은 것에 대해서 짝을 칭찬할 수도 있다.
- 짝지어 읽기의 시범을 보인 이후에는 학급에서 여러 경우에 사용할 수 있다. 새로운 글을 공부하기 위해서 소집단 읽기 학습을 하고 나서 짝을 선택할 수도 있다.
- 다음의 낭독 학습(oral recitation lesson)에서 소개된 시들은 공책에 모아서 학기 동안 짝지어 읽기에 사용할 수 있다. 분담해서 읽기를 한 후, 큰 책(Big Book) 양식으로 제작된 책이 짝지어 읽기를 위해서 사용될 수 있다(Richards, 2000).

5) 반복하여 소리 내어 함께읽기

(1) 개념

읽기 유창성을 향상시킬 수 있는 직접적인 방법으로 가장 대표적인 것은 반복읽기와 도움읽기다(Gearheart, DeRuiter, & Sileo, 1990). 반복읽기는 짧고 의미 있는 내용을 여러 번 반복하여 읽는 것이다. 그리고 도움읽기는 아동에게 읽기 자료를 읽어 주고 아동은 교사가 읽을 때 단어, 구, 문장들을 반복해서 학습하여 점차 혼자서 읽기를 할 수 있도록 유인하는 방법으로서, 교사나 또래가 아동의 읽기를 도와주면서 아동의 읽기 능력을 향상시키는 방법이다. Bos(1982)는 이러한 두 가지 방법을 조합하여 '반복하여 소리 내어 함께읽기(repeated choral reading) 방법을 제안하였다(Gearheart et al., 1990). 이 방법은 교사가 글의 한

토막을 읽어 주고, 아동이 해당 부분을 무리 없이 혼자 읽을 수 있을 때까지 반복적으로 함께 읽는 방법이다(이태수, 2007).

(2) 중재과정

① 아동들이 흥미를 가지고 읽고 싶어 하는 읽기자료(예: 동화책)를 선정하고, 교사가 읽기자료에 제시된 글을 천천히 2~3회 읽어 준다.
② 교사는 아동과 함께 소리 내어 읽기를 2회 정도 수행하고, 아동 스스로 소리 내어 읽기를 수행할 수 있는 기회를 제공한다. 이때 교사는 아동이 읽는 것을 주의 깊게 듣는다.
③ 아동이 실수하는 발음을 즉각적으로 수정해 준다. 오류 수정이 끝난 이후에는 아동이 읽기를 반복하여 복습할 수 있는 시간을 준다.
④ 수업이 끝날 때 교사는 아동에게 읽기 연습에 대한 과제를 부여하고, 다음 수업 시간에 읽기 연습을 확인하는 시간을 가진다(이태수, 2007).

6) 낭독하기

낭독하기(oral recitation lesson) 전략은 읽기부진아동으로 하여금 문맥 속에서 단어의 의미를 파악하는 능력을 향상시키기 위해 개발되었다. 아동이 자기 스스로 단어를 잘못 읽은 부분을 발견하고 교정하도록 지도하는 데 중점을 둔다. 이것은 다음 4단계로 진행된다.

- 1단계: 아동의 읽기 수준에 맞는 100~300개의 단어로 구성된 글을 골라 소리 내어 읽게 한다. 아동이 잘못 읽은 부분을 기록하되 아동이 읽는 동안에는 잘못 읽더라도 가능한 방해하지 않고 최선을 다해 읽도록 격려한다.
- 2단계: 아동이 낭독을 마치면 칭찬해 준다. 읽다가 잘못 읽은 부분을 스스로 조정한 부분이 있으면 그것을 지적하면서 칭찬해 준다. 그리고 앞으로 읽을 때에도 글을 잘 읽기 위해서는 자기 스스로 잘못 읽은 부분을 조정할 수 있어야 한다고 말해 주면서 격려한다.

- 3단계: 1단계에서 기록해 둔 것 중에서 아동이 잘못 읽은 부분에 대하여 토의한다. 발음을 잘못하면 의미가 통하지 않는 점을 지적하면서 바로 잡도록 지도한다. 이 방법은 직접 지도의 한 방법으로 반복읽기와 유사하다. 교사가 교재를 선택하고 그 교재를 가지고 유창하게 소리 내어 읽기의 시범을 보인 이후에, 아동들은 이해에 초점을 둔 토론 전략을 선택한다. 그러나 교사는 여기서 수업을 끝내지 않고, 특정한 글 안에서 발견되는 운율적인 요소에 대한 토론을 계속한다. 아동들은 개인적으로뿐만 아니라 집단으로 읽는 연습을 한다.
- 4단계: 아동들은 청중을 위하여 교재의 한 부분을 읽는다. 유아들을 위한 시, 동요, 상급 학년을 위한 동화와 연극을 포함하는 다양한 교재들을 활용할 수 있다. 낭독 학습을 시작하기 위해서 교사는 활동에 도움이 되는 글을 선택한다. 예를 들면, 대화 형태나 분담 쓰기 활동으로 쓰인 글은 유창하게 소리 내어 읽기 개발에 매우 유용하다. 간단한 소품이 필요한 이야기 또한 적당하다. 처음에는 아동들을 위해서 유창한 소리 내어 읽기의 모델을 보여주어야 한다. 두 번째 읽기 이후에 교사는 글에 대한 아동들의 이해를 더욱 개발하기 위한 전략을 택해야 한다. 이야기의 사건을 순서화하거나 요약하고, 이야기 지도를 작성하고, 이야기에 있는 정보를 조직화하기 위해서 그래프나 표를 사용하고, 다른 익숙한 이야기와 비교하고 대비하는 것 같은 전략은 의미를 형성하는 데 도움이 될 수 있다. 의미에 대한 토론을 마친 후에 교사는 운율적인 요소에 대해서 토론한다. 교사는 아동들이 말할 때 사용하고자 하는 언어의 양식으로 글을 읽도록 도와주어야 한다. 운율적인 요소를 보여 주기 위해서 교사는 특정한 단어가 주인공의 느낌을 어떻게 반영하고 있는지를 논의한다. 아동들은 대화 글을 이야기하는 것처럼 읽도록 연습해야 한다. 논의해야 할 다른 운율적인 특성들은 의문문과 서술문의 차이를 구별하는 것, 노여움, 슬픔, 기쁨, 역겨움 같은 인물의 감정을 이해하는 것, 적절한 간격으로 긴 문장을 읽는 것 등이다. 낭독 학습의 마지막은 글에 대한 활동을 포함하는데, 반복적인 응답으로 나눌 수 있다. 한 사람은 동생

의 역할을 하고 학급 전체는 형의 부분을 읽을 수 있다. 이야기에 첨부된 동요는 활동으로 하기가 쉽다. 유창하게 낭독하기의 시범 읽기와 글에 대한 해석 학습을 한 후에, 교사는 학급의 나머지 아동들이 각자의 교재를 가지고 읽고 있는 동안 운율의 특성을 살려 읽을 아동들을 선택한다. 소품을 가지고 몇 명의 아동이 극화하는 동안 나머지 아동은 개별적으로 책을 읽도록 집단을 나눌 수 있다. 물론 아동들은 역할을 교대로 바꿔가며 각 아동이 읽을 기회와 시연할 기회를 고루 가지도록 해야 한다(Richards, 2000).

읽기 유창성 전략 프로그램을 활용한 읽기지도의 효과성

1. 반복읽기 프로그램이 읽기 유창성에 미치는 효과

반복읽기 프로그램의 적용이 읽기 유창성에 미치는 효과를 분석하기 위해, 아동 A, 아동 B, 아동 C의 읽기 유창성 검사 결과를 [그림 2-2]에 단계별로 제시하였다.

[그림 2-2]를 보면, 전반적으로 반복읽기 프로그램 적용이 연구 대상 아동들의 읽기 유창성 점수 향상에 긍정적 효과가 있음을 알 수 있다. 3명의 아동 모두 중재가 진행되면서 오르내리기를 반복하는 가운데서도 점차적으로 향상되었고, 특히 중재 후반기에 들어 향상도가 커졌으며, 대체로 안정적인 성취를 보였다. 중재를 마치고 1주 후에 실시된 유지 검사에서는 3명의 아동 모두가 중재 기간의 성취도에 비하여 다소 낮은 점수를 보였으나, 기초선 단계보다는 높은 성취의 경향을 보였다.

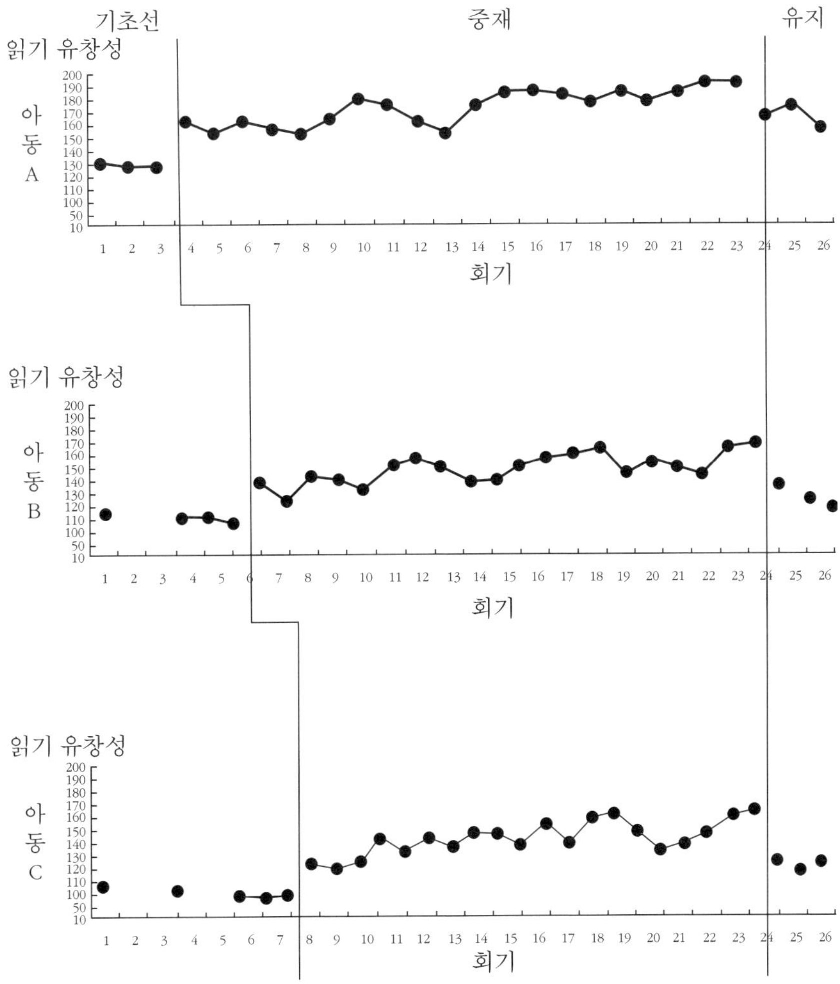

[그림 2-2] 대상 아동들의 읽기 유창성 점수의 단계별 변화

대상 아동	기초선-중재-유지기의 읽기 유창성 점수 변화
아동 A	기초선 기간의 읽기 유창성 점수는 평균 127.67음절이었고, 중재 기간의 점수는 평균 172.25음절, 유지 기간의 점수는 평균 163.67음절이었다. 중재 기간의 점수는 기초선 기간에 비해 평균 44.58음절이 향상되어 34.92%의 향상률을 보였고, 유지 기간의 점수는 기초선 기간에 비해 평균 36음절이 향상되어 28.20%의 향상률을 보였다. 중재 기간의 점수 중 기초선 기간의 점수와 중복된 비율은 없었으며, 기초선 최하 점수와 중재 최고 점수 간에는 대략 67음절의 차이가 있었다.
아동 B	기초선 기간의 읽기 유창성 점수는 평균 116.00음절이었고, 중재 기간의 점수는 평균 151.35음절, 유지 기간의 점수는 평균 130.00음절이었다. 중재 기간의 점수는 기초선 기간에 비해 평균 35.35음절이 향상되어 30.47%의 향상률을 보였고, 유지 기간의 점수는 기초선 기간에 비해 평균 14.00음절이 향상되어 12.07%의 향상률을 보였다. 중재 기간의 점수 중 기초선 기간의 점수와 중복된 비율은 없었으며, 기초선 최하 점수와 중재 최고 점수 간에는 대략 59음절의 차이가 있었다.
아동 C	기초선 기간의 읽기 유창성 점수는 평균 95.00음절이었고, 중재 기간의 점수는 평균 133.35음절, 유지 기간의 점수는 평균 112.67음절이었다. 중재 기간의 점수는 기초선 기간에 비해 평균 38.35음절이 향상되어 40.37%의 향상률을 보였고, 유지 기간의 점수는 기초선 기간에 비해 평균 17.67음절이 향상되어 18.60%의 향상률을 보였다. 중재 기간의 점수 중 기초선 기간의 점수와 중복된 비율은 없었으며, 기초선 최하 점수와 중재 최고 점수 간에는 대략 63음절의 차이가 있었다.

2. 반복읽기 프로그램이 읽기 이해력에 미치는 효과

반복읽기 프로그램 적용이 읽기 이해력에 미치는 효과를 분석하기 위해, 단계별로 아동 A, 아동 B, 아동 C의 읽기 이해 정도를 5점 만점으로 평가하여 그 결과를 [그림 2-3]에 제시하였다. 반복읽기 프로그램은 아동들의 읽기 이해력 점수에 긍정적 영향을 미친 것을 알 수 있다. 아동에 따라 개인차는 있으나 기초선 기간에 비해 중재 기간 동안 높은 성취를 보였고, 중재 종료 1주 후에 실시된 유지 검사에서는 1명의 아동이 중재 기간에 보였던 성취도를 유지하였으며, 2명의 아동은 중재 기간의 성취도에 비하여 다소 낮은 경향을 보였다. 기초선 단계에 비하여서는 3명 모두 높은 성취의 경향을 보였다.

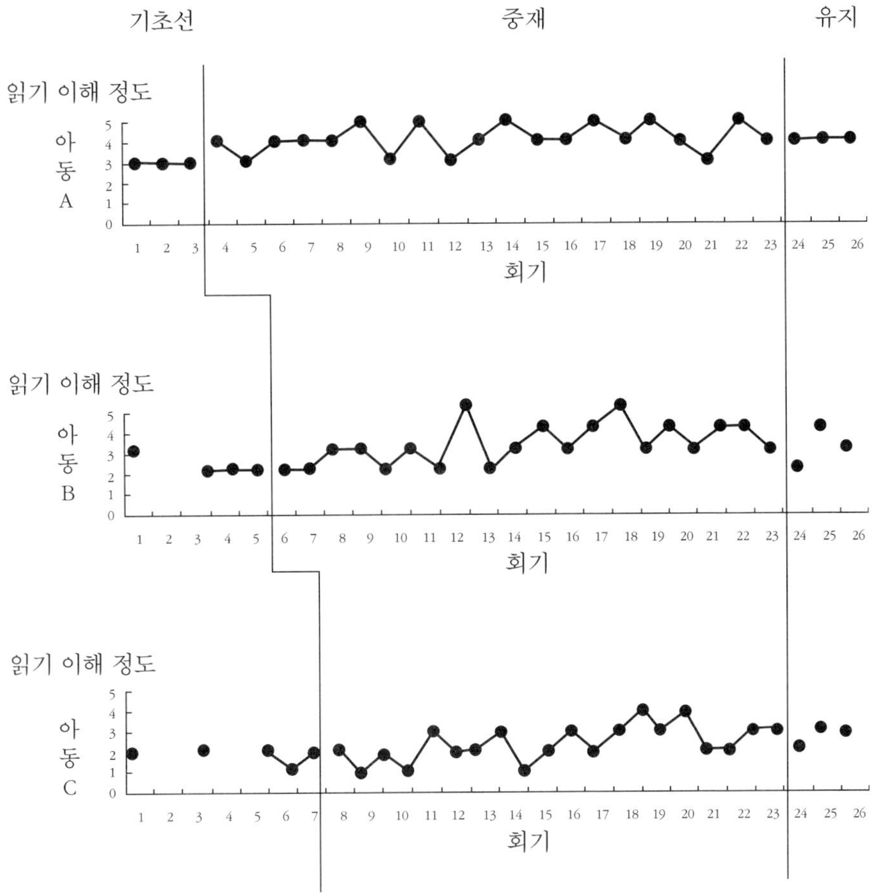

[그림 2-3] 대상 아동들의 읽기 이해력 점수의 단계별 변화

대상 아동	기초선-중재-유지기의 읽기 이해력 점수 변화
아동 A	기초선 기간의 읽기 이해력 점수는 평균 3.00점이었고, 중재 기간의 점수는 평균 4.10점, 유지 기간의 점수는 평균 4.00점이었다. 중재 기간의 점수는 기초선 기간에 비해 평균 1.10점이 향상되어 36.67%의 향상률을 보였고, 유지 기간의 점수는 기초선 기간에 비해 평균 1.00점이 향상되어 33.33%의 향상률을 보였다.

아동 B	기초선 기간의 읽기 이해력 점수는 평균 2.25점이었고, 중재 기간의 점수는 평균 3.20점, 유지 기간의 점수는 평균 3.00점이었다. 중재 기간의 점수는 기초선 기간에 비해 평균 0.95점이 향상되어 42.22%의 향상률을 보였고, 유지 기간의 점수는 기초선 기간에 비해 평균 0.75점이 향상되어 33.33%의 향상률을 보였다.
아동 C	기초선 기간의 읽기 이해력 점수는 평균 1.80점이었고, 중재 기간의 점수는 평균 2.40점, 유지 기간의 점수는 평균 2.67점이었다. 중재 기간의 점수는 기초선 기간에 비해 평균 0.60점이 향상되어 33.33%의 향상률을 보였고, 유지 기간의 점수는 기초선 기간에 비해 평균 0.87점이 향상되어 48.33%의 향상률을 보였다.

읽기 유창성 전략 프로그램을 활용한 읽기지도의 예시[1]

반복읽기 프로그램은 [그림 2-4]와 같은 단계로 진행된다.

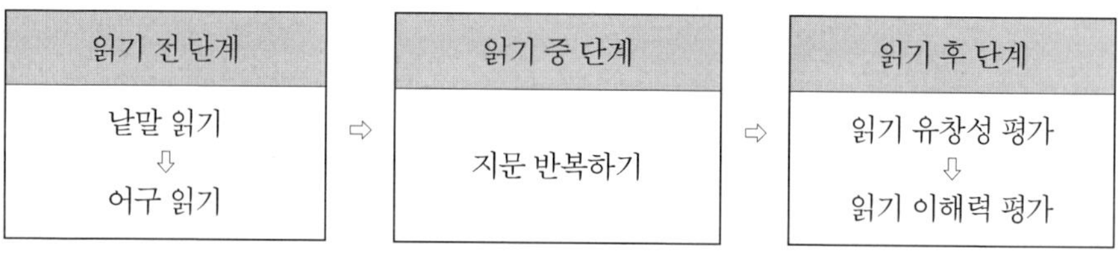

[그림 2-4] 반복읽기 프로그램의 단계

1. 읽기 전 단계

1) 낱말 읽기

낱말 읽기는 읽기 전 단계에서 사용하는 프로그램으로 지문에서 접하게 될 어려운 낱말이나 핵심낱말 5~8개를 선택하여 카드로 만들고 이것을 반복하여 읽는 것이다.

1) 박영미(2007). 반복읽기 프로그램이 읽기장애아의 읽기유창성과 읽기이해력에 미치는 효과. 전남대학교 대학원 석사학위논문.

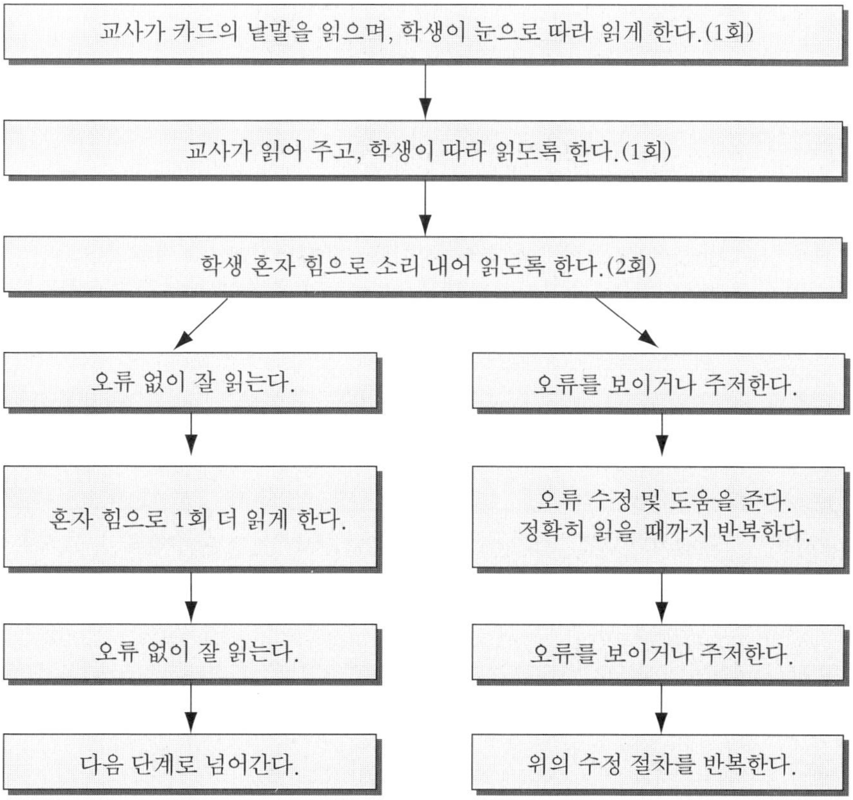

[그림 2-5] 낱말 읽기 절차의 흐름도

모델링 1회, 따라 읽기 1회, 혼자 읽기 2회를 순서대로 진행한다.

2) 어구 읽기

이 절차는 지문을 낱자나 낱말 단위로 하나씩 끊어 읽는 습관을 없애고 한꺼번에 자연스럽게 읽도록 지도하기 위한 단계로서, 아동이 읽는 데 오류를 보일 거라고 예상되는 어구(語句)나 핵심어구 또는 자주 나오는 어구를 카드로 만들어 활용하면서 반복하여 읽는 것이다. 모델링 1회, 따라 읽기 1회, 혼자 읽기 2회를 순서대로 진행한다.

2. 읽기 중 단계

■ 반복읽기

반복읽기는 이미 낱말 읽기와 어구 읽기 과정에서 반복적으로 읽어서 익힌 어려운 낱말, 핵심낱말, 핵심어구, 자주 나오는 어구 등을 포함한 짧은 읽기 지문을 제공하여 반복적으로 읽도록 하는 것이다. 모델링 1회, 함께읽기 1회, 혼자 읽기 2회를 순서대로 진행한다.

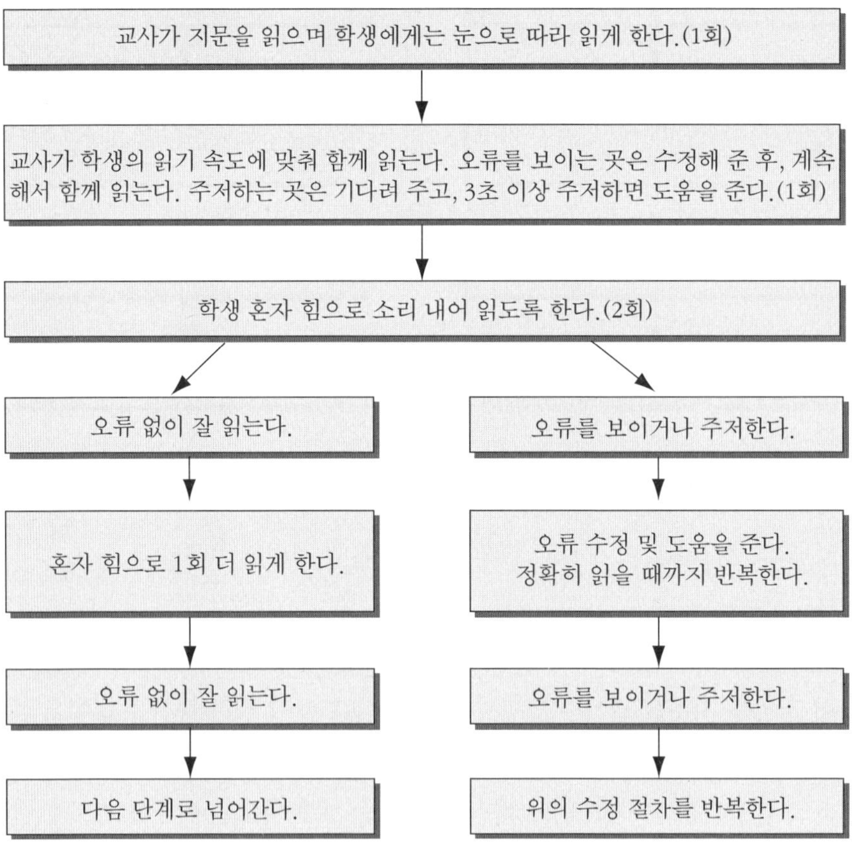

[그림 2-6] 지문 읽기 절차의 흐름도

3. 읽기 후 단계

반복읽기 후에는 읽기 유창성 및 읽기 이해 정도를 평가한다.

1) 읽기 유창성 검사

일반적으로 읽기 유창성 검사는 김동일(2000)이 제작하여 표준화시킨 기초학습기능 수행평가체제: 읽기검사(Basic Academic Skills Assessment: Reading)를 사용한다. 읽기 유창성을 측정하는 방법은 아동에게 1분 동안 읽기 지문을 읽게 하고 아동이 읽은 전체의 음절 수에서 부정확하게 읽은 음절 수를 뺀 수로 나타낸다. 아동이 쉽게 범하는 오류의 종류에는 다음과 같은 것들이 있다.

오류 유형	설 명
발음 오류	존재하지 않는 단어로 대치하여 읽는다(예: 사람을 '다람'으로 읽음).
대치	존재하는 다른 단어나 음절로 대치하여 읽는다(예: 사람을 '사랑'으로 읽음).
주저	3초 내에 단어나 음절을 읽지 못하고 주저한다. 이런 경우 교사가 단어를 읽어준다.
생략	아동이 한 줄 전체를 생략하는 경우는 오류로 간주하지 않지만 표기를 해둔다. 아동이 줄 전체를 생략하고 읽지 않았을 경우, 그 줄에 포함된 음절은 아동이 읽은 전체의 음절 수에 포함시키지 않는다.
반전	단어의 일부 또는 어구나 문장에 속한 단어의 순서를 바꾸어 읽는다(예: '사람이 돈을 번다.'를 '돈을 사람이 번다.'로 읽음, '문장'을 '장문'으로 읽음, '사람이 사랑을'을 '사랑을 사람이'라고 읽음).

이 측정에서 오류는 아니지만 범하기 쉬운 실수로는 다음과 같은 것들이 있다.

범하기 쉬운 실수	설 명
삽입	텍스트에 제시된 단어나 음절 외의 단어나 음절을 삽입한다(예: '사람이 사랑을 하고' 를 '사람들이 사랑을 하고' 라고 읽음).
자기교정	3초 이내에 자기가 잘못 읽은 곳을 고쳐 읽는다('사람' 을 '다람' 이라고 읽은 후 3초 이내에 '사람' 으로 고쳐 읽음).
반복	같은 단어나 음절 혹은 단어들을 한 번 이상 읽는다(예: '사람이 사랑을 하고' 를 '사람이 사람이 사랑을 하고' 라고 읽음).

2) 읽기 이해력 검사

읽기 이해력 검사는 글을 읽고 난 후 글의 내용을 이해하고 질문 내용을 파악하는 것으로, 본 연구의 검사에서는 교사가 각 문항의 지시문을 읽어 주었다. 이는 실패를 많이 경험한 읽기장애아의 특성상 내용을 이해하고 있다고 해도 문제를 읽는 행위 자체를 회피하려는 경향이 있기 때문이다. 또한 지시문 중 부정적인 것을 고르는 문항이 포함되어 있기 때문에 정확한 검사를 하기 위함이었다.

영역	배점/문항 수	총점	문항의 선정 기준
기억	1/2	2	한 문장으로 답할 수 있는 질문이며, 정답은 교재의 한 곳에서 바로 찾을 수 있어야 한다.
이해	1/2	2	한 문장 혹은 두세 문장으로 답할 수 있는 질문이고, 정답은 교재의 한 곳 이상에서 찾을 수 있으며, 교재에 포함된 내용을 적절하게 결합하여 찾을 수 있는 것이다.
추론	1/1	1	질문의 답이 교재에 제공되어 있지 않으나 아동이 교재의 내용과 자신의 생각을 연관시켜 추론하는 것이다.
계	5/5	5	

읽기 이해력을 측정하기 위해 장대준(2006)이 제작한 주관식 7문항 10점 만점의 읽기 이해력 검사문항을 채점의 객관화를 위해 단답형과 4지 선다형으로 제시하였으며, 본 연구에서는 특별한 어휘력 지도 과정을 넣지 않았기 때문에 어휘에 관한 2문항을 제외한 5문항 5점 만점으로 수정하여 사용하였다.

4. 반복읽기 전략 프로그램을 적용한 교수-학습지도안(예시)

<table>
<tr><td>과정</td><td>중재</td><td rowspan="2">차시</td><td colspan="2" rowspan="2">2/20</td></tr>
<tr><td>읽기 주제</td><td>옛날에는 어떤 과자를 먹었을까?</td></tr>
<tr><td>학습목표</td><td colspan="4">글을 빠르고 정확히 읽고 그 내용을 이해할 수 있다.</td></tr>
<tr><td>단계</td><td colspan="2">교수-학습활동</td><td>시간</td><td>준비물 및
유의점</td></tr>
<tr><td>읽기 전 활동</td><td colspan="2">• 낱말 읽기
- 낱말 카드를 제시하며 낱말을 읽힌다.
① 교사가 읽어 주면 눈으로 따라 읽는다. (1회)
② 교사와 함께 읽는다. (1회)
③ 혼자 힘으로 읽는다. (2회)
- 낱말 카드 내용:
정과, 다식, 지진다, 고물, 갸름하게, 본떠서, 끈기, 조청
• 어구 읽기
- 어구 카드를 제시하며 어구를 읽힌다.
① 교사가 읽어 주면 눈으로 따라 읽는다. (1회)
② 교사와 함께 읽는다. (1회)
③ 혼자 힘으로 읽는다. (2회)
- 어구 카드 내용:
옛날부터 만들어 먹던 과자
기름 따위로 반죽해서
속까지 맛이 배면
갸름하게 썰어 말린 후
만들고 싶은 모양으로 모양을 본떠서 만들지만
끈기가 생길 때까지 쳐서</td><td>5분</td><td>낱말 카드

어구카드

읽는 중
어려움을
겪는
부분을
수정해 준다.</td></tr>
<tr><td>읽기 중 활동</td><td colspan="2">• 지문 읽기
- 읽기 지문을 반복읽기 한다.
① 교사가 읽어 주면 눈으로 따라 읽는다. (1회)
② 교사와 함께 읽는다. (2회)
③ 혼자 힘으로 읽는다. (2회)</td><td>18분</td><td>읽기지문</td></tr>
</table>

읽기 후 활동	• 읽기 유창성 평가 - 1분간 소리 내어 지문을 읽는 것을 평가하는 것으로, 학생이 1분간 소리 내어 지문을 읽는다. • 읽기 이해력 평가 - 읽기 이해 정도를 평가하는 것으로, 학생은 제시된 평가지를 해결한다.	7분	초시계 평가지

5. 반복읽기 전략 프로그램을 적용한 활동지

옛날에는 어떤 과자를 먹었을까요?

우리 조상이 옛날부터 만들어 먹던 과자를 '한과' 라고 합니다. 한과의 종류에는 정과, 약과, 강정, 다식, 엿 등 여러 가지가 있습니다. 한과는 옛날에 만들어 먹었던 과자이지만 요즈음에도 시장에 가면 사 먹을 수 있습니다. 약과는 밀가루를 꿀과 기름 따위로 반죽해서 기름에 지진 과자입니다. 꿀물이나 조청에 넣어 두어 속까지 맛이 배면 꺼내어 먹습니다. 지금은 보통 국화 모양을 본떠서 만들지만 옛날에는 새, 물고기 등의 모양을 본떠서 만들었다고 합니다. 약과의 모양을 만들 때에는 만들고 싶은 모양으로 나무를 파서 반죽한 것을 그 속에 넣어 찍어 냅니다.
강정은 찹쌀가루를 반죽하여 기름에 튀긴 후 고물을 묻힌 과자입니다. 찹쌀 가루를 반죽할 때는 꿀과 술을 넣습니다. 반죽한 다음에 끈기가 생길 때까지 쳐서 갸름하게 썰어 말린 후 기름에 튀깁니다. 그리고 깨, 잣가루, 콩가루 같은 고물을 묻혀 먹습니다.
요즈음에도 시장에 가 보면 옛날에 즐겨 먹던 과자를 볼 수 있습니다. 시장에 가면 옛날에 먹던 과자가 있는지 한번 자세히 살펴봅시다. 또 우리가 배우지 않은 한과에는 무엇이 있는지도 알아봅시다.

1. 우리 조상이 옛날부터 먹던 과자를 무엇이라고 했나요? (기억)

2. 강정은 무엇을 반죽하여 만든 과자라고 했나요? (기억)

3. 옛날에 약과의 모양을 만들 때에는 어떤 모양으로 만들었다고 했나요? (이해)
   ① 꽃 모양 ② 국화 모양 ③ 새 모양 ④ 나무 모양

4. 약과와 강정을 만들 때 어떤 점들이 비슷하다고 했나요? (이해)
   ① 둘 다 고물을 묻혀 먹는다.   ② 둘 다 찹쌀가루를 반죽하여 만든다.
   ③ 모양이 비슷하다.   ④ 둘 다 반죽할 때 물을 넣는다.

5. 한과가 가게에서 파는 과자와 다른 점을 잘못 말한 것은 무엇인가요? (추론)
   ① 한과는 손으로 직접 만들고 가게에서 파는 과자는 공장에서 기계로 만든다.
   ② 한과의 재료는 식품첨가제 등 인공적인 것이 많고, 가게의 과자는 꿀과 기름, 고물 등 집에서 만든 재료를 써서 만든다.
   ③ 한과는 맛이 달콤하고 고소한 것이 대부분인데, 가게에서 파는 과자는 여러 가지 맛의 과자가 많다.
   ④ 한과는 직접 손으로 만들어 정성이 가득하고 만드는 시간이 많이 걸리는데, 가게의 과자는 미리 만들어진 것들이다.

⁂ 참고문헌

김남순(1996). 함께읽기가 읽기 장애아의 읽기 능력 및 읽기 태도 변화와 학업성취도에 미치는 효과. 대구대학교 대학원 석사학위논문.

김동일(1997). 읽기장애에 대한 다학문적인 접근과 전망: 전문가 면접조사를 중심으로. 청소년상담연구, 5, 55-79.

박영미(2007). 반복읽기 프로그램이 읽기장애아의 읽기유창성과 읽기이해력에 미치는 효과. 전남대학교 대학원 석사학위논문.

이태수(2007). 반복 읽기(RCR)와 SQ3R 독해전략이 읽기장애아동의 읽기유창성과 읽기이해에 미치는 효과. 특수교육학연구, 41(4), 133-147.

장대준(2006). 다요소 읽기중재가 읽기학습장애아동의 읽기 유창성과 읽기 이해력에 미치는 효과. 여수대학교 대학원 석사학위논문.

천경록(1999). 읽기장애의 개념과 지도 방향. 한국어문교육, 8, 261-294.

최정임(1998). 반복 읽기가 텍스트 재인에 미치는 효과. 고려대학교 대학원 석사학위논문.

Allington, R. L. (1983). The reading instruction provided readers of differing reading abilities. *The Elementary School Journal, 83*(5), 548-559.

Bos, C. S. (1982). Getting past decoding: Assisted and repeated readings as remedial methods for learning. *Topics in Learning & Learning Disabilities, 1*(4), 51-57.

Cook, K. L., & Mayer, E. R. (1983). Reading strategies training for meaningful learning from prose. In M. Pressley & J. Levin (Eds.), *Cognitive strategies research: Educational applications* (pp. 87-131). New York: Springer-Verlag.

Gearheart, B. R., DeRuiter, J. A., & Sileo, T. W. (1990). 경도 지체 아동의 교육방법. (김옥기, 유균화 역). 서울: 교육과학사. (원서출판 1986).

LaBerge, D., & Samules, S. J. (1974). Toward a theory of automatic information processing in reading. *Cognitive Psychology, 6*(2), 293-323.

Law, M., & Kratochwill, T. R. (1993). Paired Reading-An Evaluation of a Parent Tutorial Program. School Psychology. *International, 14*(2), 119-147.

Morgan, R., & Lyon, E. (1979). "Paired reading"-A preliminary report on a technique for parental tuition of reading retarded children. *Journal of Child Psychology and Psychiatry, 20*(2), 151-160.

Moyer, S. B. (1982). Repeated Reading. *Journal of Learning Disabilities, 15*(10), 619-623.

Pinnell, G. S. (1995). *Listening to children read aloud: Data from NAEP's integrated reading performance record (IRPR) at grade 4*. Washington, DC: The Center.

Pumfrey, P. D. (1986). Paired reading: promise and pitfalls. *Educational Research, 28*(2), 89-94.

Rasinski, T. V., & Zutell, J. (1990). Effects of repeated reading and listening-while-reading on reading fluency. *Journal of Educational Research, 83*(3), 147-150.

Rasinski, T. V. (2000). Speed does matter in reading. *The Reading Teacher, 54*(2), 146-151.

Reid, L., & Watson, B. (1981). Empirically Derived Subgroups of Learning Disabled Readers-Diagnostic Characteristics. *Journal of Learning Disabilities, 14*(5), 256-261.

Richards, M. (2000). Be a good detective: Solve the case of oral reading fluency. *Reading Teacher, 53*(7), 534-539.

Schreiber, P., & Read, P. (1980). Children' s use of phonetic cues in spelling, parsing, and-

Maybe-Reading. *Annals of Dyslexia, 30*(1), 209-224.

Sternberg, R. J. (1985). Implicit theories of intelligence, creativity, and wisdom. *Journal of Personality and Social Psychology, 49*(3), 607-627.

Topping, K. (1987). Peer Tutored Paired Reading: outcome data from ten projects. *Educational Psychology: An International Journal of Experimental Educational Psychology, 7*(2), 133-145.

Zutell, J., & Rasinski, T. V. (1991). Training teachers to attend to their students' oral reading fluency. *Theory Into Practice, 30*(3), 211-217.

제2부

인지전략 중심 교수-학습 전략

03
자기질문전략

이론적 배경

1. 자기질문전략

자기질문전략(self-questioning strategy)이란 글을 읽으면서 문제해결을 위한 질문을 스스로에게 하는 전략이다. 이 전략의 연구는 스키마 이론, 능동적 처리 이론, 초인지 이론을 바탕으로 연구되어 왔다(안은실, 2007). 스키마 이론과 관련해서 Wong(1985)은 학생들의 독해를 보조하거나 향상시키기 위해 관련된 선행지식을 자극하는 질문들을 스스로 생성하도록 가르치는 것이 읽기 학습에 의의가 있다고 하였다.

능동적 처리 이론에 따르면, 학생은 능동적인 이해자 또는 독립적인 사고자로서 글을 읽는 동안 자신의 사고 과정을 다듬기 위해 질문을 생성해야 한다. 또한 학생이 만든 질문은 교사가 제공한 질문보다 우수한 독해력을 야기하고, 높은 수준의 질문은 높은 수준의 이해를 이끌어 내고, 좀 더 많은 질문을 만들어 내는 것은 학생들의 독해력을 높이며 이해와 기억을 용이하게 해 준다.

한편, 초인지이론에서의 자기질문전략 교수는 학생들에게 '이 단락에서 이해하지 못하는 것이 있는가?' '이 단락에서 중요한 점들을 요약할 수 있는가?'와 같은 질문을 하여 독해 상태를 모니터하게 함으로써 문제해결인식을 증진하도록 만들었다. 그 결과, 읽기의 목적을 세우고 명료화하기, 배경지식 활성화하기, 글의 내용에 지속적으로 주의집중하기, 대답을 찾기 위한 글의 평가 등에 효과적인 전략임을 알아냈다(Charmello, 1993).

자기질문전략의 세 가지 이론 중에서 다수는 능동적 처리 이론을 바탕으로 이루어졌다. 이것은 초인지 이론이 최근에 발달되었기 때문이다. 많은 연구가는 이해 과정에서 초인지적 기능의 중요성을 강조했으며, 초인지적 기능을 지도하기 위한 방법의 하나로 학습을 감시하고 통제할 수 있는 자기질문이 매우 효과적이라고 제시하였다. 자기질문과정에서 초인지적 기능은 학생에게 학습 자료의 중요한 내용들을 인식할 수 있게 도와주며 이해 정도에 대한 인식을 가능하게 할 수 있다는 것이다(이경순, 1998).

2. 자기질문전략과 독해력

1) 독해력 향상을 위한 자기질문전략의 기능

(1) 자기질문전략의 위치

Andre와 Anderson(1978~1979)은 자기질문에 관한 연구에서 질문의 기능과 유형 및 위치에 대한 중요성을 지적하였다. 질문에 관한 대부분의 연구는 교사를 중심으로 이루어졌으며, 교사가 학생들에게 질문하는 목적을 학생의 학습을 측정하고, 정보를 회상하는 능력을 키워 주며, 학생들이 어려워하는 문제가 무엇인지 확인하고, 사실을 일반화하고 추론하는 것을 도와주기 위함이라고 밝혔다. 또한 질문의 기능은 학습 시 주의집중과 자극변별에 효과적이고, 일반적인 학습 촉진적 효과가 있다는 것이다.

그러나 질문에 관한 가장 흥미로운 것은 학생들로 하여금 읽기과정에서 그들 스스로 질문을 만들어내도록 훈련시키는 것이라고 하였다(Wong, 1988). 교사가 제시하는 질문은 학생의 사고를 자극할 수 있으나 단지 질문들에 답하는 사고의 결과만을 강조할 뿐 사고 또는 읽기이해 과정이 무시된다는 것이다. 따라서 읽기이해 능력의 증진을 위해서 학습자 스스로 질문을 생성할 수 있도록 하여야 하며, 이러한 지도를 통하여 읽기이해 과정에서 학습자는 독립적인 사고자가 될 수 있다.

(2) 자기질문전략의 질문 유형

질문 유형이란 질문이 요구하는 인지적 처리의 성질을 말한다(Andre & Anderson, 1978~1979). Bloom은 읽기이해를 지식, 이해, 적용, 분석, 평가, 종합으로 분류하였으며, Pearson과 Johnson(1978)이 제안한 문제-해답 관계의 세 가지 유형을 살펴보면 텍스트에 분명히 드러난 정보의 이해를 명시적 이해로, 텍스트에 암시된 정보의 이해를 암시적 이해 그리고 사전지식을 활용하여 알 수 있는 정보의 이해를 스크립트 암시적 이해로 분류하고 있다. Richards (1976)는 사실적 지식, 해석적 이해 그리고 적용적 이해로 나누어 설명하였다.

즉, '사실적 이해'는 대체로 한 문장에서 질문과 답을 찾을 수 있거나 글에 정확히 명시된 내용에 관한 읽기이해를 뜻하고, 해석적 이해는 질문과 답이 글에 있으나 대체로 서로 다른 문장에서 찾아야 하며 글에 암시적으로 나타난 내용에 관한 이해를 뜻한다. 또한 '적용적 이해'는 독자의 지식을 활용해야 찾을 수 있는 이해를 말한다. 따라서 사실적 지식에 관련된 질문은 글에서 명확히 드러난 질문으로 단순 육하원칙에 관련된 질문을, 해석에 관련된 질문은 글에서 답을 찾을 수 있거나 암시적으로 드러난 질문을 그리고 적용에 관련된 질문은 사전지식이나 추론 및 예측을 통해 답할 수 있는 것을 말한다. 일반적으로 자기질문전략 훈련은 사실적 지식 해석 적용에 관련된 질문을 학생 스스로 질문하게 함으로써 고도의 읽기이해기술 능력을 증진하는 데 매우 효과적이라고 하였다. 또한 적용적 질문은 학습자 스스로 상대적으로 많은 주의를 기울이게 하기 때문에 읽기이해력 향상에 효과적임을 보고하였으며, 정보의 양이 많고 적음이 문제가 아니라, 사실적 질문은 단편적인 정보이므로 기억에만 영향을 미치는 반면, 높은 차원의 질문은 보다 치밀한 정보처리 과정을 유도함으로써 자료에 대한 인지적인 재조직을 촉진시키므로 읽기이해를 높인다고 하였다(윤대영, 1991).

자기질문에서 중요한 요인의 하나로 작용하는 질문의 위치에 대한 연구에서 Tei와 Stewart(1985)는 자기질문전략을 사용하는 읽기 전 · 중 · 후 단계에서의 질문을 만드는 과정을 설명하였다. 연구자들은 ① 주요 내용의 지식을 알아보는 질문 만들기, ② 중심내용을 질문의 핵으로 하기, ③ 학습 진도 평가를 위해 질문들을 사용하기 등으로 주장하였다. 이처럼 자기질문전략은 저자가 제공하는 정보 내용을 읽기 과정을 통하여 부단히 점검해야 하는데, 읽기 전 · 중 · 후 각 단계마다 있어야 한다는 것이다.

읽기 전 질문으로는 정보의 내용은 무엇인가, 어떻게 정보를 제공하는가, 어떤 개념들이 소개되는가 등이 있다. 읽기 중 질문은 전 부분에서 중심내용을 이해했는가, 이 단락의 중심내용과 전의 것은 어떻게 관련되는가, 저자가 소개하는 새로운 개념은 없는가, 이 단락의 아이디어는 전 단락의 보완 또는 반복인가, 지금까지의 모든 개념들 간의 관계를 지을 수 있는가 등이다. 그리고 읽기 후 질문으로는 읽은 다음에 내용 전체를 이해했는가, 간단한 요약이나 개략을 정리할 수 있는가, 단원별로 개괄할 수 있는가, 글의 요점을 열거할 수 있는가, 정보 중에서 새로운 것이나 이미 아는 것은 어느 정도인가, 이 정보가 나에게 얼마나 의미 있는가 등이 있다. 이와 같은 이론적인 바탕으로 자기질문에 관련된 연구와 교수는 일반적으로 학습 자료를 읽는 동안 혹은 읽은 후 학생들이 높은 수준의 이해 질문을 생성하도록 하는 훈련의 효과에 초점을 둔다(이경순, 1998).

자기질문전략을 활용한 읽기지도의 효과성[1)]

1. 연구대상

본 연구의 대상은 일반계 고등학교 1학년 학생 중 읽기학습장애 학생이다. 1차 선정기준은 상급학교 진학 성적인 내신성적 백분율 95% 이상의 학생 3명이다. 진단검사로는 한국 웩슬러 아동지능검사를 실시하였으며, 기초학력기능검사는 한국교육개발원(2004)에서 제작한 기초학력 진단평가(초등학교용)를 재구성하여 본 연구자가 평가를 실시한 결과, 성취도 65% 미만에 해당하는 3명의 학생을 최종 선정하여 연구대상자로 삼았다(정대영, 정동영, 1996).

2. 독해능력 검사도구

본 연구에서는 대상자들이 중재에 들어가기 전에 기초선 상태가 안정되었는지를 파악할 때 각 단계를 마무리하고, 성취도를 평가할 때 중재를 종료하며, 유지검사에 사용할 독해력 평가 도구를 제작하였다. 본 연구의 독해력을 검사하기 위해서 Baumann의 9단계 모형의 단계별로 수준을 정하여 문장의 수, 단락의 길이, 중심문장 노출의 정도, 내용의 추상성 등을 고려하여 제작하였다. 7차 교육과정 초등학교 2학년부터 고등학교 1학년 과정에서 사회, 과학, 인문, 예술 등 다양한 분야의 소재를 선택하여 제작하였다. 평가문항은 3개 지문에 걸쳐 5문항씩 모두 15문항이며, 채점은 각 문항당 1점씩 전체 15점 만점으로 배점하였다.

---

1) 차기행(2006). 중심생각 찾기 전략 및 자기질문전략의 병행 훈련이 학습장애아의 독해력에 미치는 효과. 공주대학교 대학원 석사학위논문.

3. 교육프로그램

본 연구에서는 Baumann(1984)의 중심생각찾기의 범위와 연계에 대한 9단계 모형을 근거로 개발한 한국교육개발원(1989)의 '학습전략훈련프로그램' 과 한국교육과정평가원 교수-학습개발센터(2004)의 '읽기능력신장을 위한 독해력증진시리즈' 를 참고하여, 중심생각찾기 및 자기질문전략훈련과제를 제작하였다. 이 내용은 초등학교 교과서 과학, 사회과 단원이나 소주제를 중심으로 정하여 학생들의 일상생활과 관련이 있는 글을 소재로 선택했다. 초등학교 2학년부터 고등학교 1학년 수준의 읽기 영역 중 인문사회, 과학, 예술 등 다양한 분야의 소재를 문장의 수, 문단의 길이, 내용의 추상성 등을 고려하여 단계별로 훈련자료를 제작하였다.

1) 중심생각찾기 훈련도구

본 연구에서 중심생각찾기 훈련도구는 연구대상자의 읽기이해 수준을 고려하여 1~8단계로 했으며, 난이도에 따라 단계별로 순서를 조정했다.

- 1단계: 중심문장찾기 개념을 상세하게 실례를 들어가면서 설명하고 이해시키기
- 2단계: 어휘의 범주화하기를 통해서 하위 항목 단어가 나열된 곳에서 상위 항목을 추출하는 훈련하기
- 3단계: 비교적 짧은 문단 수준에서 사소한 내용을 삭제하며 중심문장 만들기
- 4단계: 보통 3~4문단의 글 중에서 주제가 외현적으로 드러나 있는 글을 대상으로 읽기 전략을 적용하기
- 5단계: 주제가 내재적인 문장을 대상으로 읽기전략을 적용하기
- 6~7단계: 중간 길이인 6단락 이하의 글을 대상으로 읽기전략을 적용하기
- 8단계: 긴 글에서 지금까지 배운 읽기전략을 적용하기

2) 자기질문전략 훈련도구

본 연구에서 사용한 자기질문전략 훈련도구는 천경록, 이재승(1997)의 「읽기 교육의 이해」 및 공효숙(2004)의 「자기질문 학습 프로그램」을 재구성하였다. 교육프로그램 모형은 다음과 같은 과정으로 활동을 구분하여 설계하였다.

과정 1: 교사의 설명 및 시범
자기질문전략의 개념을 설명하고, 읽기훈련의 목적과 효과를 직접 교수로 설명하고, 질문의 종류와 질문을 만드는 방법을 교사가 시범 보이며 설명하도록 설계하였다. '사실적 질문'을 이끌기 위해서 사용된 낱말과 답을 하기 위해서 사용된 낱말을 하나의 문장 속에서 찾을 수 있기 때문에 육하원칙에 의한 사실적 질문을 만들 수 있도록 유도한다. '해석적 질문'에는 글에서 답을 찾을 수 있거나 암시적으로 드러난 답을 구할 수 있는 질문을 만들게 한다. '추리적 질문'에는 사전지식이나 추론을 통해 답을 구할 수 있는 질문을 만들게 한다. 이때 사용된 읽기 자료는 2, 3문장으로 구성된 짧은 글이다.
과정 2: 교사의 시범과 학생의 연습
학생들이 교사의 안내를 받고 각자 주어진 학습자료를 읽은 후 육하원칙에 해당하는 단어를 찾아서 밑줄을 긋고, 그것이 답이 되도록 질문을 만드는 것을 교사가 직접 시범을 보인 후 학생들이 할 수 있도록 연습시킨다. 또한 주어진 읽기자료에서 사실적 · 해석적 · 추리적 정보를 찾아서 그것이 답이 되도록 질문을 만드는 연습을 한다. 이때 사용된 읽기자료는 주제문이 명시적인 3, 4단락으로 구성된 비교적 짧은 글이다. 교사와 학생이 같은 읽기자료를 읽고 질문을 각자 만들고 서로 발표하고 비교하여 학생의 잘된 점을 격려하고 칭찬하며 보상을 준다.
과정 3: 학생의 연습과 교사의 점검
교사의 안내에서 점차 학습자가 주도적으로 학습 과제를 해결하도록 하고, 중요한 내용에 밑줄을 긋고 글의 내용을 중심으로 자신이 스스로 질문을 만들고 그 질문에 답하도록 한다. 질문을 만들 때 학생들에게 시험 문제를 출제하듯 어려운 문제와 쉬운 문제를 출제하되, 글의 중심 내용을 묻는 질문을 필수적으로 만들도록 한다.
과정 4: 학생 주도의 학습 실제 및 적용
자기질문전략을 사용하여 학생이 주도적으로 학습 내용을 파악하도록 한다. 또한 학생 자신이 글의 내용에 대하여 중요하다고 생각되는 내용이 있으면 가능한 많은 질문을 만들도록 한다.

단계	회기	제목(제재)	주요 학습목표	수업활동	활동 구분
1	1	학습 안내	중심생각찾기전략 및 자기질문전략 알기	PPT나 동영상을 보면서 교사의 설명 듣기와 교사의 시범 보기	교사의 설명 및 시범
2	2	과일, 꽃, 음식, 채소 이름을 상위 개념으로 묶기	- 어휘 범주화하기 - 육하원칙의 개념 이해와 적용하기	- 이름 적힌 카드에서 상위 항목 고르기 - 육하원칙 개념 알고 밑줄 치기 - 하위 항목의 단어가 나열된 곳에서 상위 항목 추출하기 - 상위 항목에 맞게 하위 항목 나열하기 - 문장 줄이기 - 사소한 내용들을 삭제하기	교사의 안내와 학생 연습
	3	여름철 과일			
		곤충 채집			
		해산물			
		집 짐승			
	4	먹을 것			
		탈것			
		편지			
3	5	시장	- 문단 수준에서 중심생각찾기 - 육하원칙 적용하기	- 사소한 내용들을 삭제하고 중심문장 만들기 - 육하원칙에 해당하는 부분 밑줄 긋기	교사의 안내와 학생 연습
		공장의 필요성			
		신문이 하는 일			
	6	올림픽 경기			
		고무풍선			
4	7	의식주	- 중심생각이 외현적인 문단에서 중심생각과 사실적 정보 찾기 - 읽기자료를 읽고 질문의 유형별로 질문 만들기	- 사소한 내용들을 삭제하고 문장 줄이기 - 사실적 · 해석적 · 추론적 정보 찾아서 질문 만들기 - 육하원칙에 해당하는 말이 답이 되도록 질문 만들기	학생의 연습과 교사의 점검
		에너지 절약			
		나무의 겨울나기			
	8	소나무의 특징			
		물의 작용			
		산림녹화			
	9	물체의 구성			
		얼룩말의 보호색			
5	10	동물들의 보호법	- 중심생각이 내재적인 문단에서 다양한 정보 찾기 - 읽기자료를 읽고 질문의 유형별로 질문 만들기	- 문장 줄이기를 통한 중심문장 만들기 - 사실적 · 해석적 · 추론적 정보 찾아서 질문 만들기 - 육하원칙에 해당하는 말이 답이 되도록 질문 만들기	학생의 연습과 교사의 점검
		문어의 생태			
		빛의 성질			
	11	화석의 기능			
		지층의 형성			

6	12	생활환경 개선	- 중심내용이 외현적인 여러 문단에서 중심생각 찾기 - 읽기자료를 읽고 질문의 유형별로 질문을 만들기	- 주제문의 유형 알기 - 뼈대 만들기를 통해 중심문장 구성하기 - 다양한 질문 만들기	독자적인 학생 학습 실제
		철새의 이동			
		빗물의 순환			
		지표의 변화			
7	13	기체를 모으는 방법	- 중심내용이 내재적인 여러 문단에서 중심생각 찾기 - 읽기자료를 읽고 질문의 유형별로 질문 만들기	- 뼈대 만들기를 통해서 중심문장 구성하기 - 요약하기 규칙 적용하기 - 다양한 질문 만들기	
		편안한 삶의 비극			
		정장한 새들			
	14	개미들의 갈색 행렬			
		인사와 높임말			
8	15	사막	- 완성된 한 편의 글에서 종합적으로 적용하기	- 완결된 여러 문단을 읽고 전략 적용하기	
		성난 곰 이야기			

3) 중심생각찾기전략 및 자기질문전략 단계별 교수-학습 지도안

전략	1단계: 중심생각찾기전략 및 자기질문전략의 개관		차시	1/15
본시주제	읽기전략의 유형과 교사의 시범			
학습목표	중심생각찾기전략 및 자기질문전략을 알고 적용시킬 수 있다.			
단계	지도요소	교수-학습활동	시간	준비물
도입	동기유발	T: 야구 경기에서 승리하려면 효과적인 전술과 전략이 필요하듯이, 글을 읽을 때 효과적으로 글의 내용을 잘 이해하기 위해서 필요한 전략을 무엇이라고 하나요? S: 읽기전략이라고 합니다. T: 예비활동시간에 설명한 읽기전략에는 무엇이 있을까요? S: 많이 있겠지만 중심생각찾기전략과 자기질문전략이 있다고 말씀하셨습니다.	5분	- 야구감독이 지시하는 동영상 - ㉠ 가지 4개가 뻗어 있는 큰 줄기의 나무 PPT 자료

		T: 아주 잘했어요. 그러면 중심생각찾기전략이란 무엇인지 아나요? S: 나무로 비유하면 굵은 나무의 줄기와 같은 거지요? T: 그래요. 그 문단의 가장 중요하고 핵심적인 내용을 찾아내는 거지요. 그러면 자기질문전략이란 무엇인가요? S: 글을 읽을 때 스스로 질문을 하면서 그 답을 찾아가는 읽기 전략을 말합니다. T: 그래요. 무엇을 질문하는 것이 좋을까요? S: 육하원칙에 해당하는 낱말이 답이 되도록 질문하면 좋다고 했어요.		– 지난 시간에 사용한 PPT 자료
		〈학습목표〉 1. 상위항목을 추출하고 사소한 내용들을 삭제하고 중심생각을 찾을 수 있다. 2. 한 문단에서 육하원칙에 해당하는 낱말이 답이 되도록 질문을 만들 수 있다.		PPT 자료
전개	문장에서 불필요한 문장 삭제하고 중심내용 찾기	T: (나무 그림을 보여 주면서) ○○아! 구성하는 줄기, 가지, 뿌리는 하는 일이 다 같을까? S: 아니요. 하는 일이 다 달라요. T: 그래, 나무처럼 한 단락을 구성하는 여러 개의 문장도 그 기능이 다르단다. 글을 쓰는 사람은 ① 자신이 전달하려는 가장 중요한 내용을 효과적으로 드러내기 위해서 필요한 ② 보조적인 문장을 사용한단다. 여기서 ①과 ②는 무엇이라고 했지? S: ①은 중심내용이고 ②는 뒷받침 문장이요. T: 그래, 잘하는구나.	20분	㉠의 PPT 자료
	중심문장 만들기	예) 지난 여름방학 때 지수는 유미와 매미를 잡으러 남산에 갔습니다. 지수는 먼저 매미를 잡아 상자에 조심스럽게 넣었습니다. 그런데 유미가 그만 잘못하여 상자 문을 열어 버렸습니다. T: 윗글에서 꼭 있어야 할 중심문장에 밑줄을 그을 수 있겠니? S: 네. (아래 글은 학생이 밑줄 그은 것) ① <u>지난 여름방학에 지수는 유미와 매미를 잡으러 남산에 갔습니다.</u> 지수는 먼저 매미를 잡아 상자에 조심스럽게 넣었습니다. 그런데 유미가 그만 잘못하여 상자 문을 열어 버렸습니다.		유인물과 PPT 자료 유인물로 활동을 하고 교사는 컴퓨터에 작업을 함

전개	한 문단에서 육하원칙 적용하기	T: 잘했구나, 그런데 ①만 밑줄을 그으면 끝날까? S: 저도 그게 고민이에요. T: 왜?	20분	
		S: 뒤에 남아 있는 내용이 많은데……. T: 그렇구나. 중심내용은 그 문단의 내용을 다 살펴서 생각하는 거란다. 그러면 둘은 남산에 가서 무엇을 했지? S: 지수는 매미를 잡아서 상자에 담았는데, 유미는 상자를 열었어요. T: 그래 아주 잘하는구나. 그럼 다시 한 번 밑줄을 그어 볼래? S: 네.		
		지난 여름방학에 지수는 유미와 매미를 잡으러 남산에 갔습니다. 지수는 먼저 매미를 잡아 상자에 조심스럽게 넣었습니다. 그런데 유미가 그만 잘못하여 상자 문을 열어 버렸습니다.		
		T: 그래, ○○아. 참 잘하네. 밑줄 그은 것이 중심내용이고 나머지는 삭제해도 글쓴이가 말하려는 내용을 다 말한 거야. 다시 정리해 볼래? S: 네.		
		지수와 유미는 지난 여름방학에 남산에 갔었습니다. 지수는 매미를 잡아서 상자에 넣었는데 유미는 상자 문을 열었습니다.		
		T: 원래는 세 문장이었는데 두 문장으로 줄었지? 그러면 다시 한 문장으로 줄일 수 있을까? S: 음……. 어려울 것 같은데요. T: 아니야, 지금까지 한 것처럼 해 보자. 가능하면 같은 말은 빼고 정리해 봐. S: 네.		
		지난 여름 방학에 남산에 함께 가서 지수는 매미를 잡아 상자에 넣었으나 유미는 상자를 열었습니다.		
		T: 이런 방법으로 중심문장을 만드는 거야. S: 아하, 그렇구나. 다른 글을 읽고도 할 수 있을 것 같아요.		

		T: 대단하구나. ○○가 그렇게 잘하는 줄 몰랐는데, 그건 내일하고 오늘 또 한 가지 할 일이 있는데. T: ① 글을 읽고 스스로 질문을 만드는 것을 무엇이라고 했지? S: 자기질문전략이요. T: ①을 만들기 위해서는 우선 '육하원칙' 을 알아야겠지? S: 누가 언제 어디서 무엇을 어떻게 왜를 말하는 거죠? T: 그래, 앞에서 중심문장을 만들 때 밑줄을 그은 것을 잘 보면 육하원칙에 해당한다는 것을 알거야. 잘 봐. S: 아하, 그렇구나! T: 자, 다시 한 번 밑줄을 그어 보자. S: 네.		
		① 지난 여름 방학에 (언제) ② 지수는 유미와(누가) 매미를 잡으러(무엇을) 남산에(어디서) 갔습니다. 지수는(누가) 먼저 매미를 잡아(무엇을) 상자에 조심스럽게 넣었습니다(어떻게). ③ 그런데 유미는(누가) 그만 잘못하여 상자 문을(무엇을) 열어 버렸습니다(어떻게). T: 육하원칙의 낱말이 답이 되도록 질문을 만들면 어떻게 될까? S: 글쎄요? 잘 모르겠어요. 선생님이 한 번 해 보세요. T: 그럴까? 우선 행동하는 주인공이 중요하니까 '누가' 를 생각해 보자. 예를 들어서 '지수와 유미가' 가 답이 되게 하려면 '누가 지난 여름방학 때 남산으로 매미를 잡으러 갔나요?' 라고 질문을 만들면 되겠지? 나머지는 네가 한 번 해 볼래?	20분	학습지
		S: 네. 1. 지수와 유미는 언제 남산으로 매미를 잡으러 갔나요? 2. 지수와 유미는 지난 여름방학에 어디로 매미를 잡으러 갔나요? 3. 지수와 유미는 지난 여름방학에 남산으로 무엇을 잡으러 갔나요?		
		T: 잘 하는데 왜 안 하고 가만히 있는 거니? S: '어떻게' '왜' 는 만들 수 없어서 그래요.		

		T: 그랬구나. 모든 문장에 육하원칙 여섯 가지가 명확하게 다 나오는 것은 아니란다. 이 글을 살펴보면 지수와 유미가 매미를 잡는데 무엇으로 어떻게 왜 잡았다는 말은 안 나와 있지? 분명하게 언급되지 않은 부분은 읽는 사람이 추리를 하는거야. 다만 그 글 속의 여러 가지 단서를 바탕으로 말이야. 이런 것을 추론적 사고라고 하는거야, 나중에 설명하겠지만.		
		T: 잘 보면 ②, ③번 문장은 매미를 잡으러 갔던 날의 경험이지? 어쩌면 '어떻게' 와 관계가 깊은 문장이라고 할 수 있을거야. '지수와 유미는 매미를 잡아서 어떻게 했나요?' 라고 물으면 될 거야. S: 아하, 그렇구나. T: 이 정도하면 눈 감고도 이 글의 내용을 알겠지?		
		〈연습자료 1〉 우리는 일상생활에서 전기기구를 잘 이용함으로써 에너지를 절약할 수 있다. 냉장고 문은 자주 여닫지 않는다. 조명기구는 사용하지 않을 때는 반드시 소등한다. 텔레비전은 시청하지 않을 때는 켜 놓지 않는다. 세탁기의 사용은 빨래를 모았다가 한꺼번에 한다.		
		〈연습자료 2〉 산을 잘 가꾸면 여러 가지 이익을 얻지만 그렇지 않으면 재해를 겪게 된다. 산을 잘 가꾸려면 좋은 재목과 밤, 잣과 같은 과일을 얻고 채소와 약초도 길러 낼 수 있는 등 생활에 필요한 물건을 얻어 낼 수도 있다. 또 나무가 울창한 아름다운 산은 좋은 관광지로도 이용할 수 있다. 반대로 산을 가꾸지 않아 산에 나무가 없으면 산사태, 홍수와 가뭄 등의 재해를 겪게 된다. * 시간을 점검하여 학습지에 있는 다른 글을 읽고 질문을 만들어보게 한다.		
정리	형성평가	- 읽기전략에는 무엇이 있는가? - 중심생각찾기전략이란 무엇인가? - 자기질문전략을 효과적으로 하려면 어떤 방법이 있을까	5분	학습지
	차시예고	T: 다음 시간에도 오늘과 같은 수업을 한 번 더 할 거예요. (과제를 제시한다.)		

4. 연구 절차

본 연구에서는 대상자 간 중다기초선설계(multiple baseline design across) 방법 중 중다간헐기초선설계(multiple probe design)를 사용하여, 연구를 시작할 때 모든 학습자의 읽기능력에 대한 자료를 간헐적으로 수집하고 중재를 시작하기 직전에 집중적으로 수행자료를 수집했다. 중재의 각 단계에서 목표행동은 각 회기마다 평가 시 3회 연속적으로 80% 이상 정답의 백분율을 나타내면 중재를 종료하였다. 그렇지 않은 경우 15회기가 되면 중재를 종료하였다. 중재 후 2주의 휴지 기간을 두고 유지 검사를 4회 실시했다.

5. 연구 결과

종합적으로 말하면, 기초선 회기 중에 나타난 대상 학생들의 평균 성취도는 37.7%였다. 중재 회기 중의 학업성취도는 평균 64.8%였다. 중재를 통해서 대상 학생 모두는 학업성취수준이 향상되었음을 알 수 있다. 또한 유지 학업 성취도는 63%로 중재 회기 중의 학업성취도보다는 1.8% 하락했어도 미세한 차이가 있을 뿐 2주간의 휴지 기간이 경과하였음에도 독해능력은 그대로 유지되고 있음을 알 수 있다.

중재 회기 중에 가장 많이 향상된 부분은 사실적인 질문에 답을 한 경우인데, 사실적 사고력을 측정하는 문형의 정답률이 71.6%이고 유지 회기 중의 사실적인 질문 정답률은 71.1%로 중재 회기에 비해서 큰 차이가 없음을 알 수 있다. 사실적인 질문에 가장 많이 성취도가 향상된 학생은 학생 C인데 기초선에서 60%였던 성취도가 중재 회기에는 82%로 22%나 향상되었으며, 중재 9회기부터는 100% 성취를 반복적으로 얻었다.

또한 학생 B도 기초선 회기에는 53.4%였던 것이 중재 회기에는 72.8%로 19.4%나 향상되었으며, 중재 8회기부터는 사실적인 질문의 정답률은 100%에 달했다.

표 3-1 중심생각찾기전략 및 자기질문전략 학생별 학업성취도

(단위: %)

구분		기초선	중재	유지
학생 A	평균백분율	37.7	63	57.8
	사실적인 질문	46.7	63.1	66.7
	해석적인 질문	33.3	70.7	53.3
	가치적인 질문	26.7	53.9	53.3
학생 B	평균백분율	40	68.9	64.7
	사실적인 질문	53.3	75	73.3
	해석적인 질문	33.3	63.3	60
	가치적인 질문	33.3	63.3	60
학생 C	평균백분율	35.7	68.6	66.7
	사실적인 질문	60	81.8	73.3
	해석적인 질문	33.3	61.8	66.7
	가치적인 질문	13.3	63.8	60
학생 D	평균백분율	37.8	66.8	63
	사실적인 질문	53.3	73.3	71.1
	해석적인 질문	33.3	66.9	57.8
	가치적인 질문	24.4	60.3	57.8

요약하면, 이 연구결과를 통해서 볼 때 학습장애학생의 독해능력이 향상되었고, 중재하고 난 2주 후에도 중재 회기와 큰 차이가 없이 유지되었음을 알 수 있다. 따라서 중심생각찾기전략 및 자기질문전략 훈련이 학습장애학생의 독해능력 향상에 영향을 미친다는 사실이 입증되었다.

자기질문전략을 활용한 읽기지도의 예시

1. 또래 교수를 활용한 자기질문전략 프로그램[2)]

훈련 프로그램은 선행연구(이경순, 1998)에서 사용한 절차인 직접설명단계, 시범-모방단계, 내적 언어화 단계 그리고 연습단계를 본 연구의 30분 수업 형식에 맞게 다음과 같이 구성하여 사용하였다. 훈련을 실시하기 전 5분 동안 학생들이 관심을 끄는 이야기를 나누거나 또래교사와 또래학습자가 함께할 수 있는 게임을 통하여 편안한 마음으로 훈련에 임하도록 하였다. 자기질문전략 훈련 프로그램의 내용은 Richards(1976)의 사실적·해석적 적용에 관한 질문을 아동이 스스로 만들고 답할 수 있도록 하며 또래교사의 시범에 따라 자기질문전략 사용으로부터 학습자가 스스로 자기질문전략을 사용하고 적용하도록 하는 단계로, 회기가 지남에 따라 점진적으로 학습자 아동의 역할이 강조되는 형태로 구성하였다.

단계	훈련 및 학습활동	기대되는 효과
직접 설명 단계	또래교사는 "글을 읽고 내용을 이해하고 기억하는 데 가장 좋은 방법은 스스로 질문해 보는 것이야. 스스로 글의 내용에 대해 질문해 보면 글을 더 잘 이해하고 자신이 글을 이해하고 있는지 알 수가 있어." 라고 강조하면서 자기질문전략의 가치와 유용성을 알려 준다.	또래교수를 활용한 자기질문전략 훈련은 또래 간에 개별화된 학습지도를 더 많이 받을 수 있으며, 또래학습자가 즉각적인 피드백과 수정을 받을 수 있을 뿐만 아니라, 애매한 질문을 만들었을 때 또래교사와 또래학습자가 함께 큰 소리로 읽으며 다시 생각할 시간을 가질 수도 있
시범-모방 단계	또래교사는 질문에 필요한 모든 정신과정을 또래학습자가 보고 깨달을 수 있도록 큰 소리로 말하면서 강조한다. 또래교사는 글을 읽고 질문을 만드는 것을 보여 주고 나중에는 속삭이는 소리로 하고 점점 속으로 한다는 것을 말해 준 후 이를 시범 보여 주고 또래학습자가 그대로 따라 할 수 있게 한다. 또래학습자는 또래교사의 시범을 그대로 소리 내어 따라 한 후에 점점 작은 소리로 한다.	

2) 안은실(2007). 또래교수를 활용한 자기질문전략이 읽기부진아의 독해력에 미치는 효과. 경인교육대학교 교육대학원 석사학위논문.

내적 언어화 단계	또래학습자는 전 과정을 따라 한다.	다. 그리고 적절한 질문을 만들었을 때 상대방을 칭찬하고 격려하는 등 또래와의 보상이 또래학습자로 하여금 읽기에 대한 흥미와 자신감을 갖게 하여 독해력 향상에 긍정적인 영향을 미칠 것이다.
연습 단계	① 읽기: 글을 읽는다. ② 자기질문하기: 스스로 질문한다. ③ 대답하기: 자신의 질문에 대답한다. 이때 잘 모르면 다시 읽는다. ④ 평가하기: 또래교사는 또래학습자가 수행하는 과정을 관찰한 후, 함께 논의하고 구두로 피드백을 준다.	

2. 자기질문전략 수업안[3)]

단계	1단계: 자기질문전략의 개관	학습형태	교사주도학습
주제	질문의 유형 설명과 교사의 시범	차시	1~4
목표	세 가지 유형의 질문을 알고 분류할 수 있다.		

• 자기질문전략에 따른 질문의 유형

1. 바로 거기에- 질문과 답이 같은 문장 속에 있고 질문에 대한 답이 바로 거기 그대로 있는 질문으로, 답을 찾기가 쉽다.
2. 생각하고 찾기- 글 속에 정답이 있지만 질문과 답이 각각 다른 문장 속에 있으므로 생각하고 답을 찾아야 한다.
3. 내 힘으로- 글 속에 질문에 대한 답이 없어서 각자가 기억하고 있거나 자신의 생각을 통해 '내 힘으로' 답을 찾는 질문이다.

〈보기〉
영수는 오늘 공원에 있는 시계탑 앞에서 재민이를 만나기로 하였습니다.
그런데 재민이가 30분이나 늦게 나왔습니다.

1. 바로 거기에
질문: 재민이와 어디서 만나기로 했나요?
답: 공원 시계탑 앞. (질문과 답이 같은 문장 안에 있다.)

3) 조현숙(2004). 자기질문전략 훈련이 독해학습장애아의 독해력과 자기효능감에 미치는 효과. 고신대학교 대학원 석사학위논문.

2. 생각하고 찾기
질문: 시계탑 앞에 늦게 나온 사람은 누구인가요?
답: 재민. (답을 글 안에서 찾을 수는 있지만 같은 문장 속에 있는 것은 아니다. 답을 알기 위해서는 두 번째 문장으로 가야 한다.)

3. 내 힘으로
질문: 재민이가 왜 늦게 나왔나요?
답: (대답은 글 속에서 찾을 수 없으나 쉽게 해결할 수 있다. 늦잠을 자서 또는 심부름을 하느라고 늦었을 수도 있다. 이 질문 형태에는 정답이 한 개 이상 있는 것이다.)

〈예시〉
원님은 어느 겨울 날 산딸기가 먹고 싶었습니다. 그래서 이방을 불렀습니다.

1. 원님은 무엇이 먹고 싶었나요?

____

(바로 거기에, 생각하고 찾기, 내 힘으로)

2. 원님은 왜 이방을 불렀나요?

____

(바로 거기에, 생각하고 찾기, 내 힘으로)

3. 이방은 원님의 말을 듣고 어떻게 했을까요?

____

(바로 거기에, 생각하고 찾기, 내 힘으로)

단계	2단계: 자기질문전략의 학습	학습형태	소집단협동학습
주제	질문의 유형 설명과 교사의 시범	차시	5~8
목표	교사의 안내에 따라 자기질문전략의 세 가지 질문을 만들 수 있다.		

• 다음 글을 읽고 제시된 세 가지 유형의 질문에 대한 답을 써 봅시다.

복돌이의 소원

복돌이는 며칠 전부터 다솜이네 집에서 살게 된 강아지입니다. 밤이 되자 복돌이는 엄마, 아빠가 무척 보고 싶었습니다.
“야, 별이 참 예쁘다. 엄마, 아빠가 곁에 계시면 얼마나 좋을까?”

"멍, 멍, 엄마."
"멍멍, 아빠."
복돌이는 엄마, 아빠를 불러보았습니다.
산 위에는 둥근 보름달이 환하게 떠 있었습니다.
"아빠는 내 얼굴이 보름달처럼 환하다고 하셨는데……. 엄마는 내 얼굴이 공처럼 둥글다고 하셨는데……. 엄마, 아빠, 보고 싶어요."

1. 바로 거기에
- 복돌이는 어디에서 살게 되었나요? ________________
- 밤이 되자 복돌이는 누가 보고 싶었나요? ________________

2. 생각하고 찾기
- 복돌이는 엄마, 아빠를 왜 불렀나요? ________________
- 복돌이가 밤에 본 것은 모두 무엇 무엇인가요? ________________

3. 내 힘으로
- 복돌이가 낑낑대는 것을 보고 다솜이가 해 줄 수 있는 일을 써 보세요. ________
- 다음 이야기는 어떻게 될까요? ________________
- 복돌이는 왜 엄마, 아빠 곁을 떠났나요? ________________

단계	3단계: 자기질문전략의 학습	학습형태	소집단협동학습
주제	학습자의 독자적인 연습과 교사의 점검	차시	9~16
목표	자기질문전략을 사용하여 세 가지 질문을 만들고 답할수 있다.		

• 다음 글을 읽고 세 가지 유형의 질문을 만들고 답도 써 봅시다.

일주일 전에 우리 집 바우가 새끼를 낳았습니다. 그것도 다섯 마리나 낳았습니다. 하지만 며칠 동안은 새끼를 볼 수 없었습니다.
"개 집 앞에서 얼씬거리지 마라."
사람이 다가오면 제 새끼를 해치는 줄 알고 어미개가 놀란다며 할아버지께서는 개집 앞에다 새끼줄을 쳐 놓으셨습니다. 나는 바우가 새끼를 낳은 것이 무척 기뻤지만 한편으로는 섭섭하기도 하였습니다. 그토록 나를 따르던 바우가 근처에만 가도 으르렁거리며 짖어 대기 때문입니다. 아마 제 새끼를 해칠까 봐 그러는 모양입니다.
그런데 어제부터는 바우의 태도가 많이 누그러졌습니다. 개집 가까이 가도 으르렁거리지 않았습니다. 나는 새끼들의 젖 빠는 모습을 조심스럽게 살펴보았습니다. 새끼들은 낑낑거리며 젖을 빨려고 야단이었습니다. 새끼들이 어서 자라서 나하고 같이 놀 수 있는 날이 빨리 왔으면 좋겠습니다.

1. 바로 거기에
질문)______________________________ 답)____________________

2. 생각하고 찾기
질문)______________________________ 답)____________________

3. 내 힘으로
질문)______________________________ 답)____________________

3. 자기질문전략 수업 활동지[4)]

( )학년 ( )반 이름( ) 활동일( )

• 이 글을 읽기 전에
- 내가 할 일이 무엇인지 생각합니다.
- 내가 알아내야 할 것이 무엇인지 확인합니다.
- 글을 읽으며 중요한 내용이 무엇인지 생각합니다.
- 물음에 답하고 나서 다시 한 번 더 정확한 답인지 확인합니다.

• 다음의 단어들을 대표할 수 있는 낱말을 생각해 봅시다.

1. TV / 냉장고 / 세탁기 / 전자레인지 / 진공청소기 / 가스레인지 - - - - - ( )
2. 할머니 / 할아버지 / 아버지 / 어머니/ 딸 / 아들 / 형 / 언니 / - - - - - - ( )
3. 책상 / 의자 / 침대 / 식탁 / 장식장 / 이불장 / 옷장 - - - - - - - - - - - - ( )
4. 버스 / 비행기 / 택시 / 기차 / 자전거 / 오토바이 / 배 - - - - - - - - - - - ( )
5. 달리기 / 수영 / 농구 / 배구 / 축구 / 야구 / 태권도 / 레슬링 - - - - - - -( )

4) 현애순(2002). 자기질문전략이 초등학교 읽기부진아의 요약 능력 및 독해력에 미치는 영향. 경인교육대학교 대학원 석사학위논문.

( )학년 ( )반 이름( ) 활동일( )

• 이 글을 읽기 전에
- 내가 할 일이 무엇인지 생각합니다.
- 내가 알아내야 할 것이 무엇인지 확인합니다.
- 글을 읽으며 중요한 내용이 무엇인지 생각합니다.
- 물음에 답하고 나서 다시 한 번 더 정확한 답인지 확인합니다.

• 다음 문장을 읽고 중요한 내용만 들어가도록 짧게 줄여서 써 보세요.

1. 오늘 우리반에는 짧은 머리에 눈이 매우 큰 김재덕이라는 친구가 전학을 왔습니다.

____

2. 매일 바쁘게 일만 하던 우성이의 손가락들이 오랜만에 함께 모여 이야기를 나누었습니다.

____

3. 원식이 어머니께서는 새벽부터 밤늦게까지 장사를 하시기 때문에 원식이를 잘 돌보지 못하셨습니다.

____

4. 고려를 틈틈이 넘보던 거란이 십만 대군을 앞세워 쳐들어왔을 때 강감찬은 지혜를 발휘하여 거란의 군사들을 무찔렀습니다.

____

5. 까마득한 옛날, 하느님은 이 세상에서 가장 아름다운 동물 한 마리를 만들어 냈습니다. 동그란 몸집에 털이 하얗고 보들보들하였기 때문에 하느님은 이 동물에게 보들이라는 이름을 붙여 주었습니다.

____

( )학년 ( )반 이름( ) 활동일( )
• 이 글을 읽기 전에 - 내가 할 일이 무엇인지 생각합니다. - 내가 알아내야 할 것이 무엇인지 확인합니다. - 글을 읽으며 중요한 내용이 무엇인지 생각합니다. - 물음에 답하고 나서 다시 한 번 더 정확한 답인지 확인합니다.
• 다음 글을 읽고 물음에 답하세요. 물고기, 게, 새우는 모두 재주를 하나씩 가지고 있었습니다. 물고기는 헤엄을 잘 칩니다. 지느러미를 너풀거리며 멋진 춤도 출 수 있습니다. 다리가 많은 게는 걸음이 무척 빠릅니다. 쏜살같이 옆으로 달리는 재주는 누구도 흉내낼 수 없습니다. 새우는 뜀뛰기를 잘합니다. 등을 동그랗게 굽혔다가 힘차게 펴면서 뛰어오르는 재주를 가지고 있습니다. 그러나 모래 위에 웅크리고 있는 조개는 별다른 재주가 없습니다. 그저 모래 위에서 뭉그적거리기만 할 뿐입니다. 1. 윗글에서 가장 중요하다고 생각되는 낱말을 찾아 쓰시오. __________ 2. 윗글에서 새우가 할 수 있는 재주는 무엇인가요? __________ 3. 윗글을 짧게 요약해 봅시다. __________

( )학년 ( )반 이름( ) 활동일( )

• 이 글을 읽기 전에
- 내가 할 일이 무엇인지 생각합니다.
- 내가 알아내야 할 것이 무엇인지 확인합니다.
- 글을 읽으며 중요한 내용이 무엇인지 생각합니다.
- 물음에 답하고 나서 다시 한 번 더 정확한 답인지 확인합니다.

• 다음 글을 읽고 물음에 답하세요.

요즈음 아파트 촌을 중심으로 창가에 화분 놓기 운동이 벌어지고 있다. 우리나라의 도시가 건물과 도로 중심으로 되어 있어 썰렁해 보인다는 의견이 많기 때문이다. 실제로 시내 중심가나 주택가에서 꽃을 보기는 매우 어렵다. 하지만 외국에서는 마을 사람들이 힘을 모아 꽃으로 거리를 가꾸고, 집집마다 창가에 화분을 내걸어 온 마을이 꽃향기로 뒤덮이는 경우가 많다. 우리 학교도 내년 봄부터는 창가에 화분 놓기 운동에 참여하여 반마다 창가에 예쁜 꽃들이 피어 있는 화분을 내걸기로 하였다. 그리고 예쁜 꽃을 키워서 마을 사람들에게 나누어 주기로 하였다.

1. 윗글에서 가장 중요하다고 생각되는 낱말을 찾아 쓰시오.

2. 창가에 화분 놓기 운동은 우리나라 도시의 어떤 점을 보완하기 위해서인가요?

3. 윗글을 짧게 요약해 봅시다.

참고문헌

공효숙(2004). 자기질문전략 학습이 초등학생의 독해력과 학업 효능감에 미치는 영향. 가톨릭대 교육대학원 석사학위논문.

안은실(2007). 또래교수를 활용한 자기질문전략이 읽기부진아의 독해력에 미치는 효과. 경인교육대학교 교육대학원 석사학위논문.

윤대영(1991). 읽기 지도를 위한 질문 개발 연구. 서울대학교 대학원 석사학위논문.

이경순(1998). 자기질문전략 훈련이 읽기 장애 학생의 읽기 이해력과 전략 사용 능력에 미치는 영향. 이화여자대학교 교육대학원 석사학위논문.

정대영, 정동영(1996). KISE 학습장애 선별 척도. 국립특수교육원 연구보고서.

조현숙(2004). 자기질문전략 훈련이 독해학습장애아의 독해력과 자기효능감에 미치는 효과. 고신대학교 대학원 석사학위논문.

차기행(2006). 중심생각찾기 전략 및 자기질문전략의 병행 훈련이 학습장애아의 독해력에 미치는 효과. 공주대학교 대학원 석사학위논문.

천경록, 이재승 (1997). 읽기 교육의 이해. 서울: 우리교육.

한국교육개발원(1989). 학습전략훈련프로그램.

한국교육과정평가원 교수-학습개발센터(2004). 읽기능력신장을 위한 독해력증진시리즈.

현애순(2002). 자기질문전략이 초등학교 읽기부진아의 요약 능력 및 독해력에 미치는 영향. 경인교육대학교 대학원 석사학위논문.

Andre, E. D. A. M., & Anderson, H. T. (1978-1979). The Development and Evaluation of a Self-Questioning Study Technique. *Reading Research Quarterly, 14*(4), 605-623.

Baumann, J. F. (1984). The effectiveness of direct instruction paradigm for teaching main idea comprehension. *Reading Research Quarterly, 20*(1), 93-115.

Charmello, C. (1993). *Self-Questioning Prediction Strategy's Effect on Comprehension*. M.A. Thesis, Kean College of New Jersey.

Pearson, P. D., & Johnson, D. D. (1978). *Teaching reading comprehension*. New York: Holt, Rinehart and Winston.

Richards, C. S. (1976). Improving study behaviors through self-control techniques. In J. D.

Krumboltz & C. E. Thoresen (Eds.), *Counseling methods*. New York: Holt, Rinehart & Winston.

Tei, E., & Stewart, O. (1985). Effective studying from text: Applying metacognitive strategies. *Forum for Reading, 16*(2), 46–55.

Wong, B. (1985). Self-questioning instructional research. *A Review of Educational Research, 55*(2), 227–268.

Wong, B. (1988). Self-questioning strategy training from theory to practice. *Australian Journal of Reading, 11*(4), 246–256.

04
의미구조도

이론적 배경

1. 의미구조 중심의 이야기 구성도

텍스트를 구성하는 모든 개별 구성 요소는 그 의미가 무엇이든 간에 하나 이상의 다른 구성 요소와 일정한 관계, 즉 의미적으로 수평적 의미 관계나 수직적 의미 관계를 유지하면서 응집되어 이루어진 위계 구조를 이룬다. 이러한 위계적인 구조의 글의 내용을 그림을 그리거나 도표를 만드는 등의 방법으로 구조적으로 나타내어 시각화하는 것을 '의미 구조의 시각화'라 한다(이재승, 천경록, 1997).

읽기지도의 어려움은 읽기의 행위가 인간의 머리 속에서 이루어지기 때문에 읽는 과정을 쉽게 관찰할 수 없다는 데 있다. 학생이 텍스트를 읽는 과정을 관찰할 수만 있다면 읽기지도의 어려움은 상당 부분 해결될 수 있을 것이다. 그중 한 방법은 글의 내용을 시각적으로 표현해보게 하는 것이다. 즉, 학생이 시각적으로 표현하는 것을 보고 교사는 학생의 독해 능력을 파악하며 잘못 이해한 부분을 수정할 수 있고 이해를 도와줄 수 있다. 또 독자는 그림을 그리거나 도표를 만들어 보는 방법으로 글의 내용을 밖으로 표현해 봄으로써 글의 내용을 좀 더 쉽게 이해할 수 있게 된다.

이에 따라 의미구조의 시각화를 작은 규모의 글에서는 의미구조 중심의 읽기로 볼 수 있을 것이며, 의미구조 중심의 읽기 학습은 읽기지도 및 독해지도 외에도 독자가 학습 과정에 역동적으로 참여할 수 있다는 점에 큰 의의가 있을 것이다. 의미를 구조화하기 위해서는 독자가 자신의 배경 경험이나 지식에 입각하여 글의 내용을 분석하고 비판하면서 이들 내용을 구조화해야 한다. 이때 독자는 글의 내용을 단순히 이해하는 것이 아니라 새롭게 구성해 나가게 되는 것이다. 따라서 독자는 학습 과정에 능동적으로 참여하게 되며, 사고력이 높은 수준으로 증진된다.

글의 내용을 의미 중심으로 구조화하기 위해서는 그 글의 내용을 요약 · 분석 · 비판하는 과정이 필연적으로 요구되므로 내용을 구조화하는 과정에서 높은 수준의 사고력을 기르게 되고, 학습에 흥미를 북돋울 수 있게 된다. 텍스트가 교사에 의해 선택된 것이고 교사 주도의 수업이라면, 학생은 수업에 흥미를 잃게 되고 수업에 대한 참여도가 낮아질 것이다. 이러한 예를 우리는 교육 현장에서 흔히 볼 수 있으며, 이를 극복할 수 있는 한 방법으로 활동 중심의 수업을 진행하여 학생이 수업에 적극적으로 참여할 수 있도록 노력하여야 한다.

의미구조 중심의 수업에서 특히 유의할 점은 학생으로 하여금 글의 전체적인 내용을 파악하게 하여야 한다는 점이다. 글의 내용을 의미 중심으로 구조화하면서 그 글의 전체 내용을 자세하게 나열할 수는 없고, 결국 중요한 내용을 중심으로 구조화할 수밖에 없다. 중요한 내용을 선정하기 위해서는 글의 전체적인 내용을 이해해야 하고, 그 글을 간단히 구조화하기 위해서는 누가, 언제, 어디서, 무엇을, 왜, 어떻게 하였느냐에 중점을 두어 파악해야 한다. 이렇게 글의 내용을 구조화하는 과정에서 글의 중요한 내용을 구조적으로 파악할 수 있다.

2. 의미 구조도 그리기[1)]

1) 비교/대조 구조 그리기

〈보기 글 1〉

> 우리말에 쓰이는 어휘들은 그 어원을 자세히 알아보면 여러 가지가 있다. 순우리말도 있지만 어려운 한자말도 상당수 있다. 그중에서, 특히 우리가 흔히 쓰는 말 중에서도 우리말인 줄 알고 쓰는 어휘 중 많은 것이 '외래어와 외국어'다. 우리는 '외래어'와 '외국어'를 정확히 구분하여 씀으로써 아름다운 우리말을 더욱 가려 쓰는 언어 생활을 해야겠다.

〈보기 글 1〉을 '어휘 차원'의 비교/대조 구조 그리기로 나타내면 다음과 같다.

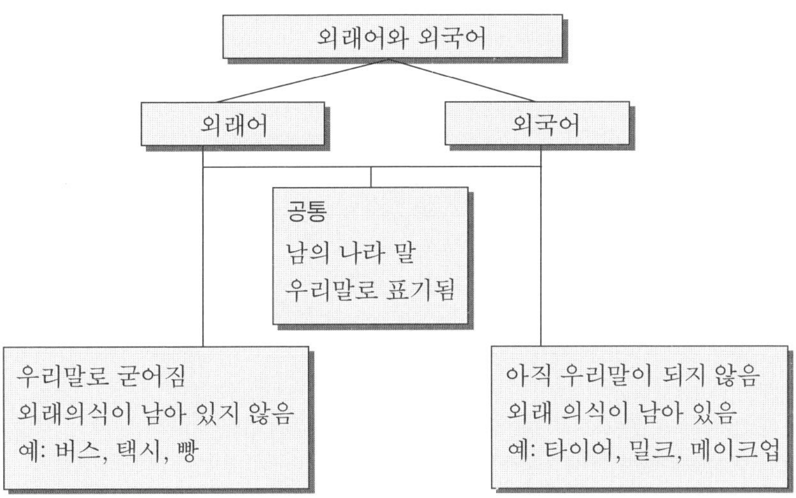

[그림 4-1] '어휘 차원'의 비교/대조 구조 그리기

---

1) 박노훈(2002). 의미구조도 그리기를 통한 어휘력 신장 방안 연구: 중학교 2학년을 중심으로. 인제대학교 대학원 석사학위논문.

[그림 4-1]은 '외래어, 외국어' 에 대한 '어휘 차원' 의 비교/대조 구조 그리기를 나타낸 것이다. 공통점으로는 '남의 나라 말' 이라는 것과 '우리말로 표기되는 것' 이고, 그 차이점으로는 '외래어' 는 '우리말로 굳어져 표기되거나 발음되는 것' 이고 '외국어' 는 '아직 우리말이 되지 않고 외래 의식이 남아 있는 것' 이다. '외래어' 의 예시로 '버스, 택시, 빵' 등을 들 수 있고, '외국어' 의 예시로 '타이어, 밀크, 메이크업' 등을 들 수 있다. 이것에서 알 수 있는 것은, 학생이 새로운 어휘를 접했을 때 사전을 찾아보는 방법도 있고 지도 교사에게 직접 그 내용을 물어서 의문을 해결할 수도 있겠지만, '비교/대조 구조 그리기' 를 통해 그 어휘의 개념에 대해 다른 어휘를 적용하여 비교하고 대조하는 방법으로 어휘를 습득하면 그 어휘의 의미뿐만 아니라 용법까지도 자세히 이해하여 활용할 수 있는 장점이 있다는 것이다.

다음으로 '구문차원' 의 보기 글을 통해 비교/대조 구조 그리기의 개념을 살펴본다.

〈보기 글 2〉

신경숙의 『빈 집』 중에서	신문 사설 중에서
그는 숨을 크게 들이쉬었다. 거울 속으로 비친 점박이의 등이 실제의 등과 겹쳐 점박이는 아주 커다랗게 보였다. 그가 세면장으로 들어가서 웅크리고 있는 점박이의 두 눈을 가리며 안아 내리려니 점박이는 갑자기 베란다 쪽으로 화다닥 튀어 갔다. 그는 자신도 모르게 점박이의 뒤를 따랐다. 한 마린지 두 마린지 생쥐가 소리를 내며 어디론가 사라졌다.	우리가 매일 보고 듣는 신문, 잡지, 텔레비전, 라디오 등과 같은 의사소통 수단을 대중매체라고 한다. 대중매체는 어떤 사실이나 생각 등을 수많은 사람에게 똑같은 내용으로 일시에 전달하는 구실을 한다. 신문과 텔레비전은 모두 대중매체로서 여러 종류의 다양한 정보를 제공해 준다. 신문 한 부 속에는 정치, 경제, 사회, 문화 소식부터 만화, 이야기 등의 오락과 광고에 이르기까지 세상을 살아가는 데 필요한 여러 가지 정보가 담겨 있다.

'구문 차원' 의 〈보기 글 2〉를 비교/대조 구조 그리기로 나타내면 [그림 4-2]와 같다.

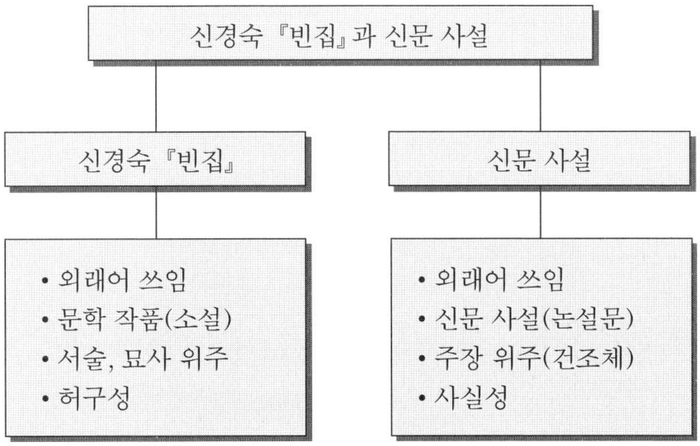

[그림 4-2] '구문 차원'의 비교/대조 구조 그리기

[그림 4-2]는 '구문 차원'의 비교/대조 구조 그리기인데, 문학 작품과 신문 사설에 대한 각각의 구문을 두고 사용된 어휘의 공통점과 차이점을 밝혀 그 개념과 용법을 익히기 위한 것이다. 공통점으로는 둘 다 '외래어'가 쓰인 것이지만, 그 나머지는 둘 다의 차이점을 기술한 것이다. 소설과 논설문, 서술, 묘사 위주의 글과 주장 위주의 글, 허구성과 사실성 등의 개념에서 차이가 있다. 물론 학생이 이 두 구문을 읽고 단번에 그 공통점과 차이점을 알아내기는 힘들 것이다. 그러나 이는 자신의 지식을 활용하고 모둠별로 토론을 한다면 새로운 의미의 어휘를 알 수 있고, 그 용법을 이해하여 언어생활에 활용할 수 있는 어휘 지도 방법이다. 학생은 이러한 학습을 반복하여 훈련하다 보면 어휘력이 신장될 것이다.

2) 나열 구조 그리기

나열 구조 그리기는 구성 요소들을 그 의미에 대해 일정한 목록 상태로 벌려 놓는 방법이다. 이러한 구조 형태는 각 문장의 어휘들이 제시하는 하나의 의미 범주에 구체적인 보기로 설명되어 나타난 구조라고 할 수 있다.

〈보기 글 3〉

그네는 '추천' 이라고도 하는데, 우리의 옛 기록을 보면, '근의' '글위' '그리' '근듸' 라고 되어 있는 것을 볼 수 있다. 이런 명칭이 있는 것으로 보아 '그네' 라는 이름은 '근' 또는 '끈' 의 놀이라는 뜻을 지니고 있는 것 같다.

고려 시대에 많은 종류의 그네뛰기가 있었다고 전해 온다. 귀족들이 단오에 그네뛰기를 하였고, "수많은 사람이 모여 여러 가지 놀이를 즐겼는데 그네도 뛰었다." 고 기록되어 있다. 이로 보아 고려 때에 이미 신분의 높고 낮음을 떠나서 그네뛰기가 성행하였다는 것을 알 수 있다. 특히 송도의 그네뛰기는 유명하였으며, 이것이 조선시대를 거쳐 오늘에 이르렀다. 그네를 뛰는 방법에는 여러 가지가 있다. 혼자 뛰면 '외그네' , 둘이 마주 보며 뛰면 '배그네' 또는 '맞그네' 라고 한다. 옆으로 나란히 서서 한 손으로는 짝의 허리를 끼고 또 한 손으로는 그넷줄을 쥐고 뛰면 '짝그네' 라고 한다. 한식부터 시작하여 한가위까지 행해지던 그네뛰기는 아이들과 여자들이 즐겨 왔던 우리의 대표적인 민속놀이의 하나다.

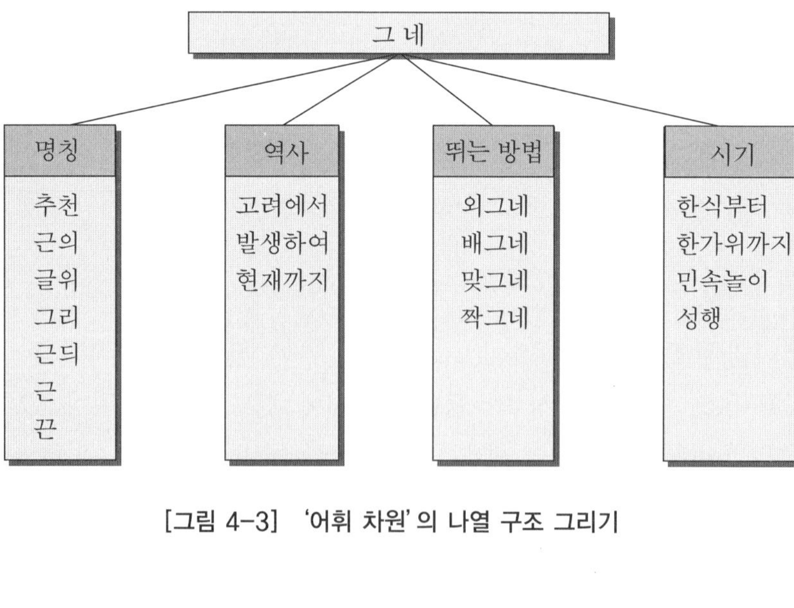

[그림 4-3] '어휘 차원' 의 나열 구조 그리기

이 '나열 구조 그리기'의 어휘 학습 방법은 '그네'라는 글의 내용을 읽고, 이 글에 쓰인 '그네'의 명칭, 역사, 뛰는 방법, 하는 시기의 어휘를 빠뜨리지 않고 나열해 보는 것이다. 학생들은 이 어휘 학습 방법을 통해 그 개념을 이해하는 어휘와 이해하지 못하는 어휘를 스스로 발견하게 되는 것이다. 그리하여 그 어휘의 개념과 용법을 인식하기 위해 교사에게 질문하거나 학습 자료를 찾게 되어 어휘 활용 능력이 신장될 수 있는 효율적인 지도 방법이라고 할 수 있다.

의미구조도를 활용한 읽기지도의 효과성[2)]

1. 연구 대상

본 연구의 대상은 경상남도 김해시 소재 S 초등학교에 재학 중인 4학년 아동들 중에서 국어과 학업 성취도가 낮은 아동을 담임교사의 추천을 받아 1차 선정하였다. 1차 선정자 가운데 K-WISC-III(곽금주, 박혜원, 김청택, 1993) 검사 결과 지능지수가 80 이상에 속하고, KISE 학습장애 선별척도(정대영, 정동영, 1996) 검사 결과 언어성 점수 21점 이하, 비언어성 점수 42점 이하, 총점 62점 이하에 해당되며, 기초 학습 기능 검사(박경숙, 윤점룡, 박효정, 1989) 읽기 I, II에서 학년 규준이 해당 학년보다 1년 이상 지체되는 아동 3명을 최종 선정하였다.

2. 연구 설계

본 연구는 의미구조도 작성법 훈련이 초등학교 읽기장애아동의 독해력 및 읽기 태도에 미치는 효과를 알아보기 위한 것으로 독립 변인은 의미구조도 작성법

2) 박선희(2006). 의미구조도 작성법 훈련이 읽기장애아동의 독해력 및 읽기 태도에 미치는 효과. 창원대학교 대학원 석사학위논문.

훈련이고, 종속 변인은 독해력 및 읽기 태도에 미치는 효과다. 읽기장애아동의 의미구조도 작성법 훈련의 효과를 검증하기 위하여 대상자 간 중다기초선 설계를 사용하였다. 각 아동의 기초선 기간은 4~8회기로, 대상 아동의 수행 수준이 안정되는 경향을 보일 때 중재를 시작하여 먼저 중재에 들어간 아동이 독해력 검사 결과 2회기 연속 60% 이상의 수행 수준을 보일 때 다음 아동의 중재를 시작하였다. 실험은 총 12주에 걸쳐 진행하고, 중재는 대상 아동별로 11~14회기에 걸쳐 실시하였다. 중재가 끝난 2주 후에 유지 검사를 하루에 1회씩 3회기 실시하였다.

3. 연구 도구

1) 독해력 검사

독해력 검사는 읽기장애아동이 읽기 자료를 읽고 내용을 이해하는 능력을 측정하기 위하여 기초선 기간 4~8회, 중재 기간 11~14회, 유지 기간 3회로 매 회기마다 실시하였다. 독해력 검사지는 교육과정 중심 평가 기법에 따라 본 연구자가 제작하였고, 그중 일부는 문종녀(2005)가 사전 · 사후 · 유지 검사로 사용한 검사지를 본 연구의 목적에 맞도록 재구성하여 사용하였다. 각 검사지는 지문 한 개당 평가 문항 5개씩 구성하였고, 각 문항의 내용은 지문 중에서 주요 내용을 기억하여 '누가, 언제, 어디서, 무엇을, 어떻게, 왜' 라는 질문에 주관식으로 답할 수 있도록 구성하였으며, 대상자 자신의 생각을 표현하는 문항은 배제하였다.

2) 읽기 태도 검사

읽기 태도의 변화 정도를 알아보기 위하여 기초선 · 중재 · 유지 기간에 각 3회씩 읽기 태도 검사를 실시하였다. 읽기 태도 검사에 사용한 행동 측정 방법은 측정 대상 행동을 정하여 그 행동이 발생할 때마다 체크하여 한 회기에 나타난 총 발생 빈도를 기록하는 사건 기록법이다.

측정 대상 행동은 읽는 모습과 읽기 방략 사용 여부로 '① 읽기 자료를 읽는 자세, ② 읽기 자료와 눈과의 거리, ③ 주의 집중 태도, ④ 끝까지 읽는 태도, ⑤ 묵독하여 읽기, ⑥ 답을 찾기 위해 반복하여 읽기, ⑦ 중요한 문장이나 낱말에 밑줄이나 네모 하기, ⑧ 손 또는 연필로 짚으며 읽기, ⑨ 자신만의 말로 메모하며 읽기, ⑩ 지문을 먼저 읽고 문제 풀이하기'의 10항목으로 하였고, 기타 읽기 습관 및 특이 사항은 관찰하여 기록하였다.

4. 연구 절차

1) 실험 처치 단계

실험 절차는 장우영, 서경희(2003)가 실시한 절차를 참고로 하여 연구의 목적에 맞게 연구자가 재구성하였다.

(1) 훈련 전 준비 과정

연구 대상 아동들은 2년째 교과 전담교사로 있는 본 연구자와 함께 일주일에 2~3시간씩 수업을 하고 있고, 수업 시간에도 잘 따르는 편이라 쉽게 친밀감과 신뢰가 형성될 수 있었다. 담임교사와 함께 공부하는 목적 및 효과, 훈련 기간, 훈련의 목적들을 알려 주고 연구자와 친밀감을 형성하여 편안한 분위기에서 훈련을 할 수 있도록 준비하였다.

(2) 기초선 단계

기초선 단계는 의미구조도 작성법을 익히기 전에 아동의 독해력을 측정하는 과정이다. 기초선 단계에서는 독해력 검사지를 중심으로 앞으로 실시할 과제에 대하여 소개하고, 글을 읽고 이해한 것을 평가하였다. 독해력 검사는 매 회기 실시하였고, 교사의 특별한 지도 없이 아동이 읽고 내용을 파악하여 평가하도록 하였다. 중재 기간 동안 이루어질 검사와 내용 수준 및 난이도가 비슷한 검사지를 제시하고 점수를 기록하여 그 결과를 표와 그래프로 작성하였다. 읽기 태도 검사는 대상 아동별로 각각 3회씩 실시하였다.

(3) 중재 단계: 의미구조도 작성법 훈련 단계

중재의 과정은 모델링 단계, 안내 단계 그리고 독립 수행 단계로 나누어 실시하였고, 먼저 중재에 들어간 아동의 중재 효과가 안정적일 때 다음 아동의 중재를 시작하였다. 중재 단계별로 실시한 의미구조도 작성법 훈련 내용 및 방법은 〈표 4-1〉과 같다.

표 4-1 의미구조도 작성법 훈련 내용 및 방법

단계	교사 안내 활동	아동 수행 활동
모델링 단계	의미구조도 작성 원리 소개	- 기초선 검사 결과로 아동의 현재 독해 능력 수준 확인 - 이야기를 소리 내어 읽으며 오류 교정하기 - 의미구조도 작성 방법 익히며 작성하기 - 독해력 검사 결과 2회기 연속 60점 이상 성공적으로 수행하면 안내 단계로 넘어가기 - 읽기 태도 검사 1회 실시하기
안내 단계	아동의 반응 이끌어 내기 및 단서 제공	- 읽기 자료 속의 주요 어휘 익히기 - 이야기 읽으며 의미구조도 완성하기 - 독해력 검사 결과 2회기 연속 70점 이상 성공적으로 수행하면 독립 수행 단계로 넘어가기 - 읽기 태도 검사 1회 실시하기
독립 수행 단계	아동의 반응 모니터링하기	- 읽기 자료를 읽고 독립적으로 의미구조도 작성하기 - 독해력 검사 결과 2회기를 80점 이상 성공적으로 수행하면 중재 종결하기 - 읽기 태도 검사 1회 실시하기

① 모델링 단계

훈련 자료는 초등학교 1~4학년 국어 읽기 교과서와 교사용 지도서에 수록된 참고 자료, 심화 · 보충 자료 중에서 다양한 문장 종류를 선택하여 추출하였다. 대상 아동 3명 모두 읽기 학년 수준은 2.1학년 이상이나, 대상 아동의 흥미도와

성취 의욕을 유발하기 위하여 중재 초기에는 1학년 교육과정 내용에서 시작하여 회기가 높아질수록 4학년 교육과정 내용으로 구성하고, 지문의 길이도 짧은 것에서 시작하여 점차 긴 것으로 구성하였다. 모든 훈련 자료는 '누가, 언제, 어디서, 무엇을, 어떻게, 왜' 라는 구조에 맞게 요약할 수 있는 내용으로 다양한 문장 종류로 구성하였다.

연구자는 아동에게 먼저 시각적 도식을 구성하는 원리를 설명해 주고, 중요한 정보를 소개한 후 질문을 구성하는 방법에 대하여 설명해 주었다. 질문 구성 내용은 '누가, 언제, 어디서, 무엇을, 어떻게, 왜 하였는가?' 이며, 읽은 글의 내용을 도식 위에 기록하는 방법에 대하여 구두로 설명해 주고, 아동이 직접 의미구조도 도식 위에 기록하도록 하였다.

모델링 단계에서는 모델링에 중점을 두고 지도하였다. 즉, 훈련 자료를 선택하여 읽으면서, 시각적 도식에 맞게 질문을 구성하였다. 그리고 질문의 내용을 생각하며 읽기 자료를 읽은 후, 시각적 도식 위에 정보를 기록하였다. 이후 완성된 의미구조도 도식을 보면서 글의 주요 내용을 확인하고 수정 · 보완하는 과정을 거쳤다. 이처럼 아동에게 의미구조도를 작성하는 방법을 모델링해 준 다음, 의미구조도를 완성하도록 하였다. 매 회기마다 의미구조도 작성 훈련을 한 후, 아동의 독해력 검사를 실시하였다. 이 단계에서 2회기 연속 60점 이상 성공적으로 수행하면 안내 단계로 넘어가도록 하였다.

② 안내 단계

안내 단계에서는 모델링 단계와는 달리 질문 내용을 구성해 주기보다는 아동들의 반응을 이끌어 내는 데 중점을 두어 지도하였다. 이 단계에서도 매 회기마다 다른 훈련 자료로 중재를 실시하였으며, 주어진 읽기 자료를 읽기 전에 질문 내용을 스스로 구성한 다음 이야기를 읽도록 하였다. 이야기를 읽은 후 의미구조도를 스스로 완성하도록 하였고, 아동이 방법을 잘 모를 경우에는 질문 구성 방법과 단서를 제공해 주고 정보를 스스로 찾을 수 있도록 안내하였다. 이때 아동이 스스로 해결할 수 있도록 하고 아동이 어려움을 호소할 때에만 정답을 말해 주었다. 안내 단계에서도 의미구조도 작성 훈련 후에 독해력 검사를 매 회기마다 실시하여, 2회기 연속 70점 이상 성공적으로 수행하면 독립 수행 단계로 넘어가도록 하였다.

③ 독립 수행 단계

중재의 마지막 단계인 독립 수행 단계에서 연구자는 아동의 반응과 수행 과정을 주의 깊게 모니터링하고, 아동이 도움을 요청하거나 많은 어려움을 나타낼 때에만 간단한 단서를 제공해 줄 뿐, 아동 스스로 읽기 자료를 읽고 독립적으로 의미구조도를 작성하도록 하였다. 아동이 의미구조도 작성을 독립적으로 수행한 후, 매 회기마다 독해력 검사를 실시하여 2회기 연속 80점 이상 성공적으로 수행하면 중재를 종결하였다.

5. 연구 결과 및 논의

본 연구는 의미구조도 작성법 훈련이 읽기장애아동의 독해력 및 읽기 태도에 미치는 효과를 알아보는 데 그 목적이 있었다. 경상남도 김해시 S 초등학교에 재학 중인 4학년 읽기장애아동 3명을 대상으로 대상자 간 중다기초선 설계로 실험하였으며, 독해력 검사는 기초선 · 중재 · 유지 단계에서 매 회기마다, 읽기 태도 검사는 기초선 · 중재 · 유지 기간에 각 3회씩 총 9회 실시하였다. 의미구조도 작성법 훈련이 읽기장애아동의 독해력과 읽기 태도에 미치는 효과를 독해력, 읽기 태도의 순으로 제시하였다.

1) 독해력에 미치는 효과

의미구조도 작성법 훈련이 읽기장애아동의 독해력에 미치는 효과를 알아보기 위하여 읽기장애아동 3명을 대상으로 대상자 간 중다기초선 설계를 사용하여 기초선 · 중재 · 유지 단계별로 실시한 대상 아동의 독해력 검사 결과는 〈표 4-2〉와 같다.

표 4-2 대상아동의 독해력 검사 결과

<table>
<tr><th rowspan="2">아동</th><th rowspan="2">회기/평균</th><th rowspan="2">기초선</th><th colspan="3">중재</th><th rowspan="2">유지</th></tr>
<tr><th>모델링</th><th>안내</th><th>독립 수행</th></tr>
<tr><td rowspan="2">아동 A</td><td>실시 회기</td><td>4</td><td>4</td><td>4</td><td>4</td><td>3</td></tr>
<tr><td>평균</td><td>42.5</td><td>52.5</td><td>57.5</td><td>77.5</td><td>73.3</td></tr>
<tr><td rowspan="2">아동 B</td><td>실시 회기</td><td>7</td><td>3</td><td>5</td><td>3</td><td>3</td></tr>
<tr><td>평균</td><td>41.4</td><td>66.7</td><td>64.0</td><td>80.0</td><td>83.3</td></tr>
<tr><td rowspan="2">아동 C</td><td>실시 회기</td><td>8</td><td>4</td><td>5</td><td>5</td><td>3</td></tr>
<tr><td>평균</td><td>41.3</td><td>55.0</td><td>62.0</td><td>78.0</td><td>86.7</td></tr>
</table>

〈표 4-2〉에서 보는 바와 같이 세 아동 모두 훈련 결과 독해력 검사에 대한 정답률이 증가하였다. 기초선 단계에서 독해력 검사 결과 아동 A는 평균 42.5점, 아동 B는 평균 41.4점, 아동 C는 평균 41.3점의 성취도를 보였다. 중재 초기(모델링 단계)에서는 세 아동의 평균이 각각 52.5점, 66.7점, 55.0점의 수준으로 향상되었으며, 중재 후기(독립 수행 단계)에서는 77.5점, 80.0점, 78.0점의 수준으로 향상되었다. 중재가 끝난 2주 후에 실시한 유지 단계에서도 73.3점, 83.3점, 86.7점의 수준으로 세 아동 모두 중재 단계에서의 성취도가 유지되고 있다. 이러한 결과는 의미구조도 작성법 훈련이 독해력 향상에 효과가 있음을 보여 주고 있다.

2) 읽기 태도에 미치는 효과

의미구조도 작성법 훈련이 읽기장애아동의 읽기 태도에 미치는 효과를 알아보기 위하여 읽기 태도 검사를 기초선 · 중재 · 유지 기간에 각 3회씩 총 9회 실시하였다. 읽기 태도 검사는 아동들이 독해력 검사지를 해결하는 동안 읽는 모습과 읽기 방략 사용 여부를 측정 대상 행동으로 정하고, 측정 대상 행동이 발생할 때마다 체크하여 한 회기에 나타난 총 발생 빈도를 기록하였으며, 기타 읽기 습관 및 특이 사항은 관찰하여 질적으로 분석하였다.

관찰 항목	측정 대상 행동	기초선			중재			유지		
		1	2	3	모델링	안내	독립 수행	1	2	3
읽는 모습	바른 자세로 앉아 읽는다.	0	0	1	1	0	1	1	1	1
	읽기 자료와 눈과의 거리가 적당하다.	0	0	0	1	0	1	1	1	1
	주의를 집중해서 읽는다.	0	0	0	1	1	1	1	1	1
	읽기 자료를 끝까지 읽는다.	0	0	0	1	1	1	1	1	1
	묵독을 하면서 읽는다.	0	0	0	1	2	2	3	2	2
읽기 방략 사용	답을 찾기 위해 반복하여 읽는다.	0	0	0	1	2	2	3	2	2
	중요한 문장이나 낱말에 밑줄, 네모를 치며 읽는다.	0	0	0	0	1	1	2	2	2
	손 또는 연필로 짚으며 읽는다.	0	0	0	0	1	1	2	2	2
	자신만의 말로 메모하며 읽는다.	0	0	0	0	1	1	2	2	2
	지문을 먼저 읽고 문제를 풀이한다.	0	0	0	1	1	1	1	1	1

	기초선	중재	유지
기타 읽기 습관 및 특이 사항	- 글을 읽는 자세는 바르게 형성되어 있는 편임 - 묵독을 하면서 글을 읽기는 하나 질문을 먼저 읽고 나서 지문을 읽음 - 지문을 주의집중해서 먼저 읽고 질문에 답하거나 반복하여 읽는 측정 대상 행동은 관찰되지 않음 - 독해력 검사지를 해결하고 나면 재점검하지 않음 - 독해력 검사를 실시하는 도중에 주의산만해지는 경우가 있음	- 읽기 자료를 연필로 짚으면서 끝까지 읽기 시작함 - 초기에는 질문을 먼저 읽고 답을 찾기 위해 지문을 읽다가 중재 후기로 갈수록 지문을 먼저 읽고 질문을 읽음 - 질문을 읽고 나서 자신이 없을 경우에 지문을 다시 읽으며 답을 찾기 위해 표시를 함 - 중재 후기로 갈수록 답이 자신이 생각한 것과 다를 경우 아주 아쉬워함	- 손이나 연필로 짚으면서 묵독함 - 글을 끝까지 읽고 나서 문제를 해결함 - 지문에서 질문에 해당하는 부분에는 밑줄을 긋고, 답에 해당하는 부분에는 동그라미나 괄호를 표시해 두고 답을 정확하게 적기 위해 노력함

3) 논의

의미구조도 작성법 훈련이 독해력 향상에 효과적이었다는 결과는 본 연구의 중재 프로그램의 특성에서 그 원인을 찾을 수 있다. 본 연구의 중재 프로그램은 읽기장애아동이 글을 읽고 '누가, 무엇을, 언제, 어디서, 어떻게 그리고 왜' 라는 질문을 재구성하여 봄으로써 쉽게 자신의 읽기 학습에 적용할 수 있는 방략을 사용하였다. 또한 '누가, 무엇을, 언제, 어디서, 어떻게 그리고 왜' 라는 질문은 독해력 검사지의 질문의 요지 파악에도 도움을 주기 때문에 독해력이 더욱 향상되는 효과가 있었다고 본다. 교사는 중재 기간 중에 수시로 내용에 따라 '누가, 무엇을, 언제, 어디서, 어떻게 그리고 왜' 라는 적절한 질문을 제기함으로써 아동들이 쉽게 의미구조도를 작성하는 데 도움을 주었을 뿐이며, 이러한 과정에서 아동들은 글의 주요 내용과 줄거리를 요약할 수 있는 능력을 습득할 수 있었다.

또한 의미구조도 작성법 훈련이 읽기장애아동의 읽기 태도를 긍정적으로 변화시키는 데 효과가 있었다. 이는 중재 초기에 독해력 검사 후 읽기 자료를 읽는 과정에서 발생한 오류를 교사가 정확하게 읽는 모델링을 통해 수정해 주었고, 틀린 문항의 답을 해결하는 과정 또한 피드백을 해 주었기 때문으로 분석된다. 즉, 질문에는 밑줄을 긋고, 답에는 동그라미나 괄호 표시를 하고 틀린 답을 하나씩 수정해 가는 과정을 반복하여 지도한 결과, 중재가 거듭될수록 먼저 기초선 기간에는 보이지 않던 '읽기 자료를 끝까지 읽기, 답을 찾기 위하여 반복하여 읽기, 중요한 문장이나 낱말에 표시하기, 손 또는 연필로 짚어 가며 읽기' 등의 읽기 방략을 사용하는 측정 대상 행동의 사용 빈도가 높게 나타났고, 그러한 행동이 나타나기 시작한 시기부터 독해력 검사 점수 또한 향상되었음이 이를 입증하고 있다.

6. 부록

의미구조도 작성법 훈련 자료			4학년 ( )반 이름( )
훈련단계	15단계	훈련주제	의미구조도 작성하여 내용 알기
목표	글을 읽고 도식에 맞게 글을 요약하여 그 내용을 말할 수 있다.		

♣ 다음 글을 잘 읽어 봅시다.

> 옛날, 어느 산골에 용감한 소년이 살고 있었습니다. 어느 날 아버지가 산으로 나무를 하러 갔다가 밤이 늦도록 돌아오지 않았습니다. 걱정이 된 소년은 날이 밝기를 기다렸다가 아버지를 찾아 나섰습니다

♣ 읽은 글의 내용을 생각하며 다음 표를 완성하여 봅시다.

제 목 : ______________________________

	주인공 달리하여 내용 정리하기	
누가		
언제		
어디서		
무엇을		
어떻게		
왜		

※ 위의 내용을 생각하며 글의 내용을 말하여 봅시다.

의미구조도를 활용한 읽기지도의 예시[3)]

〈의미구조 중심의 이야기 구성도〉

제목:

시작
- 어디에서
- 누가

문제
- 누가 언제 왜 어디에서 무엇을 어떻게

계획
- 누가 언제 왜 어디에서 무엇을 어떻게

중간
- 사상 1
- 사상 2
- 사상 3
- 사상 4

마지막은
- 누가 언제 왜 어디에서 무엇을 어떻게

---

3) 이수자(2003). 의미구조 중심의 이야기 구성도 작성법 훈련이 읽기장애아동의 독해력, 읽기 인식 및 태도에 미치는 효과. 창원대학교 대학원 석사학위논문.

참고문헌

문종녀(2005). 자기질문방략 훈련이 읽기장애아동의 독해력과 읽기 상위인지에 미치는 영향. 창원대학교 대학원 석사학위논문.

박노훈 (2002). 의미구조도 그리기를 통한 어휘력 신장 방안 연구: 중학교 2학년을 중심으로. 인제대학교 대학원 석사학위논문.

박선희(2006). 의미구조도 작성법 훈련이 읽기장애아동의 독해력 및 읽기 태도에 미치는 효과. 창원대학교 대학원 석사학위논문.

이수자(2003). 의미구조 중심의 이야기 구성도 작성법 훈련이 읽기장애아동의 독해력, 읽기 인식 및 태도에 미치는 효과. 창원대학교 대학원 석사학위논문.

이재승, 천경록(1997). 읽기 교육의 이해. 서울: 우리교육.

장우영, 서경희(2003). 이야기 구성도 작성훈련이 학습장애아의 이야기 이해와 회상능력에 미치는 효과. 난청과 언어장애, 26(2), 141-154.

05
정교화 전략

이론적 배경

1. 정교화 전략

정교화 전략은 글의 내용에 학습자가 여러 가지 의미를 덧붙여 보거나 추론하거나 재구성 등을 통하여 학습자의 이해와 기억을 증진시키려는 목적을 지닌 전략이다. 정교화는 학습자가 정보처리 과정 중에 학습자료의 의미를 여러 가지 방법을 동원하여 충분히 처리하는 것을 의미한다. 또한 정교화는 인지 과정에서 추가적인 인출 통로를 제공함으로써, 그리고 추론과 재구성에 의한 회상을 허용함으로써 회상을 촉진시키게 된다. 예를 들면, '순이는 골동품 도자기를 샀다.' 라는 말을 외워야 할 때, ① 순이가 도자기를 장식장 위에 올려놓는 것을 그려보거나, ② '순이가 잔치에 쓸 돈을 마련하기 위해 그것을 팔았다.' 라는 말을 첨가시켜 보거나, ③ 자신의 집에 있는 오래된 도자기를 기억해 보거나, ④ 순이가 큰 잔치를 여는 이야기를 덧붙여 보면(이것들 모두 정교화 작업이라고 볼 수 있다.) 최초의 외워야 할 문장인 '순이가 골동품 도자기를 샀다.' 라는 말을 훨씬 더 잘 외울 수 있을 것이다(기철호, 1997). 독서 과정에 따른 정교화 전략 중에서 먼저 생각하기, 생각하면서 글 읽기, 질문 만들기에 대하여 좀 더 구체적으로 살펴보면 다음과 같다.

1) 먼저 생각하기

'먼저 생각하기' 는 언어이해의 도식이론에 근거한다. 도식이론은 기억 속에 조직된 지식을 표상하는 추상적인 구조가 있다는 것을 기본적으로 가정한다(Anderson & Pearson, 1984). 새로운 지식은 점진적인 동화의 과정이나 재구조의 과정을 거쳐 이루어지는데, 이러한 과정을 거쳐 기존의 스키마를 토대로 새로운 스키마가 생성되거나 과거의 스키마가 완전히 재조직되기도 한다.

도식이론의 기본적인 전제는 독자의 사전지식과 글 내용이 상호작용하여 글 이해와 그 후의 회상에 영향을 준다는 것인데, 이러한 입장에서 보면 독자의 사전지식은 일련의 스키마로 조직되어 있으며, 주어진 글은 특정한 스키마를 활성 또는 금지한다는 것이다. Brook과 Dansereau(1983)는 내용도식과 형태도식을 제시하고 과거 연구들이 주로 내용도식을 중심으로 이루어졌다는 주장을 하면서 적어도 학문적인 내용의 글을 학습하는 데 내용도식도 중요하지만, 이에 못지않게 형태도식도 중요하다는 주장을 하였다. 이들은 심리학 논문을 예로 들면서, 내용도식에는 논문의 제목이나 구체적인 통계 결과가 의미하는 것 등이 포함되며, 형태도식에는 논문의 형태에 관한 일반적인 정보가 포함된다고 보았다.

이처럼 논문의 경우 비교적 형태도식 간에 구별이 분명히 잘 되는 편이나, 학교에서 가르치고 배우는 주된 형태의 글인 설명문에서는 논문에서와 같은 틀이 없고 오히려 큰 제목하에 소주제 별로 내용이 변화하게 된다. 그 소주제가 논문의 틀과 동일한 수준이라고 볼 수는 없으나, 주제가 달라짐에 따라 그 안에 담겨진 내용이 달라진다는 점과 이렇게 서로 다른 내용이 전부 모여 하나의 큰 제목과 관련되는 글이 된다는 점에서 유사하다. 다른 점이 있다면, 논문에서의 형태도식은 일종의 글을 쓰기 위한 절차도식인 반면, 설명문에서의 형태도식에 해당된다고 간주되는 소주제는 그것마저도 큰 제목을 구성하고 있는 중심내용에 더 가깝다는 것이다. 이처럼 하나의 설명문에는 구체적인 내용이 담겨지는 지식의 틀과 그 속에 담겨지는 내용이 있다고 보는 것이다. 예를 들어, '과학실험과 현미경' 이라는 글에서 '현미경의 역할' 과 '현미경의 종류' 는 하나의 글을 구성하는 틀이 되며, 이 틀 속에 그 제목과 관련된 구체적인 내용이 담겨진다. 이렇게 볼 때, 지식의 틀은 형태도식에 해당되고, 또 그 속에 담겨지는 구체적인 내용은 내용도식에 해당한다고 할 수 있다.

따라서 '먼저 생각하기' 는 아동이 하나의 글을 읽기 전에 글의 제목을 보고 그 글 속에 어떤 중심내용(주제)이 담겨져 있을 것인지 예측하며, 또한 그 주제 안에 어떤 구체적인 내용이 담겨질 수 있는지를 예측하게 한 후 글을 읽게 함으로써 아동 스스로가 특정 글 내용에 대해 자신이 알고 있었던 내용과 몰랐던 부분을 알게 되는 과정을 거쳐 결국 읽기의 효과를 극대화하고자 하는 데 목적이 있다.

2) 생각하면서 읽기

생각하면서 읽기는 아동이 자신의 학습을 더 효과적으로 하기 위해 사용하는 제반 전략을 의미한다. Levin(1988)은 원래의 자료에 의미를 부가시키기 위해 첨가하는 것, 의미가 통하도록 학습 자료를 구조화하는 것 그리고 학습자가 나름대로 기억하기 쉽게 연상, 그림 등으로 창안하는 것 등을 정교화 전략으로 보았다(임두순, 1989).

충실하게 정교화된 재료는 그렇지 못한 재료보다 더 효과적으로 기억되는데, 이는 정보처리의 깊이 문제와 관련된다. 이 용어는 Craik와 Lockhart(1972)가 발전시킨 용어로서 여러 연구자가 이에 관여해 왔다. 여기서 깊이란 피험자가 학습재료의 의미를 얼마나 충분히 처리했는지를 나타내는 용어다.

깊이는 학습자가 생성하는 정교화의 수준을 지칭하는 것으로 해석된다. 언어적 정보처리의 정교성에 관한 한 고전적 연구로는 Bobrow와 Bower의 1969년 실험이 있다. 이 연구자들은 주어-동사-목적어로 된 간단한 문장을 피험자들이 기억하도록 했다. 이 실험의 관심사는 다음과 같은 두 가지 조건이었다.

조건 1에서 피험자는 실험자가 쓴 문장을 제시받았다. 조건 2에서 피험자는 주어 명사와 목적어 명사를 연결시키기 위해 문장을 만들어야 했다. 문장을 학습한 피험자에게 처음 명사(주어)를 주고 두 번째 명사(목적어)를 생성하도록 하였다. 두 조건의 회상 수준은 조건 1(실험자가 문장을 제시)이 29%였고, 조건 2(피험자가 문장을 생성)가 58%였다. 문장을 스스로 생성한 경우 피험자는 두 명사의 의미와 그들 간의 가능한 상호 관련성을 더 주의 깊게 생각해야 했을 것이다. 이러한 과외의 심리적 노력 또는 보다 깊은 처리가 명사를 더 정교화하도록 하고, 특히 두 명사를 연결하도록 하는 여러 정교화 과정을 초래했을 것이다. 그러나 실험자가 제공한 문장에 대한 기억을 향상시키는 것으로 알려진 몇 가지 기법도 있다. 한 기법은 피험자에게 문장의 논리적 연속을 생성하도록 요구하는 것이다. 예를 들면, '소방수가 댄서를 찔렀다.' 는 문장에 대해 피험자는 '연인들의 다툼' 이라고 논리적 연속을 활용한 반응을 하는 것이다. 또 다른 기법은 피험자들에게 문장이 기술한 상황을 생생한 시각적 심상으로 만들도록 요구하는 것이다.

Weinstein과 Mayer(1986)는 정교화 전략 훈련을 위해 여러 개의 글을 제시하고 매 글마다 '글 속의 중요한 내용을 잘 이해하고 기억하기 위해서는 글의 내용을 마음속에 그리기 또는 과거에 알았던 것과 연결시키기 등이 중요한 역할을 할 것' 이라고 지시하였다. 이러한 방식으로 글을 읽게 한 후, 바로 이어서 글 속의 중심 내용에 관한 질문을 제시하였다. 그러고 나서 피험자들을 각각 만나 그들이 지시대로 했는지, 또 이 결과에서 어려웠던 부분은 없었는지를 점검하고 피드백을 준 결과 긍정적인 훈련 효과를 검증하였다(박경숙, 현주, 1990). 또한 임두순(1989)은 Weinstein(1975)처럼 글을 읽고 난 후의 점검활동은 없었으나, Levin(1988)의 정교화 전략에 따라 학습자에게 적합한 새로운 낱말을 찾아보게 하기, 자기 말로 다시 써 보게 하기, 글을 읽으면서 글 내용과 관련된 심상 만들기 등의 내용을 포함하는 형태의 프로그램을 개발하여 훈련 효과를 검증하였다.

(1) 심상 만들기

'심상 만들기' 란 글을 읽으면서 글 내용을 머릿속에 그려 보거나 직접 그림으로 표현하는 것을 말한다(김영채, 1990; 이재정, 1992; 전헌선, 윤정륜, 손기준, 이우언, 1992). 이러한 학습자의 적극적인 활동은 글 내용을 좀 더 구체적으로 생각하고 생생한 시각적 심상을 만들어 보게 하여 정보처리를 깊이 있게 함으로써 글에 대한 보다 높은 이해나 회상을 유도한다.

(2) 사전 지식과 연관시키기

'사전 지식과 연관시키기' 란 글을 읽으면서 글 내용 중 자신이 이미 알고 있는 사전 지식과 관련된 것을 떠올리는 것을 말한다. 예를 들어, '박쥐는 동굴과 같이 어두운 곳에서 살아간다.' 라는 문장을 읽으면서 학습자가 '박쥐' 와 관련하여 '박쥐는 입과 코로 초음파를 내보내 되돌아온 소리를 귀로 들어서 어두운 곳에서 물체를 구별한다.' 라는 이미 알고 있던 지식을 다시 생각해 낼 수 있다.

(3) 중요한 내용에 밑줄 긋기

'중요한 내용에 밑줄 긋기' 란 글을 읽으면서 글의 내용에 있어서 중요한 역할을 하는 단어, 구, 문장 등에 밑줄을 긋는 것을 말한다. 예를 들어, 주장하는 글에 있어서는 주장과 주장에 대한 근거, 핵심 단어 등의 부분에, 설명문에 있어서는 설명하고자 하는 주요 단어, 사건, 사실, 그 밖의 대상에 대한 정의, 종류, 특징 등의 설명 부분에, 이야기 글에서는 등장인물이나 이야기의 흐름에 있어서 중요한 단어, 사건, 상태 등의 부분에 밑줄을 그을 수 있다.

3) 요약하기

'요약하기' 란 읽은 후의 활동으로서 글을 읽지 않은 다른 사람에게 글의 내용을 간단히 소개할 수 있도록 글 내용을 간추리는 것을 말한다. 설명문의 경우는 내용을 재구성하여 요약할 수 있고, 논설문의 경우는 주장하는 것과 근거를 중심으로 요약할 수 있다. 이야기 글의 경우는 시간 순서에 따라, 인물과 사건의 관계에 따라 그리고 줄거리에 따라 구조화할 수 있다. 줄거리 중심의 구조화를 활용할 경우, 이야기의 배경(어디서?), 인물(누가?), 시간(언제?), 문제 또는 사건(어떤 일이 일어났는가?), 결과(마지막에는?)를 중심으로 요약할 수 있다.

4) 질문 만들기

질문 만들기는 아동의 효율적인 읽기를 위한 사전 혹은 사후 질문의 효과에 관한 연구결과와 스키마 이론을 이론적인 토대로 하는 것으로서, 아동이 글을 읽은 후 그 글을 통해서 어떤 질문에 답할 수 있게 되었는가를 스스로 질문하게 하는 훈련을 시킴으로써 학습 효과의 극대화를 꾀하고자 하는 것이다(박경숙, 현주, 1990). 질문 만들기와 질문에 대답하기의 중요한 특징은 교재를 더 깊고 정교하게 처리하도록 조장하는 것으로, 이를 위해 핵심주제를 건드리는 질문을 제기할 필요가 있다. 예를 들면, 아프리카의 경제를 다룬 교과서 내용에서 학습 질문이 '식민주의로부터의 전환이 경제 성장에 미치는 효과가 무엇인가?' 라고 가정하면, '관련' 된 질문은 '식민주의로부터의 전환 결과 외국인 투자율이 감소했는가?' 일 수 있고, '무관' 한 질문은 '어떤 요인들이 아프리카에서 임업의 발전 속도를 제한시키는가?' 일 수 있다. 제시된 글과 유관한 질문들은 무관한 것들보다 글 내용의 기억에 분명히 도움을 줄 것이다.

Richards(1976)는 읽기를 위한 여러 질문 유형의 효과를 비교하였다. 그는 일반 주제를 피험자들이 처리하도록 하는 개념적 질문과 특정 사실을 회상하도록 하는 축어적 질문의 효율성을 비교함으로써 개념적 질문에 반응한 피험자들이 더 잘 회상한다는 것을 알았다. 이 결과는 책에서 각 장의 서두를 그 장의 내용에 대한 일반적 진술로 시작하는 것이 타당함을 보여 준다. 따라서 일반적인 개념적 질문을 만드는 것이 더 효과적이라 볼 수 있다. 이 밖에도 사전 질문은 회상 검사에 더 효과적이며, 피험자에게 글과 관련된 부분을 재음미하게 하여 그들의 인지능력을 더욱 효율적으로 사용하게 한다는 보고가 있다(Britton, Piha, Davis, & Wehausen, 1978).

정교화 전략을 활용한 읽기지도의 효과성[1)]

1. 연구방법

본 연구는 초등학교 읽기 시간에 독해전략으로서 정교화 전략 훈련, 즉 먼저 생각하기, 생각하면서 읽기-심상 만들기, 사전 지식과 연결시키기, 중요한 내용에 밑줄 긋기, 요약하기, 질문 만들기 훈련을 받은 실험집단과 교사용 지도서에 따라 일반적 독해 수업을 받은 통제집단 간의 사전, 사후 독해력 차이가 있는지 알아보고, 집단 별 사전 · 사후 검사의 증가 점수와 그 차이가 유의한 것인지 알아봄으로써 정교화 전략의 활용이 독해력-회상 능력, 요약하기, 추론능력-향상에 미치는 영향을 알아보고자 한다.

1) 연구대상

본 연구는 S 초등학교 5학년 2개 학급 83명의 학생을 대상으로 선정하였으며, 한 학급은 실험집단, 다른 한 학급은 통제집단으로 하였다.

2) 검사 도구

(1) 표준화 기본 학력 검사

학습자 집단의 기본 학습 능력의 동질성을 비교하기 위하여 읽기 및 이해와 직접 관련되는 국어과 5학년 1학기용 표준화 기본 학력 검사를 실시하였다. 임인재(1998)가 개발한 이 검사지는 총 55개의 객관식 문항으로 4학년 2학기 국어과 내용으로 구성되어 있다.

1) 장성복(1998). 정교화전략을 활용한 읽기지도와 독해력의 관계. 이화여자대학교. 석사학위논문.

(2) 회상 능력 검사

검사용 글로는 한국교육개발원의 박경숙과 현주(1990)가 초등학교 5학년을 대상으로 제작한 설명문의 글을 수정, 보완하여 사용하였다. 15분간 원문을 읽고 기억하게 한 후 생각나는 것을 적게 하는 자유회상검사 방법으로 실시하였다.

(3) 요약하기 능력 검사

검사에 사용될 글은 초등학교 6차 교육과정 국어과 5학년 1학기 교과서에 실린 글 중 학습자가 앞으로 배울 글에서 선정하여 연구자가 제작하였다. 본 검사에서 평정자 간 신뢰도는 사전 검사에서 .93, 사후 검사에서 .92로 매우 높은 것으로 나타났다.

(4) 추론 능력 검사

추론 능력 검사는 원문을 읽고 글 속의 내용을 통하여 질문에 대한 답을 추론해 내는 능력을 측정하는 검사로, 검사에 사용된 지문은 5학년 1학기 국어과 교과서에 인용된 글 중 피험자가 앞으로 배울 단원의 글을 선정하여 구성하였다.

2. 연구 절차

1) 실험 도구 및 자료

실험 도구로 사용한 정교화 전략 프로그램은 Anderson(1979)이 제시한 독해 활동 3단계, 즉 읽기 전 · 읽기 중 · 읽은 후 단계에 따라 구성하였으며, 각 단계에 따른 정교화 전략으로는 한국교육개발원의 박경숙과 현주(1990)가 개발한 '먼저 생각하기-제목 보고 내용 유추하기' '생각하며 읽기-심상 만들기, 사전 지식과 연관시키기, 중요한 내용에 밑줄 긋기' '질문 만들기' 의 정교화 전략 프로그램에 '요약하기' 전략을 첨가하여 구성하였으며, 현시적 수업 모형에 맞추어 교수-학습 과정을 구성하였다.

2) 실험 처치

본 연구에서는 1998년 3월 19일부터 4월 18일까지 5주 동안 주당 3시간씩 10회에 걸쳐 실험집단에게 정교화 전략을 활용한 읽기지도를 하였는데, 이는 교직 경력 4년의 교사인 본 연구자가 직접 지도하였다.

3. 연구 결과 및 해석

1) 실험집단과 통제집단의 표준화 기본 학력 검사 결과

실험집단과 통제집단의 동질성 여부를 위한 표준화 기본 학력 검사의 결과는 〈표 5-1〉과 같다.

표 5-1 실험집단과 통제집단의 동질성 여부를 위한 표준화 기본 학력 검사의 평균차 검증

사례 수	M	SD	t	p
실험집단(36)	39.44	7.86	-1.70	.09
통제집단(37)	35.97	9.45		

〈표 5-1〉에서 정교화 전략을 활용한 읽기지도를 실시하기 전 실험집단과 통제집단의 일반적인 읽기 능력의 동질성 여부를 알아보기 위한 표준화 기본 학력 검사의 점수는 실제 평균 점수로는 차이가 있는 것으로 보이나, 통계적으로는 유의한 차이가 없는 것으로 나타났다.

2) 정교화 전략을 활용한 읽기지도에 따른 회상 능력 향상의 차이

실험집단과 통제집단의 사전 검사 점수의 차이를 비교하면 〈표 5-2〉와 같다.

표 5-2 실험집단과 통제집단의 사전 검수의 평균차 검증

사례 수	M	SD	t	*p*
실험집단(36)	3.06	1.64	.00	.997
통제집단(37)	3.05	1.53		

〈표 5-2〉에서 실험집단과 통제집단의 사전 검사 점수에는 통계적으로 유의한 차가 없는 것으로 나타났다. 그러므로 실험 처치 전의 실험집단과 통제집단의 회상 능력은 거의 같은 수준이었다고 볼 수 있다. 그러나 〈표 5-3〉에서 실험집단과 통제집단의 사후 검사 결과를 비교해 보면 *t*값에 대한 유의도가 .05수준에서 유의한 차이가 있는 것으로 나타났다.

표 5-3 실험집단과 통제집단의 사후 검수의 평균차 검증

사례 수	M	SD	t	*p*
실험집단(36)	3.81	1.43	-2.13	.036*
통제집단(37)	3.03	1.68		

* $p < .05$

따라서 정교화 전략을 활용한 읽기지도를 통해서 실험집단이 통제집단에 비해 회상 능력이 향상되었다는 것을 알 수 있다.

3) 정교화 전략을 활용한 읽기지도에 따른 요약하기 능력 향상의 차이

실험집단과 통제집단의 사전 검사 점수의 차이를 비교하면 〈표 5-4〉와 같다.

표 5-4 실험집단과 통제집단의 사전 검수의 평균차 검증

사례 수	M	SD	t	*p*
실험집단(36)	2.75	1.59	.51	.611
통제집단(37)	2.95	1.69		

〈표 5-4〉에서 실험집단과 통제집단의 사전 검사 점수에는 통계적으로 유의한 차이가 없는 것으로 나타났다. 그러므로 실험 처치 전의 실험집단과 통제집단의 요약하기 능력은 거의 같은 수준이었다고 볼 수 있다. 그러나 〈표 5-5〉에서 실험집단에서 통제집단의 사후 검사 결과를 비교해 보면 *t*값에 대한 유의도가 .01 수준에서 유의한 차이가 있는 것으로 나타났다.

표 5-5 실험집단과 통제집단의 사후 검사의 평균차 검증

사례 수	M	SD	t	*p*
실험집단(36)	4.17	1.32	-3.26	.002**
통제집단(37)	3.03	1.64		

** $p<.01$

따라서 정교화 전략을 활용한 읽기지도를 통해서 실험집단이 통제집단에 비해 요약하기 능력이 향상되었다는 것을 알 수 있다.

4) 정교화 전략을 활용한 읽기지도에 따른 추론 능력 향상의 차이

실험집단과 통제집단의 사전 검사 점수의 차이를 비교하면 〈표 5-6〉과 같다.

표 5-6 실험집단과 통제집단의 사전 검사의 평균차 검증

사례 수	M	SD	t	*p*
실험집단(36)	6.03	1.75	-6.1	.544
통제집단(37)	5.76	2.03		

〈표 5-6〉에서 실험집단과 통제집단의 사전검사 점수에는 통계적으로 유의한 차이가 없는 것으로 나타났다. 그러므로 실험 처치 전의 실험집단과 통제집단의 추론 능력은 거의 같은 수준이었다고 볼 수 있다. 그러나 〈표 5-7〉에서 실험집단과 통제집단의 사후 검사 결과를 비교해 보면 *t*값에 대한 유의도가 .05수준에서 유의한 차이가 있는 것으로 나타났다.

표 5-7 실험집단과 통제집단의 사후 검사의 평균차 검증

사례 수	M	SD	t	p
실험집단(36)	6.78	2.34	−2.37	.021*
통제집단(37)	5.54	2.12		

* $p<.05$

따라서 정교화 전략을 활용한 읽기지도를 통해서 실험집단이 통제집단에 비해 추론 능력이 향상되었다는 것을 알 수 있다.

4. 연구 결과 및 해석

첫째, 정교화 전략을 활용한 읽기지도를 통하여 아동의 회상 능력이 향상되었으며, 그 향상 정도로는 정교화 전략을 활용하지 않은 집단과 통계적으로 매우 유의미한 차이($p<.001$)를 보였다.

둘째, 정교화 전략을 활용한 읽기지도를 통하여 아동의 요약하기 능력이 향상되었으며, 그 향상 정도로는 정교화 전략을 활용하지 않은 집단과 통계적으로 매우 유의미한 차이($p<.001$)를 보였다.

셋째, 정교화 전략을 활용한 읽기지도를 통하여 아동의 추론 능력이 향상되었으며, 그 향상 정도로는 정교화 전략을 활용하지 않은 집단과 통계적으로 유의미한 차이($p<.05$)를 보였다.

이러한 연구 결과를 종합해 보면, 정교화 전략을 활용한 읽기지도가 아동의 독해력을 향상시킬 수 있으며, 그 향상의 정도가 통계적으로 매우 유의미하게 컸음을 알 수 있다.

정교화 전략을 활용한 읽기지도의 예시[2)]

1. 정교화 전략 사용 검사지

1. 먼저 생각하기

여러분이 지금 읽을 글의 제목은 '소리' 입니다. 여러분은 이 글의 제목을 읽고 어떤 것들을 머릿속에 떠올리게 됩니까? 또 어떤 내용들이 이 글 속에 포함되어 있을 것 같습니까? 여기에는 맞고 틀리는 것이 없습니다. 생각나는 것들을 그냥 적어 보십시오. 꼭 제대로 된 문장이 아닌 것도 괜찮습니다.

2. 생각하면서 글 읽기

지금부터 글을 읽어 봅시다. 글을 읽는 동안 여러분은 각자가 생각했던 내용이나 혹은 이에 관련된 내용을 만나기도 하고 그렇지 않을 수도 있습니다. 그러나 여러분이 생각했던 것을 만나지 못했다고 해서 그것이 꼭 틀린 것은 아닙니다. 다만 여기서는 글을 읽고 그 내용을 잘 이해하고 기억하는 일이 무엇보다도 중요합니다.

글 내용을 보다 잘 기억하기 위해서 여러분은 '글 내용을 마음속에 그려 보기' '글 내용을 이미 알고 있던 내용과 관련시키기' ' 중요한 내용에 밑줄 긋기' 등의 활동을 하면서 읽어야 합니다. 그러면 이러한 것들을 명심하여 다음 글을 읽어 보도록 합시다.

제목: 소리

소리에는 여러 가지 특성이 있다. 금속 젓가락이나 수저를 두드리면 대체로 높은 소리가 나지만 나무젓가락이나 가죽으로 만든 북을 두드릴 때는 낮은 소리가 난다. 또

2) 구현순(2002). 정교화 전략 훈련이 학습부진아의 독해력과 전략 사용 능력 향상에 미치는 효과. 경인교육대학교 대학원 석사학위논문.

피아노의 왼쪽 건반을 두드리면 낮은 소리가 나고 점차 오른쪽으로 갈수록 높은 소리가 난다.

소리에는 짧은 소리와 긴 소리가 있다. 음악가들은 소리의 길고 짧음(장단)을 알맞게, 규칙적으로 맞추어 작곡을 하며 노래를 부르거나 연주를 한다.

피아노, 오르간, 자동차 소리, 종소리 등은 각각 그 소리들을 구분할 수 있는 특색을 가지고 있다. 우리는 멀리서 소리만 듣고도 그 소리가 무슨 소리인지를 알 수 있는데 이것은 소리를 구분할 수 있는 소리의 맵시(음색)가 다르기 때문이다.

3. 학습 활동

1) 글을 읽을 때 머릿속에 어떤 것들을 그렸습니까?(생각했습니까? 혹은 떠올렸습니까?)

____

2) 여러분이 이미 알고 있었던 내용과 관련되는 내용은 무엇입니까?

____

____

3) 중요한 내용에 밑줄을 그어 봅시다.

4. 질문 만들기

위 글을 읽고 여러분은 어떤 것들을 알게 되었습니까? 다른 말로 하면, 여러분은 어떤 질문에 답을 할 수 있게 되었습니까? 질문을 만들어 봅시다. 질문 중에는 글 전체의 중심내용을 답으로 말해야 하는 것도 있을 수 있으며, 혹은 글 속의 짧은 단락의 중심내용에 관한 것일 수도 있습니다. 그리고 단어(새로운 용어: 예로서 '분업' 이나 '조흔색')의 뜻과 같이 아주 단순한 것을 묻는 질문도 있을 수 있습니다. 이 프로그램의 글은 거의 여러분의 지식을 넓혀 주는 설명문으로 구성되어 있으므로 되도록 많은 질문을 만들고 답을 하는 것이 좋습니다. 그리고 질문들 속에는 앞에서 말했듯이 여러 가지 종류의 질문이 포함되어야 합니다.

질문 1: ____________________

질문 2: ____________________

질문 3: ____________________

질문 4: ____________________

질문 5: ____________________

5. 평가 활동

지금부터는 여러분이 만든 질문이 제대로 잘 만들어진 문제인가를 평가해 보도록 합시다. 선생님이 나누어 주시는 질문집을 보고 그 속에 자신이 만든 질문이 있는지 비교해 보십시오. 여러분이 만든 질문에는 질문집 속에 없는 질문도 있을 수 있습니다. 그러나 글 내용으로부터 만들 수 있는 질문이라면 괜찮습니다.

2. 정교화 중심 교수-학습과정안[3]

단원	[국어 2-2] II. 사실과 의견 (3) 단원의 마무리		차시	15/20
학습 목표	- 사실과 의견을 구분한다. - 의견을 뒷받침하는 사실을 찾는다. - 글의 중심내용을 재구성해 본다.		준비물	전략활용 질문지
단계	학습 내용	교수-학습활동	방법 및 유의점	
도입 단계	- 전시학습상기 - 학습목표 안내 - 학습전략 설명	• 학습의 흥미 유발과 지속성을 위해 전시 학습을 상기시킨다. • 학습목표를 제시한다. • 학습전략의 사용 방법과 사용 시기 및 장단점을 예로 들어 설명한다.	- 전시수업의 결과물을 갖고 예를 들어 준다.	
직접 지도 단계	- 글의 특성 및 어휘 이해하기	• 글을 혼자서 음미해 보게 한다. • 글을 읽고 난 후 질문에 답해 보게 한다. • 잘 모르는 어휘가 있는지를 확인하고 설명한다. - 읽은 글에서 사실 부분과 의견 부분을 지적해 보자. - 글쓴이의 의견이 타당한지 생각해 보고 타당하지 않다면 그 이유에 대해 말해 보자.	- 먼저 이야기하기 전에 자신의 질문지에 발표할 내용을 적어 보게 한다. - 자신의 이야기를 자유롭게 발표시킨다.	

3) 문경순(1999). 이해 점검, 정교화 전략 중심 수업이 학습자의 읽기 메타인지 수준에 따라 독해결과 구조에 미치는 효과. 한국교원대학교 대학원 석사학위논문.

직접 지도 단계	중심내용 파악하고 요약하기	• 읽은 글의 중심내용은 무엇인가? - 모든 인간의 본성인 방어본능이 한국인에게는 아주 두드러진 것이 그 특징이다. 그 이유는 역사에 기록된 수많은 자료에서 보여 주듯이 우리나라가 외침을 자주 받아 온 데서 기인한 것으로 보인다. 이것은 많은 한국인이 안경을 즐겨 쓰는 이유로도 이어진다. 안경은 자신에 대한 은폐의 도구로 자신을 방어할 수 있기 때문이다.	- 각자 생각해서 적어 보게 하고 발표시킨다. 교사가 정답과 오답을 결정하지 않는다.
	세부내용 첨가 및 삭제	• 글을 읽다가 불필요한 부분은 지우고, 첨가하고 싶은 말은 써 넣게 한다. - 한민족의 방어적 성향을 이야기하면서, 한국인이 안경을 즐겨 쓴다고 하는 비유가 적절치 않다. - 한국인이 낯선 사람에게 경계심을 품는 이유가 방어적인 민족성향을 비유하는 데 더 적절하다.	- 각자 적어 보고 발표하게 한다.
	심상 형성	• 다시 글을 읽고 글의 중요내용을 잘 생각해 본 후, 글의 내용을 머릿속에 그려 보게 하거나 그림을 그려 보게 한다.	- 각자 그려 보고 발표하게 한다.
	유추	• 글의 내용과 관련해서 생각나는 것이나 비슷한 것이 있으면 적어 보게 한다. - 한국인은 일상생활 속에서 안경을 즐겨 쓴다. 이것은 자기를 은폐하려는 성향에서 온 것으로……. - 한국인은 일상생활 속에서 새로운 사람에게 경계심을 갖는다. 이것은 자기 보호 본능의 일환이기도 하지만……. • 글에서 글쓴이의 의견이 타당한지 타당하지 않은지 생각해 보고, 타당하지 않다면 그 이유를 말해 보게 한다. - 안경을 쓰는 것이 자기 은폐의 성향이라는 지적은 맞지 않다고 본다. 안경은 눈이 나빠서 쓰는 것이다. - 눈이 나쁘지 않은데 안경을 쓰는 사람도 있다. 그런 사람에게 자기 은폐 성향이 있을 수도 있다. 특히 비가 오는 날, 색안경을 쓰는 사람은 은폐 성향이 있다고 본다.	- 각자 적어 보고 발표하게 한다.

	정리	• 글을 보지 말고 글의 내용을 생각해서 정리해 보게 한다.	- 각자 적어 보고 발표하게 한다.
지도 적용 단계	읽기 과제 학습	• 전 단계에서 학습한 기능을 학생이 적용한다. • 학생의 학습활동을 개별적으로 안내한다. • 어려움을 겪는 학생에게 교사는 피드백을 제공하고 다시 가르친다. • 세부 내용 첨가 및 삭제, 심상 형성, 유추 활동을 중점적으로 강조한다.	- 교사나 또래의 도움하에 전략 활용 질문지를 수행하게 한다. - 자유롭게 발표시킨다.
독자적 연습	읽기 과제 완성	• 학생 스스로 교사의 도움 없이 학습 과제를 완성한다. • 도움이 필요한 학생에게 교사는 개별적 피드백을 제공한다.	- 충분한 시간을 학생에게 제공한다. - 시간이 부족한 학생에게는 과제물로 제공한다.

3. 정교화 전략 활용 질문지[4)]

읽기 학습 과제	지도 단계	학습목표	차시
짧은 글(1)	독자적 연습	몇 가지 문장으로 된 글을 읽고 글의 내용을 이해하고 기억할 수 있다.	15/20

• 다음 글을 읽고 지시대로 공부해 봅시다.

> 가정은 화초와 같다. 탐스럽고 예쁜 꽃잎일수록 많은 정성과 수고가 있어야 하듯이, 행복한 가정을 꾸미려면 하루도 쉬지 않고 가꾸는 노력이 있어야 한다. 이러한 희생과 봉사가 없으면 그 꽃은 병들고 시들어 마침내 뿌리까지 마르고 만다. 또 처음부터 화초로 가꾸지 않으면 누구에게나 천대받고 버림받는 잡초가 되고 잡초로 끝내 방치하면 자신과 사회에게까지 나쁜 영향을 주는 독초로까지 되고 만다.
>
> 또, 가정은 오케스트라와 같다. 전 가족이 협주자가 되어 아름답고 멋있는 음악을 연주하는 것이다. 어느 악기에서라도 불협화음이 생기면 그것은 이미 실패작이다. 또, 그 불협화음이 많으면 그것은 이미 음악이 아니고 소음일 뿐이다.

1. 어려운 낱말에 밑줄을 긋고, 글의 내용과 관련지어 그 뜻을 잘 생각해 봅시다.

4) 문경순(1999). 이해 점검, 정교화 전략 중심 수업이 학습자의 읽기 메타인지 수준에 따라 독해결과 구조에 미치는 효과. 한국교원대학교 대학원 석사학위논문.

2. 글에서 중심내용을 찾아 밑줄을 긋고, 그 내용을 써 봅시다. 또 세부내용을 써 봅시다.

중심내용: ______________________________

세부내용: ______________________________

3. 글의 내용을 요약해서 적어 봅시다.

____

4. 글의 내용 중 없어도 되는 부분은 지우고, 덧붙이고 싶은 내용이 있으면 더 넣어 봅시다.

____

5. 다시 글을 읽고 글의 내용을 머릿속에 그림으로 그려 봅시다.

____

6. 글의 내용과 관련해서 생각나는 것이나 비슷한 예가 있으면 적어 봅시다.

____

7. 글을 보지 말고 글의 내용을 생각해서 정리해 봅시다.

____

참고문헌

구현순(2002). 정교화 전략 훈련이 학습부진아의 독해력과 전략 사용 능력 향상에 미치는 효과. 경인교육대학교 대학원 석사학위논문.

김영채(1990). 학습과 사고의 전략-효과적인 학습과 창의적 사고 1. 서울: 교육과학사.

문경순(1999). 이해 점검, 정교화 전략 중심 수업이 학습자의 읽기 메타인지 수준에 따라 독해결과 구조에 미치는 효과. 한국교원대학교 대학원 석사학위논문.

박경숙, 현주(1990). 학습 전략 훈련 프로그램 개발연구(III). 한국교육개발원.

이재정(1992). 정교화 학습 전략 훈련이 학습의 인지적 정의적 영역에 미치는 영향. 고려대학교 대학원 석사학위논문.

임두순(1989). 독해전략 훈련의 학습효과 연구. 중앙대학교 대학원 박사학위논문.

임인재(1998). 새 교육과정에 따른 표준화 기본 학력검사: 국어과 5학년 1학기용. 서울: 교학사.

장성복(1998). 정교화전략을 활용한 읽기지도와 독해력의 관계. 이화여자대학교 대학원 석사학위논문.

전헌선, 윤정륜, 손기준, 이우언(1992). 학습과 사고의 전략(훈련지침서)-효과적인 학습과 창의적 사고. 서울: 교육과학사.

Anderson, R. C., & Pearson, P. D. (1984). A schema-theoretic view of basic processes in reading comprehension. In P. D. Pearson, R. Barr, M. L. Kamil, & P. Mosenthal (Eds.), *Handbook of Reading Research* (pp. 255-291). Routledge.

Anderson, T. H. (1979). Study skills and learning strategies. In H. F. O' Neil, Jr. & C. D. Spielberger (Eds.), *Cognitive and affective learning strategies* (pp. 77-97). New York: Academic Press.

Bobrow, S. A., & Bower, G. H. (1969). Comprehension and recall of sentences. *Journal of Experimental Psychology, 80*(3, Pt.1), 455-461.

Britton, B. K., Piha, A., Davis, J., & Wehausen, E. (1978). Reading and cognitive capacity usage: adjunct question effects. *Memory and Cognition, 6*(3), 266-273.

Brook, L. W., & Dansereau, D. F. (1983). Effects of structural schema training and text organization on expository prose processing. *Journal of Educational Psychology, 75*(6), 811-820.

Craik, F. I. M., & Lockhart, R. S. (1972). Levels of processing: a framework for memory research. *Journal of Verbal Learning and Verbal Behavior, 11*, 671-684.

Levin, J. R. (1988). Elaboration-based learning strategies: Powerful theory=powerful application. *Journal of Experimental Child Psychology, 38*(3), 491-504.

Richards, J. C. (1976). The role of vocabulary teaching. *TESOL Quarterly, 10*(1), 77-89.

Weinstein, C. E. (1975). *Learning of elaboration strategies*. Unpublished doctoral dissertation, University of Texas.

Weinstein, C. E., & Mayer, R. E. (1986). The teaching of learning strategies. In M. C. Wittrock (Ed.), *Handbook of Research on Teaching* (3rd ed., pp. 315-327). New York: Macmillan.

06

SQ3R 독해전략

이론적 배경

1. SQ3R 독해전략 프로그램

SQ3R 독해전략 프로그램은 Robinson(1941)이 고안한 읽기 모형이다. 그는 실제 학습 상황과 실험을 근거로 하여 다음의 단계를 고안하였다. SQ3R 독해전략 프로그램 각 단계의 알파벳 첫 글자를 딴 것으로 훑어보기(Survey)—질문하기(Question)—자세히 읽기(Read)—되새기기(Recite)—다시보기(Review)의 5단계를 거치는 독해력 학습 전략이다. 각 단계별 주요 활동은 다음과 같다(주리은, 2007).

첫째, 훑어보기 단계로, 전개될 요점들을 알아보기 위하여 장의 표제를 훑어보고 장에 요약이 붙어 있는 경우에는 끝의 요약 부분을 읽는다. 이 훑어보기는 1분 이상 걸리지 않아야 하며, 3~6개의 핵심 아이디어가 있어 그들을 중심으로 논의가 결집되어야 한다. 이렇게 하여 독자의 오리엔테이션을 거치게 되면 이후에 읽기를 하면서 아이디어들을 조직화하는 데 도움이 되는 것이다.

둘째, 질문하기 단계로, 첫 번째 표제를 의문 형태로 바꾸어 본다. 이렇게 하면 호기심을 북돋우고 이해를 돕게 될 뿐만 아니라 이미 알고 있던 정보들을 마음에 되새기게 된다. 의문을 제기하면서 세부적인 설명도 재인식할 수 있으며, 동시에 중요한 요점을 추출할 수 있다. 표제를 의문으로 바꾸는 것은 표제를 읽자마자 바로 할 수 있는 일이지만, 그래도 제기된 의문에 대하여 해답을 찾아가는 식으로 독서를 해 나갈 수 있는 의문을 만들기 위해서는 독자의 의식적인 노력이 필요하다.

셋째, 자세히 읽기 단계로, 제기된 의문에 답할 수 있도록 첫 번째 표제의 절을 끝까지 계속 읽는다. 이것은 한 줄 한 줄 끈기 있게 읽어 가는 수동적인 것이 아니라 해답을 찾기 위한 적극적인 탐색이어야 한다.

넷째, 되새기기 단계로, 첫 번째 절을 읽고 난 다음에는 눈을 감고 의문에 대한 대답을 잠시 동안 암송해 본다. 암송은 자신의 말을 써서 해야 하며 거기에는 예도 포함되어야 한다. 만약 그렇게 할 수 있다면 그것은 책 속에 무슨 내용이 있었는지를 안다는 의미다. 만약 그렇게 할 수 없는 경우에는 읽었던 절을 다시 훑어본다. 기억을 더듬어 가면서 암송을 하는 가장 훌륭한 방법은 종이 위에다 구절들을 개요의 형태로 대충 적어 두는 것이다. 이렇게 적어 두는 노트의 분량은 아주 짧아야 한다. 다음에 계속되는 각각의 표제의 절에 대해서도 2~4단계를 되풀이한다. 즉, 다음 절의 표제를 의문으로 바꾸고 의문에 대하여 대답할 수 있도록 절을 읽고 자신의 요약으로 단서 구절들을 적어 가면서 대답을 암송한다. 전체 글을 다 읽을 때까지 이와 같은 단계의 읽기를 계속해야 한다.

다섯째, 다시보기 단계로, 글을 다 읽었으면 중요한 요점과 요점들 간의 상호관계에 대한 조감도를 얻을 수 있도록 노트를 훑어보고 요점들을 재생해 봄으로써 기억 여부를 점검해 본다. 그런 후 각 요점을 떠올리고 그 아래에 있는 하위요점들을 떠올려 보도록 한다(김라연, 1999).

Robinson(1962)은 SQ3R의 각 단계를 원활하고 효과적으로 훈련시키면 아동은 읽기를 더 빨리할 수 있고 중요한 요점을 분간해서 골라낼 수 있으며 이들을 기억에 고착시킬 수 있게 될 것이라고 했다. 그리고 의문으로 바꾼 표제는 대개 시험문제에서도 강조하는 것이기 때문에 출제된 시험 문제가 친근하게 보이게 된다고 하였다. 또한 순서대로 진행하되 스스로 익히기보다는 전문가의 감독과 보조하에 이루어지는 것이 좋다고 주장하고 있다. 그러나 프로그램을 익힌 후에는 독자적인 읽기 활동을 수행할 것을 강조하고 있다. 이 프로그램은 아동이 지식과 정보를 배우고, 그 배운 것을 쉽게 잊어버리지 않고 기억해 낼 수 있도록 교재에 포함된 사실과 개념들을 잘 터득하고 이해하는 데 도움이 된다. 이러한 특성으로 SQ3R은 개념 중심의 설명문 위주의 글에서 독해력 향상의 효과가 입증되었다.

2. 질문전략을 수정한 SQ3R 독해전략 프로그램

질문전략은 글을 읽을 때 머릿속에 끊임없이 떠오르는 궁금증을 적절한 문장으로 표현하고 이에 대한 답을 해결해 가는 과정을 가르치는 전략이다(박수자, 2003). 이는 학생들의 배경지식을 활성화시켜 글과 관련된 다양한 문제를 만들어 보고 궁금증을 해결해 가는 과정을 통해 글과 의미 있는 상호작용을 함으로써 이야기의 내용을 깊이 있게 이해하도록 할 수 있는 방법이다.

질문전략을 수정한 SQ3R 독해전략 프로그램이 Robinson의 SQ3R 독해전략 프로그램과 다른 점은 기존의 SQ3R이 S → Q → R1 → R2 → R3의 순서인 것에 비해 수정한 SQ3R은 S → R1 → Q → R2 → R3로 Q와 R1의 순서를 바꾸었으며, Q(질문하기) 단계에 교사질문과 학생질문 생성전략을 가미하고, R3(다시보기) 단계를 2단계 활동으로 보완한 점이다. 질문전략을 수정한 SQ3R 독해전략 프로그램의 자세한 단계별 설명은 다음과 같다.

첫째, S는 훑어보기 단계로, 글의 제목이나 각 장, 절의 소제목 및 요약 부분 등을 그것과 관련된 기초선 지식과 경험을 중심으로 글 전체의 내용을 대충 살펴서 그 윤곽을 파악하는 단계다.

둘째, R1은 글을 끝까지 천천히 읽기 단계로, 훑어보기 단계에서 꺼낸 생각들을 바탕으로 글의 내용을 파악하는 단계이며, 핵심 단어나 문장, 반복되는 단어에 밑줄을 긋고 때로는 메모하여 읽는 것이 도움이 될 수 있다.

셋째, Q는 질문하기 단계로, 지금까지 살펴본 것 중에 조금 더 구체적으로 알고 싶은 것, 중요하다고 생각되는 것에 대한 문제를 만들어 두는 단계다. 본 연구에서는 질문하기 단계에 질문전략(이경화, 2003)을 투입하여 질문하는 주체를 기준으로 교사질문과 학생질문 생성 전략으로 구분하고, '사실을 확인하는 질문(사실적 질문)' '해석이 필요한 질문(해석적 질문)' '개인의 지식 및 스키마를 활용하는 질문(적용적 질문)'으로 문항을 구성하였다. 교사는 질문 유형에 맞추어 질문으로 만들고, 학생은 교사의 시범을 보고 같은 질문의 단어를 바꾸어 보는 간단한 활동에서 시작하여 S와 R1 단계를 거치면서 떠오른 호기심이나 궁금증을 가지고 질문을 생성해 본다. 이미 제목이 제시된 경우라도 다시 읽고 관련된 새로운 제목을 지어 보는 활동도 여기에 포함된다.

넷째, R2는 되새기기 단계로, 글을 자세히 읽으며 교사질문과 학생질문에 대한 답을 찾아가는 활동으로 밑줄 긋기 활동을 포함한다. 이때 문제에 대해 작성해 둔 답의 골자를 암송하거나 읽은 내용의 줄거리와 주요 부분을 다시 회상하며 음미해 보도록 한다.

다섯째, R3는 다시보기 단계로, 글을 다시 읽으며 내용 회상의 정확도를 확인하고 주제를 중심으로 글 내용을 정리하여 전체의 의미를 재구성하는 단계다. 이 단계에서는 본문의 내용을 순서를 바꾸어 제시하여 주어진 문장을 순서대로 결합하는 활동과, 익숙해지면 결합한 문장에 자신의 생각과 느낌을 덧붙여 써 보는 두 가지 활동으로 다시보기를 보완하고자 한다.

이와 같은 내용들로 기존의 SQ3R과 질문전략을 수정한 SQ3R의 차이점을 다음의 〈표 6-1〉과 같이 정리해 볼 수 있다.

표 6-1 기존의 SQ3R과 질문전략을 수정한 SQ3R의 차이점

단계	기존의 SQ3R	단계	질문전략을 수정한 SQ3R
S (훑어보기)	- 글을 읽기 전에 제목, 소제목, 글의 첫부분, 끝부분 등을 훑어본다.	S (훑어보기)	- 글을 읽기 전에 제목, 소제목, 글의 첫부분, 끝부분 등을 훑어본다.
Q (질문하기)	- 제목, 소제목을 이용하여 질문을 만들어 본다.	R1 (자세히 읽기)	- 전 단계에서 떠올린 생각을 바탕으로 자세히 읽으면서 핵심 단어나 문장, 반복된 단어들에 밑줄을 긋는다.
R1 (자세히 읽기)	- 질문하기 단계에서의 질문을 염두에 두고 글을 자세히 읽는다.	Q (질문하기)	- 질문의 유형에 맞추어 교사가 시범으로 질문 만드는 것을 보고 학생이 질문을 생성한다(교사 지문에 단어만 바꾸어 보고, 제목, 밑줄 그은 단어, 문장을 중심으로 질문을 생성한다.).
R2 (되새기기)	- 질문하기 단계에서 만든 질문에 대해 답을 해 본다.	R2 (되새기기)	- 질문하기 단계에서 만든 질문에 대해 답을 해 본다.
R3 (다시보기)	- 각 제목으로 돌아가서 질문과 답을 기억해 본다.	R3 (다시보기)	- 지금까지 읽고 공부한 내용을 다시 기억해 본다(주어진 문장을 결합하고 자신의 생각과 느낌을 덧붙인다.).

기존의 SQ3R이 S→Q→R1→R2→R3의 순서인 것에 비해 수정한 SQ3R은 S→R1→Q→R2→R3로 Q와 R1의 순서를 바꾸었으며, Q(질문하기) 단계에 교사질문과 학생질문 생성 전략을 가미하고, R3(다시보기) 단계를 2단계 활동으로 보완하였다.

SQ3R 독해전략을 활용한 읽기지도의 효과성[1)]

1. 연구대상

본 연구의 대상은 용인시 기흥읍 소재 K 초등학교 4학년 7개 학급의 담임교사들에게 4학년 1학기 국어과 수행평가 결과가 '노력 요함' 인 아동 38명을 1차로 추천 받아 이들을 대상으로 기초학습기능검사(읽기 II, 독해)를 실시하여 독해 수준이 학년 규준보다 1년 이상 지체되어 있는 아동 33명으로 선별하였다. 선발된 아동 33명 중 각 담임교사를 통하여 Christiansen과 Deloach의 교사 관찰 검목표를 투입하여, 각 검목표에서 2문항 이상 해당되는 아동 29명을 선별하였다. 교사 관찰 검목표는 학습에 문제가 있는 아동뿐만 아니라, 심각한 문제행동이나 감각 손상이 없는 아동의 선별을 위한 도구다. 선발된 29명을 대상으로 KISE 학습장애선별 척도 투입 결과 언어성 21점 이하, 비언어성 42점 이하, 총점 63점 이하인 아동 24명 중, KEDI 집단지능검사를 실시하여 지능이 80 이상인 아동 22명을 최종적으로 학습장애로 선별하였다. 최종적으로 선정된 22명 중 독해학습 프로그램에 참여의사를 밝힌 남녀 각 4명씩 8명을 본 실험의 대상으로 선정하였다.

2. 측정 도구

1) 질문검사

본 연구에서 사용된 질문검사용 글은 고성종(1996)이 사용한 질문검사 읽기자료와 Palincsar(1982) 연구에서 사용된 글, 그리고 한국교육개발원 교육 심리실팀이 1988년도와 1989년도에 제작한 읽기전략을 중심으로 한 학습전략 프로그

1) 조은주(2001). SQ3R 독해전략 프로그램이 학습 장애아의 독해력 향상에 미치는 효과. 용인대학교 대학원 석사학위논문.

램용 글 중에서 본 실험대상 아동 수준에 맞게 재구성하여 활용하였고, 질문검사용 글을 아침에 10분 동안 읽고 기억하게 한 후 오후에 내용 이해도를 묻는 문제에 답하도록 하였다.

2) 회상검사

본 연구에서 사용된 회상검사용 글 중, 처치 회상검사는 처치 질문검사용 글을 그대로 사용하였고, 나머지 글은 Palincsar(1982) 연구에서 사용된 글과 한국교육개발원 교육 심리실 팀이 1988년도와 1989년도에 제작한 읽기 전략을 중심으로 한 학습전략 프로그램용 글이다. 본 연구에서는 이 글들을 한국교육개발원에서 개발한 '우등생이 되는 글읽기'를 본 실험대상 아동의 수준에 맞게 재구성하여 회상검사 자료로 투입한 후 기억의 정도를 평가하였다. 회상검사의 채점은 문장을 완전하게 회상하면 4~5점을, 불완전하게 회상하면 2~3점을 주었고, 낱말이나 구로 회상하면 1점을 주고, 전혀 회상하지 못하면 0점을 주었다.

3. 실험 설계

SQ3R 독해전략 프로그램이 학습장애아의 독해력에 미치는 효과를 검증하기 위하여, 본 연구에서는 SQ3R 독해전략 프로그램을 독립 변인으로 하고 독해력을 종속 변인으로 하였다. 따라서 실험 설계는 학습장애아의 독해 능력을 측정하기 위하여 독해력 기초선 평균과 처치결과 평균을 비교하였고 다시 처치 조건을 철회하여 추수 측정 결과와 기초선 평균을 비교해 보는 단일대상연구 설계 유형 중 철회설계(withdrawal design)의 ABA 방식이다.

4. 프로그램 실시 절차

1) SQ3R 독해전략 프로그램의 구성

본 연구에서는 Robinson(1983)의 SQ3R 독해전략 프로그램이 학습장애아동의 독해력 향상에 미치는 효과를 알아보고자 하였다.

2) 본 연구에서 투입한 SQ3R 독해전략 프로그램

4학년 (　)반 (　)번 이름 (　　　　　)

① 제목을 보고 무엇에 대한 글인지 생각해 봅니다.

② 글을 처음부터 끝까지 천천히 읽습니다.

③ 읽은 글의 내용을 생각나는 대로 적어 봅니다.

④ 글을 읽으면서 중요하다고 생각되는 것, 더 알고 싶은 것을 문제로 만들어 봅니다.

⑤ 위에서 만든 문제에 대한 답을 찾고 중요하다고 생각되는 내용에 밑줄을 그어 봅니다.

⑥ 문제의 답과 중요한 부분을 암송합니다.

⑦ 지금까지 읽고 공부한 내용을 다시 한 번 기억해 보고, 그 내용을 생각나는 대로 쓰기 바랍니다.

5. 연구 결과 해석

1) SQ3R 독해전략 프로그램이 학습장애아동의 독해력 향상에 미치는 효과

8명의 실험대상 아동에게 기초선 질문검사를 실시하고 총 20회의 SQ3R 독해전략 프로그램을 적용한 후에 처치 질문검사를 실시하여 검증한 결과, 모든 아동이 1점 이상의 향상도 차이를 보여서 본 연구의 준거 기준에 의거하여 독해력의 이해력이 향상되었다. 그러나 추수 측정 검사에서 6명(A, B, C, E, F, G)의 아동은 1점 이상의 향상도 차이를 보여 질문검사 영역의 독해력이 향상되었으나,

표 6-2 질문검사의 향상도의 차이

구분 아동명	기초선 검사	처치 검사	추수 측정	향상도 차이	
				처치-기초선	추수-기초선
아동 A	0.4	2.0	1.4	1.6	1
아동 B	0.6	2.0	1.6	1.4	1
아동 C	1.0	2.2	2.0	1.2	1
아동 D	0.8	2.2	1.6	1.4	0.8
아동 E	1.2	2.6	2.2	1.4	1
아동 F	1.0	2.8	2.4	1.8	1.4
아동 G	1.4	3.0	2.4	1.6	1
아동 H	1.0	2.2	1.8	1.2	0.8

2명(D, H)의 아동이 1점 이하의 향상도 차이를 보여 본 연구의 준거 기준에 미치지 못함으로써 독해력의 이해력이 향상되지 못하였다.

2) 회상검사의 기초선 · 처치 · 추수 측정 검사 결과

8명의 실험대상 아동에게 기초선 회상검사를 실시하고 총 20회의 SQ3R 독해전략 프로그램을 적용한 후에 처치 회상검사를 실시하여 검증한 결과, 모든 아동이 1점 이상의 향상도 차이를 보여서 본 연구의 준거 기준에 의거하여 독해력의 기억력이 향상되었다. 그러나 추수 측정검사에서 4명(A, B, E, H)의 아동은

표 6-3 회상검사의 향상도의 차이

구분 아동명	기초선 검사	처치 검사	추수 측정	향상도 차이	
				처치-기초선	추수-기초선
아동 A	0.8	3.2	1.8	2.4	1.0
아동 B	0.2	1.4	1.2	1.2	1.0
아동 C	1.0	2.0	1.4	1.0	0.4

아동 D	1.0	2.2	1.6	1.2	0.6
아동 E	1.0	3.4	3.0	2.4	2.0
아동 F	0.8	2.2	1.6	1.4	0.8
아동 G	0.6	1.8	1.0	1.2	0.6
아동 H	0.2	1.8	1.4	1.6	1.2

1점 이상의 향상도 차이를 보여 회상 검사 영역의 독해력이 향상되었으나 4명(C, D, F, G)의 아동이 1점 이하의 향상도 차이를 보여 본 연구의 준거 기준에 미치지 못함으로써 독해력의 기억력이 향상되지 못하였다.

3) 개인별 아동의 독해력 향상 변화

(1) 기초선 검사

아동 A는 남자 아동으로 기초선 검사 시에는 글을 읽는 속도가 아주 느리고, 글씨에 힘을 주지 않고 성의 없이 쓰고 있었으며, 검사 자체에는 관심이 없고 옆에 앉은 친구와 쉴 새 없이 잡담을 하는 등 태도가 양호하지 못하여 독해력 질문검사의 기초선 검사 평균 득점은 0.4개($SD=0.55$), 회상검사의 기초선 평균 득점은 0.8개($SD=0.45$)였다.

(2) SQ3R 독해전략 프로그램 투입

약 2주가 지난 후부터는 훈련 시간보다 일찍 와서 열심히 하려고 하는 태도는 보였으나, 개관 단계에서 천천히 묵독을 하면서도 읽은 내용을 적는 부분에서는 겨우 한두 글자를 적는 것이 고작이었다. 중요한 부분을 찾아 줄긋기 단계에서 중요한 부분을 찾는 능력이 부족하였고, 문제 만들기 단계에서는 문제를 만들기 위한 전 단계인 중요한 부분 인식이 되고 있지 않아서 문제 만들기는 프로그램 투입 후 2주가 경과할 때까지 실패하였다. 다시보기 단계의 요점 재생하기 능력도 부족하였다. 독해력 처치결과 질문검사는 2.0개($SD=0.86$), 회상검사는 3.2개($SD=0.52$)로 기초선보다 1점 이상의 향상도의 차이를 보여 독해력이 향상

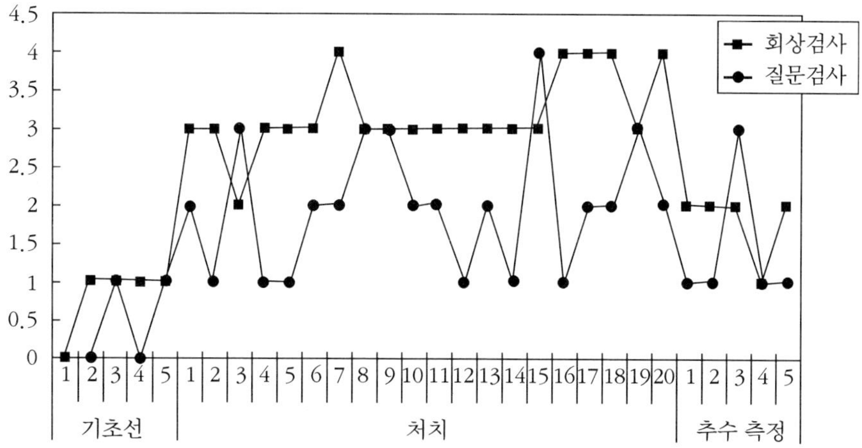

[그림 6-1] 아동 A의 독해력 향상 관찰 평가 기록

되었다.

(3) 추수 측정

추수 측정 결과, 평균 1.4개(*SD*=0.89)를 득점하여 추수 측정 기간에도 독해력을 추수 측정하고 있었다. 추수 측정한 결과 질문검사에서 1.8개(*SD*=0.89), 회상검사에서 1.8개(*SD*=0.45)로 기초선보다 1점 이상의 향상도의 차이를 보여 독해력이 향상되었다.

6. 요약 및 결론

SQ3R 독해전략 프로그램을 매주 4회씩 5주 동안 총 20회 투입하였고, SQ3R 독해전략 프로그램이 학습장애아동의 독해력 향상에 미치는 효과를 검증하기 위하여 철회설계의 ABA 방식으로 기초선 검사와 처치 검사의 평균의 차이를 비교하고, 기초선 검사와 추수 측정 검사의 평균의 차이를 비교하였는데, 그 결과와 논의를 토대로 다음과 같은 결론을 내릴 수 있다.

첫째, SQ3R 독해전략 프로그램이 학습장애아동의 처치 기간 독해력 향상에 긍정적인 영향을 미쳤다. 본 연구 결과에 따르면, SQ3R 독해전략 프로그램이 학습장애아의 독해력을 향상시켰다. SQ3R 독해전략 프로그램이 질문검사와 회상검사 두 영역의 독해력 처치 검사에서 본 연구의 준거에 의해 독해력이 향상되었다. 이로써 SQ3R 독해력 전략 프로그램은 학습장애아동도 일반 아동이 사용하는 학습전략을 사용할 경우 학습능력이 향상된다는 것이 밝혀졌다.

둘째, SQ3R 독해전략 프로그램은 학습장애아동의 추수 측정 기간 독해력 향상에는 큰 효과가 없었다.

SQ3R 독해전략을 활용한 읽기지도의 예시

1. SQ3R 독해전략 프로그램 예시 및 활동지[2)]

〈읽기 능력 훈련 자료〉

급식을 남기지 말자

급식을 할 때 음식을 남기는 어린이들이 있다. 그러나 급식은 남기지 말고 다 먹어야 한다. 왜 급식을 남기지 말고 다 먹어야 하는지 생각해 보자. 첫째, 균형 잡힌 식사를 할 수 있기 때문이다. 학교 급식에는 우리 몸에 필요한 영양소가 골고루 들어 있다.

둘째, 우리가 남긴 급식은 음식물 쓰레기가 되어 환경오염을 시킬 수 있다. 남기지 말고 다 먹으면 음식물 쓰레기가 줄어들지만, 먹다 남긴 음식은 활용하기 어렵고, 쓰레기가 되어 토양오염, 수질오염, 대기오염의 주범이 된다.

2) 주리은(2007). 질문전략을 수정한 SQ3R 독해전략 프로그램이 읽기학습부진아의 읽기능력에 미치는 영향. 경인교육대학교 대학원 석사학위논문.

수정한 SQ3R 단계	교사	학생	비고
S(훑어보기)	- 글을 읽기 전에 제목을 보고 떠오르는 생각을 말해 봅시다. (교사는 제시된 글의 내용과 관련지어 학생들의 생각을 정리하도록 도와준다.)	- 급식을 남기면 환경오염이 된다. - 음식은 먹을 만큼 적당히 먹자.	자유롭게 이야기할 수 있는 분위기를 조성한다.
R1(자세히 읽기)	- 글을 자세히 읽고 자신이 생각했던 내용이 맞는지 알아봅시다. - 글을 읽으면서 중요하다고 생각되는 내용에 밑줄 긋고 자주 반복되는 단어에 동그라미 쳐 봅시다.	(자세히 읽으며 밑줄 긋기) - 급식을 남기는 어린이가 많다. - 균형 잡힌 식사를 할 수 있다. - 우리가 남긴 급식은 음식물 쓰레기가 되어 환경오염이 된다.	
Q(질문하기)	교사 질문 생성: - 급식을 남기지 말고 먹어야 하는 이유는 무엇인가?(사실적 질문) - 글쓴이가 말하고자 하는 바는 무엇인가?(해석적 질문) - 평소에 나는 급식을 어떻게 먹는가?(적용적 질문) (학생 질문의 형태를 보고 수정 보완해 준다.)	학생 질문 생성(제목을 의문형으로 만들어 보기, 밑줄 긋거나, 동그라미 친 것을 중심으로 질문 생성하기): - 급식을 왜 남기지 말아야 하는가? - 지은이가 하고 싶은 말은 무엇일까? - 나는 급식을 잘 먹는가?	교사의 시범대로 질문을 생성한다. 이때 학생 자신의 말로 바꾸어 표현한다.
R2(되새기기)	- 글을 다시 읽으면서 교사 질문과 자신의 질문에 대한 답을 찾아봅시다.	- R1 단계에서 읽고 밑줄 친 것을 토대로 대답을 찾는다. 이때에도 중요한 단어나 문장에 밑줄 그어 본다.	교사의 질문에 대한 답을 찾고 쓰거나 밑줄을 긋는다.
R3(다시보기)	지금까지 공부한 내용을 다시 기억해 봅시다. - 기억을 떠올리며 본문대로 주어진 문장을 결합해 보자.	- 본문의 내용을 보지 않고 임의대로 주어진 문장을 내용이 자연스럽게 이어지도록 결합해 본다.	본문의 내용이해 확인 및 내 생각이 포함된 새로운 글로 바꾸어 볼 수 있다.

	- 결합된 문장에 내 생각이나 느낌을 덧붙여서 써 보자. (활동이 끝나면 학생들이 몇 번의 수정을 거쳤는지 확인하고, 문장 결합 방식이 옳은지 자신의 생각이 글의 내용과 어울리는지 확인 및 수정 보완해 준다.)	- 결합이 완성되면 본문과 비교하여 틀린 부분을 수정한다. - 완성된 결합 문장의 처음, 중간, 끝 부분에 내 생각과 느낌을 적어 넣는다.	

〈SQ3R 독해전략 프로그램〉

5학년 ( )반 ( )번 이름 (   )

(1) 제목을 보고 무엇에 대한 글인지 생각해 봅시다.

____

____

____

(2) 글을 처음부터 끝까지 천천히 읽습니다.

(3) 다음에 제시된 교사의 질문을 참고하여 글을 읽으면서 중요하다고 생각되는 것, 더 알고 싶은 것을 문제로 만들어 봅시다.

교사질문: ____________________________________

학생질문: ____________________________________

(4) 글을 다시 읽으면서 교사의 질문과 자신이 만든 질문에 대한 답을 찾고 중요하다고 생각되는 내용에 밑줄을 그어 봅시다.

(5) 지금까지 읽고 공부한 내용을 다시 기억해 봅시다.

① 기억을 떠올리며 주어진 문장을 결합하기

____

____

② 회상하여 쓰고 내 생각이나 느낌 덧붙이기

____

____

2. SQ3R 독해 학습 활동지[3)]

독해 안내장	5학년 ( )반 이름( )

1) 훑어보기(S)

글의 전체를 쭉 훑어 보세요. 특히 제목이나 소제목 등을 주의 깊게 살펴보면서 읽어 보세요.

(1) 다음에 대해 기록해 볼까요?

제목:

(2) 이 글은 전체적으로 볼 때 어떤 내용의 글일 것인가에 대해서 생각나는 대로 적어 보세요.

2) 질문하기(Q)

글을 읽으면서 제목과 중요하다고 생각되는 것, 더 알고 싶은 것을 문제로 만들어 보세요.

3) 읽기(R)

앞에서 만든 문제에 대한 답을 찾고 중요하다고 생각되는 내용에 밑줄을 긋고 그 뜻을 빈 곳에 적으면서 읽어 보세요.

4) 암송하기(R)

다시 자신이 만든 질문들을 떠올리고 거기에 대한 답을 머릿속에서 정리해 본 후 문제의 답과 중요한 부분을 외워 보세요. 그리고 그 대답을 자신의 말로 만들어서 적어 보세요.

5) 복습(R)

공책을 들여다보지 말고 요점(핵심 아이디어)과 그것을 뒷받침하는 세부내용들을 나열한 후 이들 간의 상호관계를 기억해 낼 수 있는지를 확인해 보세요. 지금까지 읽고 공부한 내용을 다시 한 번 기억해 보고 그 내용을 생각나는 대로 써 보세요.

---

3) 류시영(2004). SQ3R 독해학습 전략 훈련이 학습장애아의 독해력과 읽기 태도에 미치는 효과. 인제대학교 대학원 석사학위논문.

참고문헌

고성종(1996). 독해력학습 전략프로그램이 읽기지체 아동의 독해력 향상에 미치는 효과. 우석대학교 대학원 석사학위논문.

김라연(1999). SQ3R의 수정 및 효과 검증 연구. 고려대학교 대학원 석사학위논문.

류시영(2004). SQ3R 독해 학습 전략 훈련이 학습장애아의 독해력과 읽기 태도에 미치는 효과. 인제대학교 대학원 석사학위논문.

박수자(2003). 읽기 전략과 이해 중심 읽기 수업의 관계. 독서연구, 9, 117-145.

조은주(2001). SQ3R 독해전략 프로그램이 학습 장애아의 독해력 향상에 미치는 효과. 용인대학교 대학원 석사학위논문.

주리은(2007). 질문전략을 수정한 SQ3R 독해전략 프로그램이 읽기학습부진아의 읽기능력에 미치는 영향. 경인교육대학교 대학원 석사학위논문.

Palincsar, A. S. (1982). *Improving the reading comprehension of junior high students through the reciprocal teaching of comprehension-monitoring strategies*. Ph. D. Thesis. University of Illinois at Urbana-Champaign.

Robinson, F. P. (1941). *Diagnostic and remedial techniques for effective study*. New York: Harper and brothers.

Robinson, F. P. (1962). *Effective reading*. New York: Harper.

Robinson, H. A. (1983). *Teaching reading, writing, and study strategies: The content areas*. Boston: Allyn and Bacon.

07
메타인지전략 학습

이론적 배경

1. 메타인지

메타인지는 인지에 대한 인지 또는 사고에 대한 사고를 뜻한다(김미정, 2006). 그러나 메타인지의 개념이 정확하게 무엇을 의미하는지는 아직 분명하게 정의되어 있지 않다. Wellman(1985)은 메타인지를 "쉽게 그 경계를 정하기 어려운 불명확한 개념(fuzzy concept)"이라고 정의하였다. 이와 같이 메타인지의 개념을 명확하게 정의하기 어려운 주요한 이유는 인지와 구별될 수 있는 메타인지가 과연 존재하는가, 그리고 메타인지가 존재한다면 어떤 것을 메타인지로 볼 수 있는가라는 점을 들 수 있다. 이에 대하여 여러 학자는 인지가 개인이 지니고 있는 배경지식과 전략들을 의미한다면 메타인지는 이러한 배경지식과 전략들을 활용하고 통제하는 활동이라는 점에서 인지와 구별되는 고유한 정신과정이라고 설명하고 있다(Flavell, 1979; Nelson & Narens, 1990). 또한 이러한 메타인지는 무의식적인 측면을 배제한 의식적인 지식과 의도적인 행동으로 국한하여 생각해야 한다고 주장한다(Jacobs & Paris, 1987). 만일 메타인지에 무의식적인 측면을 포함시킬 경우 관찰이나 측정을 할 수 없음에도 메타인지가 일어났다고 추측하는 경우가 생길 수 있기 때문이다.

그렇다면 메타인지란 무엇인가? 여러 학자는 메타인지가 '메타인지적 지식'과 '메타인지적 조정'의 두 가지로 이루어져 있다고 설명한다(Flavell, 1976).

첫째, '메타인지적 지식(metacognitive knowledge)'이란 개인의 인지적 차원에 관한 지식 또는 학습자가 학습 상황에서 자신에 관하여 가지고 있는 지식을 말한다. 이는 크게 '감수성 범주'와 '변인 범주'로 나누어진다(문선모, 1990). 여기서 '감수성 범주(sensitivity category)'는 학습자가 어떤 상황에서는 의도적인 인지행동이 요구되며 다른 상황에서는 요구되지 않는다는 것을 인식하는 것을 말한다. '변인 범주(variables category)'는 기억수행이 여러 변인에 의해 영향받을 수 있다는 것을 인식하는 것으로서, '개인관련 지식' '과제관련 지식' 그리고 '전략관련 지식' 으로 이루어져 있다. '개인관련 지식'이란 학습자가 자신의 능력에 대해 인식하는 것을 의미하고, '과제관련 지식'이란 상이한 종류의 과제는 상이한 정보처리를 요구함을 깨닫는 것을 말하며, '전략관련 지식'이란 목적 달성에 효과적인 전략들을 이해하는 것을 말한다.

둘째, '메타인지적 조정(metacognitive monitoring)'이란 문제해결 과정에서 학습자들이 사용하는 자기규제 기능을 말하는데, 이는 과제를 시도하기 전의 계획, 과제를 해결하는 동안의 통제 그리고 과제를 해결한 후의 결과에 대한 확인이나 평가의 활동으로 이루어진다. 특히 메타인지적 조정의 기능은 메타인지적 지식과 관련하여 파악해 볼 수 있다. 메타인지적 지식이 많은 사람은 과제를 수행하는 데 그 과제에 적절한 전략을 인식하여 선택할 것으로 생각할 수 있다. 그렇지만 과제를 제대로 수행하기 위해서는 이에 그치지 않고 선택된 전략이 과제를 효과적으로 수행하는지 전략 사용 과정을 통제하고 점검하는 기능 또한 요구된다. 이와 같이 과제를 수행하는 동안 학습자가 사용하는 자기규제 기능을 메타인지적 조정이라고 하며, 이를 때로는 인지적 자기통제, 인지점검 또는 자신의 사고에 대한 자기관리라고도 부른다. 이와 같이, 메타인지는 인지에 대한 인지와 인지에 대한 조정의 두 가지 활동으로 이루어진다고 말할 수 있다.

2. 독해장애와 메타인지

Torgesen(1978)은 독해장애아동이 겪는 학습결함을 주로 산출결함가설(production deficiency hypothesis)에 근거하여 설명하고 있다. 산출결함가설이란 학습결함이 독해장애아동의 능력결함 때문에 올 수도 있으나 특정 과제전략과 메타인지를 사용할 수 있는 지적 능력이 있음에도 이를 자발적으로 적용하지 못했기 때문에 독해에 장애가 생겼다고 보는 견해로서, 이는 결국 독해장애아동에게 의도적인 메타인지 훈련을 시키는 계기가 되었다.

Brown과 DeLoache(1978)는 메타인지란 메타인지 지식과 경험으로 이루어져 있다고 하였다. 메타인지 지식은 과제에 적절한 전략을 선택하고 유지하는데 관련되는 지식인 반면, 메타인지 경험은 문제해결 과정에서 학습자가 사용하는 자기조절 기제인 계획, 점검, 확인 등의 과정을 내포하고 있다. 메타인지 구성 요소로서의 인지 점검의 역할과 조절에 대한 관심은 일찍이 Dewey(1933)에 의해 강조되었다. Dewey는 효율적 학습은 '반성적 사고(reflective thinking)' 에 의해 좌우된다고 가정하고, 반성적 사고란 주제에 주의하면서 숙고하며 이에 대해 신중하고 일관된 논리로 생각하는 사고의 종류라 전제하였다. 메타인지 사고과정에 대한 인식(awareness)과 조절(regulation)은 Dewey의 이러한 정의 속에 포함되어 있다.

한편, 메타인지 자기조절은 Brown(1982)의 인지적 자기통제(cognitive self-control)와 Flavell(1979)의 인지적 자기점검(cognitive self-monitoring)에서 메타인지적 자기조절(metacognitive self-regulation)로 발전된 개념으로, 구체적으로 학습을 조절하는 점검 과정으로서 사고의 자기조절은 예언(predicting), 확인(checking), 점검(monitoring), 평가(testing), 교정(revising) 등 메타인지전략이라

불리는 기본적 기술을 포함하고 있다.

독해와 메타인지에 대한 관련 연구도 메타인지가 인지에 대한 지식과 조절로 나눠짐에 따라 독해와 메타인지 지식과의 관련 연구, 독해와 메타인지 조절과의 관련 연구로 나누어 살펴볼 수 있다.

메타인지 지식이란 지식, 과제 및 전략에 관련되는 변인으로 독해에서의 메타인지 지식은 독해전략뿐만 아니라 독해 목적과 독해 의도를 인식하여 선언적 · 조건적 · 절차적 지식을 아는 것을 의미한다. 여기서 선언적 지식이란 어떤 요인이 독해에 영향을 미치느냐를 아는 것과 관련하여 독해하기 전에 계획을 세우는 것이 중요하다는 것을 아는 것이다. 조건적 지식이란 언제, 어떤 특별한 전략이 필요하며, 왜 그것이 독해에 유익한 것인가를 아는 것이다. 그리고 절차적 지식이란 독해전략을 효과적으로 사용하기 위한 전략 훈련을 아는 것을 뜻한다. 선언적 · 조건적 · 절차적 지식은 독해와 전략 사용에서 중심 역할을 한다.

독해와 메타인지에 관한 초기 연구들은 주로 독해와 메타인지 지식을 관련시켜 그 관계를 연구하였는데, Meloth(1990)는 선언적 · 조건적 · 절차적 인지 지식들에 관한 정보를 아동에게 명백하게 주고 독해에 이런 지식들을 응용 및 조절하게 하는, 인지지식과 전략 사용의 관계를 연구하였다. Paris와 Jacobs (1984)는 선언적 · 조건적 · 절차적 지식을 분명히 가르치면서 독해의 목적을 인식하게 하고 독해전략을 이해하게 하며 이해, 점검 등을 훈련시켜 메타인지 지식을 사용하도록 하는 연구를 하였다. 그리고 Myers와 Paris(1978)는 독해전략 활용과 읽기 변인 효과에 관하여 연구를 하는 등 독해와 메타인지의 직간접적 효과 등에 관하여 주로 연구하였다. 한편, Borkowski와 Kurtz(1987)는 학습장애아동의 경우 정신지체아동과 달리 메타인지 과정인 전략 선택과 수행 과정에 문제가 있기 때문에 메타인지 지식과 독해 관계를 연구한다는 것이 큰 의미가 없으며, 학습자의 적극적 참여를 필요로 하는 메타인지 조절에 관하여 연구하는 것이 훨씬 바람직하다고 밝혔다.

독해장애아동은 독해력이 부족하기 때문에 독해에 필요한 메타인지 조절전략을 적용하는 것이 지극히 제한되어 있다. 독해할 때 자기조절전략은 이해가 안

되는 부분을 이해하게 할 뿐 아니라, 자기이해 과정을 점검하고 또한 끊임없이 이해과정에 대한 정보를 얻어 내게 하는 역할을 한다. 따라서 전략의 자발적 선택 및 전략 실행에 문제가 있는 독해장애아동에게 스스로 읽고 이해한 내용을 점검 · 평가하게 하며, 적합한 전략을 사용할 수 있게 하는 메타인지 조절과 독해를 관련시켜 연구하는 것이 독해장애아동의 독해력 향상을 위해 의의가 있다고 볼 수 있다.

3. 독해장애 감소 훈련

1) 자기교시 훈련

산출결함을 갖고 있는 독해장애아동에게는 명시적 교수법이 필요하며, 명시적 교수법으로 자기교시 훈련과 자기조절 훈련을 들 수 있다. 앞서 언급하였듯이, 자기교시 훈련은 Vygotsky의 사회발달이론과 Luria(1969)의 행동통제에 있어서의 언어역할에 대한 가정을 이론적 근거로 하고 있다. Vygotsky는 아동발달에 대하여 연령이 증가함에 따라 아동은 성인의 외적 언어보다는 자신의 내적 언어인 개인 언어(private speech)에 의해 행동을 더 많이 통제하게 된다는 가설을 세웠다. 여기서 '개인 언어'란 스스로 조절할 수 있는 행동의 방향을 설정 · 조직 · 구성하는 인지적 기능을 수행하는 가치 주도적이며 의도적인 언어를 뜻한다. Vygotsky는 내적 언어를 할 수 있을 때 실제 자발적 행동과 고등 인지기능이 가능하며, 아동의 개인 언어는 인지발달상 주요한 자기조절기능을 수행한다고 전제하고 있다.

한편, Luria는 Vygotsky 이론을 근거로 3단계의 언어적인 행동통제 발달단계를 다음과 같이 제시하였다. 1단계(1.5~2.5세)는 아동이 스스로 언어를 조절할 수 없고 주로 타인 언어가 아동의 운동행동을 지시하고 통제하는 단계다. 2단계(3~4세)는 아동이 외현적 언어화로 운동행동을 주도 및 지시할 수 있으나, 이를 효율적으로 활용하기는 어려운 단계다. 마지막으로 3단계(4.5~5.5세)는 아동이 외현적 · 내적 언어로 운동행동을 주도하고, 지시하며, 나타내기 시작하는 단계다. 이때 언어의 근원은 변하지 않으나 속성은 내적으로 변하고 외현적으로 발달된 언어 형태는 감소 · 실용화 · 축소되어 관련된 연결 형태만 나타나며 때로는 입속말(whispering)로 대치되다가 시간의 경과에 따라 사고와 수의적 활동의 기본 요소를 구성하는 내적 언어로 전환되어 자기조절 발달을 하게 되는 새로운 단계다.

자기교시 전략은 Meichenbaum과 Goodman(1969)에 의해 훈련 방안이 마련되었는데, 그들이 제시한 자기교시 전략 기본 모형은 〈표 7-1〉과 같다.

표 7-1 자기교시 전략의 기본 모형

단계	설명
인지적 모델링 (cognitive modeling) 단계	아동은 성인 모델이 자기교시를 하면서 과제를 수행하는 것을 관찰한 후 외적 지도 단계에서 성인 모델이 말하는 자기교시의 내용을 따라 자신에게 말하면서 동시에 성인 모델이 수행하는 것과 같은 과제를 수행한다.
외적 자기지도 (overt self-guidance) 단계	모델의 시범 없이 자신이 소리 내어 자기교시를 하면서 과제를 수행한다.
외적 자기지도의 약화 (faded overt self-guidance) 단계	모델이 수행하는 것과 같은 과제를 수행한다.
내적 자기지도 (covert self-guidance) 단계	아동은 자기교시를 속으로 중얼거리는(private guidance) 내적 언어를 통하여 자기교시를 하면서 과제를 수행한다(self-guided speech)

출처: Meichenbaum & Goodman (1969).

처음에 Meichenbaum과 Goodman(1969)은 자기교시 절차를 행동과 학습에 문제가 있는 아동, 그리고 충동적이고 과잉행동을 하며 공격적 행동을 하는 아동의 치료에 집중적으로 사용하였다. 그러나 지금은 임상 및 유아, 정신지체아동, 정서장애아동, 학습장애아동을 위한 교육장면에 다양하게 활용되는 기본 모형이 되었으며, 이 기본 모형을 근거로 수정, 보완된 자기교시 체제(self-instruction regime) 등이 나오고 있다. 최근에는 자기교시법이 특히 읽기, 독해, 쓰기, 수학 등의 학습과제 수행에 활용되고 있다.

Miller(1987)는 자기교시 훈련의 장점으로 다음과 같은 네 가지를 들었다. 첫째, 아동이 읽기를 하면서 이해하기 위해 마음속으로 계속 말을 하기 때문에 확신감이 증가된다. 둘째, 계속되는 사고 과정을 스스로 통제할 수 있기 때문에 적극적인 점검을 할 수 있게 된다. 셋째, 이해 과정을 통해 미숙자의 수동적 행동을 적극적 행동으로 바꿀 수 있게 된다. 넷째, 훈련된 전략을 오랫동안 지속 및 일반화할 수 있다.

독해기술에 대한 초기연구에서 자기교시 전략 훈련을 사용한 Meichenbaum(1977)은 독해력이 부족한 중학교 3학년 학생들을 대상으로 읽기 전, 읽기 중, 읽기를 마친 후에 세 가지 기본 개념(주개념의 파악, 사건 줄거리 말하기, 주인공이 어떻게, 왜 그렇게 느끼는가?)에 대해 의문을 갖게 한 뒤 이것에 대해 자신에게 말하도록 훈련시켰다. 훈련 결과, 자기교시집단은 통제집단보다 1개월 후 실시되는 지연검사에서 훈련이 유의미하게 나왔을 뿐만 아니라 1년 후 실시한 독해력 표준화검사의 지연검사에서도 통제집단보다 나은 지속 효과를 나타냈다.

최근에 시작된 자기교시 훈련 절차로는 Graham과 Harris(1987)가 만든 7단계로 구성된 자기교시적 전략훈련모형을 들 수 있다.이 훈련모형은 아동의 훈련 시 실시자가 적극적인 협력자로서의 역할을 할 것을 강조하고 있으며, 또한 교사-아동 간 상호지원(interactional scaffolding), 문답식 대화 등에 의한 통합된 원리를 중시하였다. 그러나 기본 원리는 Meichenbaum(1977)의 절차를 따랐지만 자기교시 절차를 보다 구체적으로 세분하여 명시적 교시에 의해 아동 스스로 조절할 수 있게 하는 자기교시적 촉구들이 개입되었다는 점이 종래의 자기교시 훈련 절차와 다르다.

2) 자기조절 훈련

자기조절 훈련이란 자기교시 전략 훈련에 자기조절 학습(self-regulated learning)의 행동주의적 관점인 자기점검과 자기기록을 더한 훈련을 일컫는다.

Pintrich와 DeGroot(1990)에 따르면, 자기조절 학습의 성격은 다음과 같은 세 가지 변인이 포함되어 있어야 한다. 첫째, 자기조절 학습 속에 인지를 계획 · 점검 · 수정할 수 있는 메타인지전략이 포함되어야 한다. 둘째, 자기가 해야 할 학습과제는 스스로 통제하고 다스릴 수 있어야 한다. 셋째, 과제를 배우고 기억하고 이해하는 데 사용될 실제 인지전략이 포함되어야 한다.

한편, 자기조절 학습에 대해 활발하게 연구하고 있는 Zimmerman(1990)은 아동이 학습할 때 스스로 메타인지적 · 동기적 · 행동적으로 학습에 참가하여 능동적으로 학습하는 것이 자기조절 학습이라고 주장하고 있다. '메타인지적 측면'에서 자기조절적 학습자는 학습을 계획하고, 목적을 세우고, 조직하고, 자기점검하며, 다방면에 걸쳐 자기를 평가한다. Schunk(1986) 연구에서 밝혀졌듯이, '동기과정적 측면'에서 자기조절적 학습자는 자기효능감, 자기귀인, 내적 과제 등에 흥미가 높고, 학습에 대한 지속력도 뛰어나다. 이들은 학습결과에만 반응하는 것이 아니라 학습할 수 있는 기회를 찾으며, 자기관찰, 자기평가 및 자기향상을 증진시키고자 활동을 주도하려 한다. 자기조절적 학습자는 높은 동기화로 스스로 학습목표를 높게 세우려 하며, 보다 조기에 목표를 달성하고자 시도함으로써 Bandura가 말하는 자기 동기화된 학습자가 된다. 또한 '행동 과정적 측면'에서 자기조절적인 학습자는 학습을 극대화하고자 환경을 선택 · 구조화 · 창조하며, 조언과 정보를 추구하고, 학습수행이 용이한 곳을 찾을 뿐만 아니라 학습 계획을 위해 자기교시와 자기강화를 한다.

Zimmerman과 Martinez-pons(1986)는 자기조절적 학습 면접 검사도구(Self-Regulated Learning Interview Schedule: SRLIS)를 개발하였는데, 이 검사도구에는 자기평가, 조직과 변형, 목적 설정과 계획, 정보 추구, 기록 유지와 자기점검, 환경 구조화, 자기 결론, 시연과 기억, 친구나 교사 및 다른 성인으로부터의 조력 구하기, 시험지나 공책 및 교과서 복습하기 등의 14가지 영역을 자기조절적 학습 구성요소로 설정하고 있다.

Pintrich와 DeGroot(1990)는 자기보고 형식의 동기화 학습 질문지에서 질문지를 동기와 인지 검사 문항 요소로 나누고, 인지검사를 다시 인지전략 요인과 자기조절 요인으로 나눈 후 계획, 훑어읽기(skimming), 이해 점검의 상위인지 요소와 노력관리 등을 자기조절 요인의 구성요소로 들었다. 한편, Graham과 Harris (1989)는 자기조절적 전략개발모형을 요인 분석하여 학습장애 아동에게 효율적으로 전략을 교수하고자 시도한 결과, 자기조절 절차 구성 요소로 목적 설정, 자기 점검(자기평가와 자기 기록) 등을 포함시켰으며 이를 명시적 교수(explicit instruction) 절차에 의해 교수하는 명시적 자기조절(explicit self-regulation) 전략이라는 더욱 발전된 전략을 만들었다. 이것이 바로 자기조절적 전략 개발 모형이다.

메타인지전략 학습을 통한 읽기지도의 효과성[1]

1. 실험대상

연구의 실험대상은 전주시에 위치한 N 초등학교 5학년 학생으로 교사 수준 및 학습 수준이 비슷한 2개 학급을 선정하여 실험집단, 비교집단을 1개 학급씩으로 하였다.

성별	실험집단	비교집단	계
남	21	22	43
여	20	17	37
계	41	39	80

2. 실험 설계 및 절차

메타인지와 전략적 읽기 학습이 독해력에 미치는 효과를 검증하기 위하여 본

1) 임영남(2000). 메타인지와 전략적 읽기 학습이 독해력에 미치는 영향. 전북대학교 대학원 석사학위논문.

연구에 사용한 실험 설계는 실험대상 학교 교육과정의 정상적 운영에 지장을 초래하지 않기 위해서 기존의 학습 집단을 그대로 두고 수업을 실시해야 했기 때문에 비동질 통제 집단 사전 · 사후 검사 설계로 실험 처치하였다. 실험집단과 비교집단에는 기본 학력 정도를 알아보기 위하여 학교에서 학년 초기에 실시한 기본 학력 검사를 분석하였고, 국어 독해력의 동질성 여부 판단 및 메타인지가 독해력에 미치는 영향을 분석하기 위하여 사전 독해력 검사를 실시하였다. 연구가 독해력에 미치는 영향을 알아보기 위하여 사후 독해력 검사를 실시하였으며, 메타인지 수준 파악을 위한 읽기 인식 검사는 사전 · 사후 동형으로 실시하였다.

3. 실험 자료 및 검사 도구

1) 실험 자료

실험 자료로 사용한 전략적 읽기 학습 프로그램은 한국교육개발원의 박경숙 등이 개발한 학습전략 훈련 프로그램 개발 연구 I(박경숙, 임두순, 현주, 1988), II(박경숙, 임두순, 박효정, 1989), III(박경숙, 현주, 1990)을 참고하여 중심내용 파악 전략 과제, 자기 점검 전략 과제, 정교화 전략 과제를 본 연구자가 실험집단의 수준에 맞도록 재구성하여 활용하였다. 실험 기간은 8주로 하고, 주당 4회씩 총 32회 주어진 자료에 의하여 전략적 읽기 학습 훈련을 하도록 하였다. 비교집단에는 실험집단과 같은 내용의 글을 전략적 과제 없이 제시하였으며, 실험집단의 훈련 기간 동안 주어진 글을 읽고 나름대로 이해하도록 하였다.

(1) 중심내용 파악 전략 과제

중심내용 파악 전략 과제는 교사의 직접 지도로 반복하여 과제 해결의 시범을 보이고, 학생이 독립적으로 연습하여 교사의 피드백 과정을 거치도록 구성되어 있다. 중심내용 파악 전략 훈련은 3주에 걸쳐 실시하였고, 지도 방법은 직접적 교수전략에 의하며, Baumann(1986)이 제시한 교수 단계에 따른 교수방안을 적용하였다. 다음은 중심내용 파악 전략 과제의 예시다.

• 다음 글의 중심내용은 무엇입니까? 또 중심내용에 속하는 구체적인 내용은 무엇입니까?

> 공장을 지으려면 여러 가지 조건이 필요하다. 먼저 공장을 지을 수 있는 넓은 터가 있어야 한다. 그리고 공장에서 쓸 물이 넉넉하도록 강을 끼고 있는 것이 좋다. 또 철도와 고속도로 등이 가까이 있어 교통이 편리해야 좋다. 한편, 공장에서 일할 기술자와 노동자를 쉽게 구할 수도 있어야 한다.

중심내용:

구체적 사항:

(2) 자기 점검 전략 과제

자기 점검 전략 과제는 기 훈련한 중심내용 파악 과제를 학습자 스스로 적용하도록 하였다. 다음은 자기 점검 전략 과제의 예시다.

• 다음 글을 읽고 지시대로 문제를 해결하시오.
• 읽은 글의 내용을 기억하시오. 선생님의 지시가 있을 때까지 다음 쪽을 넘기지 마시오.
• 학생은 앞 글에 대한 내용이 무엇인지를 기억하고 있습니까?
  ___① 예 (지시 1로 가시오.)
  ___② 아니요 (지시 2로 가시오.)

지시 1: 앞 글의 내용을 가능하면 정확하고 뜻이 통하게 요약하여 써 보시오.
그리고 쓴 내용이 맞는지 다시 한 번 앞의 글을 읽어 보고 검토하시오.

지시 2: 앞의 글을 다시 한 번 읽어 보고 요약해서 쓴 다음 쓴 내용이 맞는지 검토하시오.

(3) 정교화 전략 과제

정교화 전략 프로그램은 독해 활동 3단계에 따라 구성되었으며, 현시적 수업

모형에 맞추어 3주에 걸쳐 지도하도록 하였다. 정교화 전략 과제는 중심내용 파악 과제 및 자기 점검 전략 과제를 학습자 스스로 적용하도록 지도하였다. 다음은 정교화 전략 과제의 예시다.

1. 먼저 생각하기

여러분이 지금 읽을 글의 제목은 '말과 글' 입니다. 여러분은 이 글의 제목을 읽고 머릿속에 어떤 것들을 떠올렸나요? 또 어떤 내용들이 이 글 속에 포함되어 있을 것 같습니까? 여기에는 맞고 틀리는 것이 없습니다. 생각나는 것을 아래에 적어 보세요. 꼭 문장이 아니어도 괜찮으며, 제대로 되지 않은 문장도 좋습니다.

____

____

____

____

2. 생각하며 글 읽기

지금부터 글을 읽어 봅시다. 글을 읽는 동안 여러분은 각자가 생각했던 내용이나 혹은 이에 관련된 내용을 만나기도 하고 그렇지 않을 수도 있습니다. 그러나 여러분이 생각했던 것을 만나지 못했다고 해서 그것이 꼭 틀린 것은 아닙니다. 다만 여기서는 글을 읽고 그 내용들을 잘 이해하고 기억하는 일이 무엇보다도 중요합니다.

글의 내용을 보다 잘 기억하기 위해서 여러분은 글의 내용을 마음속에 그려 보기, 글의 내용을 이미 알고 있던 내용과 관련시키기, 중요한 내용에 밑줄 긋기 등의 활동을 하면서 읽어야 합니다. 그러면 이러한 것들을 명심하여 다음 글을 읽어 보도록 합시다.

제목: 말과 글

말과 글은 사람들의 생각이나 느낌을 나타내는 도구라 할 만하다. 이런 도구에는 말과 글 외에도 여러 가지가 있으나, 가장 손쉽게 그리고 가장 널리 이용되고 있는 방법은 역시 말과 글이다. 말은 입으로 생산하여 귀에 들려주고, 글은 손으로 생산하여 눈에 보여 준다. 말과 글을 통해 우리는 자기의 생각과 느낌을 전하기도 하고, 다른 사람의 생각을 이해하기도 한다.

3. 학습 활동

1) 글을 읽을 때 머릿속에 어떤 것들이 떠올랐습니까(생각이 났습니까?)?

2) 여러분이 이미 알고 있었던 내용과 관련되는 내용은 무엇입니까?

3) 중요한 내용에 밑줄을 그어 봅시다.

4. 질문 만들기

위 글을 읽고 여러분은 어떤 것들을 알게 되었습니까? 다른 말로 하면 여러분은 어떤 질문에 답을 할 수 있게 되었습니까? 질문을 만들어 봅시다. 질문 중에는 글 전체의 중심내용을 답으로 말해야 하는 질문도 있을 수 있으며, 글 속의 짧은 단락의 중심내용에 관한 것도 있을 수 있습니다. 그리고 단어(새로운 용어: 예를 들어 분업, 두레 등)의 뜻과 같이 아주 단순한 것을 묻는 질문도 있을 수 있습니다. 이 프로그램의 글은 거의가 여러분의 지식을 넓혀주는 설명문으로 구성되어 있으므로 가능한 한 많은 질문을 만들고 답을 하는 것이 좋습니다. 그리고 질문들 속에는 위에서 말했듯이 여러 가지 종류의 질문이 포함되어야 합니다.

질문:

---

5. 평가 활동

지금부터 여러분이 만든 질문이 제대로 잘 만들어진 문제인가를 평가해 보도록 합시다. 선생님이 나누어 주시는 질문집을 보고, 그 속에 자신이 만든 질문이 있는지 비교해 보십시오. 여러분이 만든 질문에는 질문집 속에 없는 질문도 있을 수 있습니다. 그러나 글 내용으로부터 만들 수 있는 질문이라면 괜찮습니다.

2) 검사 도구

(1) 읽기 인식 검사(Index of Reading Awareness: IRA)

메타인지 수준은 다양한 방법에 의하여 측정되고 있다. 가장 많이 사용해 온 방법은 메타인지 검사 문항을 사용하여 그 내용에 관해 피험자가 반응을 함으로써 반응을 차등 점수화하여 메타인지 수준을 측정하는 방법이다(Paris & Jacobs, 1984; Paris, Lipson, & Wixson, 1983). 읽기 인식 검사는 주로 Paris와 Jacobs(1984)가 개발한 검사 문항이 많이 이용되고 있다. Paris와 Jacobs는 읽기와 관련된 메타인지를 읽기 인식으로 규정하고 읽기 관련 메타인지를 인지에 관한 자기평가와 자기관리로 분류했다. 본 연구에서는 Paris와 Jacobs의 IRA를 김옥기(1988)가 번안하여 사용한 읽기 인식 검사를 사전 · 사후 동형으로 사용하였다. 채점은 문항별 3개의 답지에 2, 1, 0점을 주도록 되어 있으며, 만점은

40점이다.

(2) 독해력 검사

실험집단과 비교집단의 동질성 여부를 파악하기 위하여 기본 학력 검사와 사전 독해력 검사를 실시하였다. 기본 학력 검사는 실험대상 학교 4학년 담임이 출제하여 학년 초에 실시한 기초 학력 검사 결과를 분석하였다. 독해력 검사는 학습자 집단의 국어 독해 능력 동질성을 비교하기 위하여 읽기 및 이해와 직접 관련되는 국어과 4학년 2학기 읽기 영역에서 실시하였다. 연구 결과 독해력의 변화 정도를 알아보기 위한 사후 독해력 검사는 실험처치가 끝난 직후에 국어과 5학년 1학기 수준으로 읽기 영역에서 실시하였다.

독해력 검사 문항 표집은 한국교육과정평가원(1996)의 초등학교 학업성취도 평가 우수 문항집, 전라북도교육연구원(1993)의 국어과 교수-학습 및 평가방법 개선자료, 경기도교육연구원(1997)의 학업성취도 평가 안내자료, 교육부 지정 국어과 교육 연구학교인 전주 우전초등학교(1994)의 일반화 자료집(언어적 사고 교수-학습안 및 평가자료) 등에서 독해력과 관련된 문항을 발췌하여 활용하였다.

4. 연구 결과 및 논의

결과 분석에 앞서 실험집단과 비교집단의 기본 학력 및 독해 능력의 동질성 정도를 알아보기 위하여 실시한 기본 학력 검사와 사전 독해력 검사의 결과를 제시하면 다음 〈표 7-2〉와 같다.

표 7-2 집단별 기본 학력 및 사전 독해력 검사 결과

구분	실험집단			비교집단			*df*	*t*
	N	*M*	*SD*	*N*	*M*	*SD*		
기본 학력 검사	41	76.46	7.69	39	75.77	8.42	78	0.39
사전 독해력 검사	41	27.39	6.28	39	27.87	6.14	78	0.34

〈표 7-2〉에서와 같이 실험집단과 비교집단의 기본 학력 검사 결과에서 $t=0.39(p>.05)$, 사전 독해력 검사 결과에서 $t=0.34(p>.05)$ 수준으로 두 집단 간에는 통계적으로 유의한 차이가 없는 것으로 나타났다. 따라서 실험처치 전의 두 집단은 기본 학력 및 독해력 수준에서 동질한 집단이라고 할 수 있다.

1) 연구 결과

(1) 메타인지 수준과 독해력과의 관계

전통적 학습에서 메타인지 상위집단은 메타인지 하위집단보다 독해력이 우수할 것이라는 가설 1의 검증을 위하여 사전 읽기 인식 검사를 실시한 결과 메타인지 수준은 〈표 7-3〉과 같다.

표 7-3 사전 읽기 인식 검사 결과

구분	N	수준별 사례 수		읽기 인식 검사		df	t
		상위	하위	M	SD		
실험집단	41	21	20	23.39	3.57	78	0.10
비교집단	39	21	18	23.46	2.83		

〈표 7-3〉에서와 같이 사전 읽기 인식 검사의 분석 결과 실험집단과 비교집단의 메타인지 수준에서는 $t=0.10$이며, $p>.05$ 수준으로 유의한 차이가 없는 것으로 나타났다. 메타인지 수준 상위 집단과 하위 집단을 구분함에 있어서는 읽기 인식 검사 결과 개인별 점수가 24 이상인 아동을 메타인지 상위수준으로, 23 이하인 아동을 메타인지 하위수준으로 구분하였다. 이것은 읽기 인식 검사 결과에서 평균치가 실험집단의 경우 23.39, 비교집단의 경우 23.46이었으며, 중앙치도 실험집단 23.76, 비교집단 23.69로 값이 모두 23보다 크고 24보다는 작은 수준에 있었기 때문이다.

〈표 7-3〉에서와 같이 비교집단을 포함한 실험 대상 전체를 메타인지 수준별

로 구분하고, 메타인지 수준별 독해 능력의 정도를 알아보기 위하여 실시한 사전 독해력 검사를 분석해 본 결과는 다음 〈표 7-4〉와 같다.

표 7-4 메타인지 수준별 사전 독해력 검사 결과

메타인지 수준	N	사전 독해력 검사		df	t
		M	SD		
상위	42	31.10	4.90	78	4.120***
하위	38	24.89	6.36		

*** $p<.001$

메타인지 상위수준 집단과 메타인지 하위수준 집단에 있어서 메타인지 수준과 독해력의 관계를 알아보기 위하여 〈표 7-4〉에서와 같이 t 검증을 하였다. 검증 결과 $t=4.120$으로 $p<.001$ 수준에서 두 집단 간에 유의한 차이가 있는 것으로 나타났다. 다시 말하면, 전통적 학습에서는 메타인지 상위 수준 집단이 메타인지 하위 수준 집단에 비해 사전 독해력검사에서 높은 점수를 보여 메타인지 상위 수준 집단이 메타인지 하위 수준 집단보다 독해력이 더 우수할 것이라는 가설 1은 긍정되었다.

(2) 전략적 읽기 학습의 효과

전략적 읽기 학습을 적용한 실험집단의 독해력 향상 정도가 전통적 읽기 학습을 실시한 비교집단의 독해력 향상 정도보다 높을 것이라는 가설 2를 검증하기 위하여 실험처치 후 실시한 사후 독해력 검사 결과는 〈표 7-5〉와 같다.

표 7-5 사후 독해력 검사 결과

구분	N	M	SD	df	t
실험집단	41	32.41	5.01	78	5.428***
비교집단	39	25.85	5.66		

*** $p<.001$

전략적 읽기 학습을 실시한 실험집단과 비교집단의 사후 독해력 검사는 〈표 7-5〉와 같이 t 검증한 결과, $t=5.428$로 $p<.001$ 수준에서 두 집단 간에 유의한 차이가 있는 것으로 나타났다. 즉, 전략적 읽기 학습을 실시한 실험집단의 독해력을 전통적 학습을 한 비교집단의 독해력과 비교해 볼 때 가설 2는 긍정되었다. 집단별 사전 · 사후 독해력 검사 결과는 〈표 7-6〉과 같이 나타났다.

표 7-6 집단별 사전 · 사후 독해력 검사 결과

구분		N	M	SD	df	t
실험집단	사전	41	27.39	6.28	40	-7.395^{***}
	사후		32.41	5.01		
비교집단	사전	39	27.87	6.14	38	5.895^{***}
	사후		25.85	5.66		

*** $p<.001$

〈표 7-6〉에서 실험집단의 사전 · 사후 독해력 검사 결과를 보면 집단의 평균이 5.02점 향상되었으며, t 검증 결과에서 $t=-7.395$로 $p<.001$ 수준에서 유의한 차이가 있는 것으로 나타났다. 이는 전략적 읽기 학습이 독해력 발달에 매우 긍정적인 영향을 미친 것으로 해석되었다. 비교집단의 경우 집단의 평균 점수가 오히려 2.02점 떨어진 상태에서 $t=5.895$로 $p<.001$ 수준에서 유의한 차이를 나타났다. 그러나 이는 사전 검사보다 사후 검사의 점수가 낮아진 경우에서 생긴 유의한 차이이므로 이것은 교육의 효과라고 볼 수 있는 차이가 아님을 알 수 있다. 실험집단을 메타인지 상위 수준 집단과 하위 수준 집단으로 나누어 사후 독해력 검사를 분석 비교해 본 결과는 〈표 7-7〉과 같이 나타났다.

메타인지 수준에 따른 전략적 읽기 학습의 효과를 검증하기 위하여 실험집단의 사후 독해력 검사 결과를 메타인지 수준 상위집단과 메타인지 수준 하위집단으로 구분하여 t 검증한 결과 $t=1.743$으로 $p>.05$ 수준에서 유의한 차이가 없는 것으로 나타났다. 이것으로 보아 메타인지 수준 상위집단이 메타인지 수준

표 7-7 실험집단의 메타인지 수준별 독해력 검사 결과

메타인지 수준	*N*	독해력 검사		*df*	*t*
		M	*SD*		
상위집단	21	33.71	3.90	39	1.743
하위집단	20	31.05	5.75		

하위집단보다 전략적 읽기 학습의 효과가 클 것이라는 가설 3은 기각되었다. 그렇지만 실험반 메타인지 상위집단의 경우 메타인지 하위집단보다 사전 독해력 검사에 비해 사후 독해력 검사 결과 향상 정도가 2.02점 높은 것으로 나타났는데, 이것은 이에 관한 사후 연구의 시사점을 주고 있다.

메타인지전략 학습 프로그램을 활용한 읽기지도의 예시

1. 메타인지전략 학습 프로그램[2)]

메타인지전략 학습 프로그램이란 자기교시(SI) 훈련과 자기조절(SR) 훈련이 병합된 것으로, Graham과 Harris(1989)가 만든 7단계 모형에 이은림(1994)이 20차시분의 학습 지도안으로 개발하여 활용한 SRSD(Self-Regulated Strategy Development Model) 프로그램을 본 연구자가 구두 예시 이야기 자료를 첨가 활용한 것이며, 그 기본 단계는 <표 7-8>과 같다.

자발적 수행 단계로 내적 언어화하도록 격려와 촉구를 하고 자기 진술어를 사용한 독해 6단계 전략 훈련 기본 모형은 <표 7-9>와 같다.

2) 김미정(2006). 메타인지전략 학습이 읽기 학습장애 아동의 독해력 향상에 미치는 효과. 전북대학교 대학원 석사학위논문.

표 7-8 메타인지전략 학습 프로그램 기본 단계

단계	훈련 내용
1단계 사전 훈련	- 그림과 카드, 차트 및 예시 이야기로 이야기 문법 요소를 알게 하며 기억하게 한다. 또 실제 생활에서 적용할 수 있는지 새로운 이야기 자료로 훈련시킨다(SI, SR).
2단계 사전 검사 검토	- 독해 사전 검사 속에 포함되어 있는 이야기 문법 요소들을 검토하고 그래프 그리는 목적과 방법을 설명해 준다(SR).
3단계 수행 전략 설명	- 이야기 문법 요소의 기억 방법과 창의적 자기진술을 설명해 주고 자기 진술어를 창의적으로 만들게 한다(SI). - 그래프 그리기와 목적 설정을 설명해 준다(SR).
4단계 시범	- 교사가 그림을 보고 이야기를 읽으면서 전략을 시범으로 보여 준다(SI). - 그래프 그리기와 목적 설정을 설명해 준다(SR).
5단계 아동 시연	- 아동은 독해 학습 전략을 기억하여 이를 자기진술 및 자기교시를 한다(SI, SR).
6단계 교사 안내에 따른 아동 시연	- 전략 촉구를 점점 약화시키며 교사 안내와 점검하에 이야기 문법 요소와 자기교시 방법들을 마음속으로 말하며 연습한다(SI). - 그래프 그리기와 목적 설정 등의 성취에 대한 훈련을 한다(SR).
7단계 독자 수행	- 예시 이야기를 읽고 스스로 학습 전략을 사용하여 물음에 대답하게 하며, 교사는 아동이 자기교시를 사용하도록 촉구하는 피드백을 준다. 그리고 촉구 없이 실시한다(SI). - 목적 설정, 그래프 그리기 등의 성취에 대한 훈련을 한다(SR).
8단계 지속 및 전이 훈련	- 학습전략 훈련의 효과가 지속되고 전이되게 하기 위해 연습한 절차를 기억하게 하고 훈련 내용을 생각하며 자기 언어로 말하게 한다.

주) SI: 자기교시; SR: 자기조절

표 7-9 자기 진술어를 사용한 독해 6단계 전략 훈련 기본 모형

생각하는 차례	생각하는 내용	교사 조력
1단계 문제 정의	- 무슨 그림인지 살펴보자. - 아하, 이런 이야기구나, 재미있구나. - 이 그림 속에는 이런 이야기가 담겨 있구나.	아무리 생각해도 알 수 없는 내용은 교사에게 질문한다.
2단계 계획	- 천천히 잘 생각해 보자. - 그럼 이야기 문법이 떠오를 거야. 이야기 문법을 생각하며 글을 읽으면 훨씬 쉽지?	
3단계 이야기 문법 기억 확인	- 이야기 문법의 구성 요소를 알아보자. - 육하원칙은 무엇이었지? - 그렇지. (　　)이지.	
4단계 상황 속에서 이야기 문법 내용 확인	- 이야기 속에서 이야기 문법을 찾아보자. - 누가: (　　)에 대한 이야기구나. - 언제: (　　)로 봐서 계절은 (　　)가 틀림없어. - 어디서: (　　)이구나. (　　)로 봐서 (　　)가 틀림없어. - 무엇을: 음, (　　)을 이렇게 하려고 하는구나. - 그런데 그렇게 하면 어떤 일이 일어날까? - 왜: 그렇게 하려는 이유가 (　　)이구나. - 어떻게: 결국 이렇게 됐구나. 모두가 (　　) 때문이야. - 주제에 대한 이해: 이 이야기는 우리에게 무엇을 말하려는 걸까? - 빠진 것 살펴보기: 육하원칙 중에 (　　)가 나와 있지 않구나. 그래도 내용은 알겠어. - 대명사에 대한 이해: 이야기 속의 이, 그, 저는 무엇을 가리키는지 알겠어. 긴 낱말을 쓰지 않고 이렇게 간단히 대명사로 표시해도 그 뜻을 알겠어.	교사는 직접적인 해결보다 외적 언어를 통해서 발견할 수 있도록 유도한다.
5단계 자기평가	- 나는 그림이나 글을 읽고 이야기 문법을 잘 찾아내는지 확인해 보자. - 내가 생각한 것이 맞았는지 다시 살펴보자. 아, 그들이란 말을 잘못 생각했구나. 그렇다면 주인공은 (　　)가 되겠구나.	
6단계 자기강화	- 정답과 비교해 보자. - 됐어, 나는 잘 할 수 있어. 왜 이것을 틀렸을까? - 정답 수를 그래프로 그려 보자. - (　　)개 맞아야 하는데 (　　)개가 틀렸어. 왜 틀렸을까? 다음부터는 틀리지 않도록 노력해야지.	

2. 읽기 메타인지 검사지[3)]

♣ 우리는 글을 읽을 때 서로 다르게 읽습니다. 다음 글을 잘 읽어 보면서 '평소에 나는 어떻게 읽나'를 생각한 후 해당하는 번호를 적어 주세요. 정답이 따로 있는 것이 아니고 성적과도 상관이 없으며, 다만 읽기에 관한 연구자료로만 사용됩니다. 성의껏 답해 주시면 고맙겠습니다.

6학년 (　)반 (　)번 이름(　　　　　　　)

1. 읽기에서 어떤 것이 가장 어려운가요? (　)
   ① 어려운 낱말을 소리 내어 읽는 것
   ② 이야기를 이해하는 것
   ③ 그저 책을 읽는 것
2. 어떻게 해야 더 잘 읽을 수 있게 되나요? (　)
   ① 다른 사람들이 읽는 것을 도와줄 때
   ② 쉬운 낱말로 된 짧은 글을 읽을 때
   ③ 읽은 것을 이해하고 있나 확인하면서 읽을 때
3. 이야기 첫머리에 특히 잘 쓰이는 것은 무엇인가요? (　)
   ① 옛날 옛적에로 시작한다.
   ② 처음에는 제일 재미있는 것이 쓰여 있다.
   ③ 어떤 이야기가 쓰여 있는지 알 수 있도록 쓰여 있다.
4. 이야기 마지막 부분에 특히 잘 쓰이는 것은 무엇인가요? (　)
   ① 제일 재미있는 일이 쓰여 있다.
   ② 어떤 일이 일어났나를 알 수 있도록 쓰여 있다.
   ③ 읽기가 어려운 것이 쓰여 있다.
5. 이야기에서 가장 중요한 부분(문장)을 어떻게 알 수 있나요? (　)
   ① 주인공과 무엇이 일어났나가 쓰여 있는 곳(부분)
   ② 가장 재미있는 것이 쓰여 있는 곳(부분)
   ③ 이야기 전체가 모두 중요하다.

3) 최유락(2000). 학습자의 읽기 메타인지 수준에 따라 교사주도와 아동주도의 질문생성이 독해에 미치는 효과. 한국교원대학교 대학원 석사학위논문.

6. 바빠서 다 읽을 수 없다면, 어떤 부분들을 읽나요? (   )
   ① 이야기의 중간 부분만 읽는다.
   ② 무슨 이야기인지 잘 알려 주는 부분만 읽는다.
   ③ 재미있고 흥미진진한 부분만 읽는다.
7. 읽는 것을 다른 사람에게 말할 때, 어떤 것을 말해 주나요? (   )
   ① 무엇이 일어났는가를 말해 준다.
   ② 전부 몇 쪽인가를 말해 준다.
   ③ 등장인물들이 누구인가를 말해 준다.
8. 선생님께서 이야기의 전체의 뜻을 기억하기 위하여 읽으라고 하시면 어떻게 하나요? (   )
   ① 중요한 부분에 주의하면서 읽는다.
   ② 이야기를 전부 읽고 나서 뜻을 외운다.
   ③ 이야기를 읽고 나서 말 하나 하나 모두 외운다.
9. 읽기 전에 어떻게 계획을 세워야 더 잘 읽게 될까요? (   )
   ① 그냥 읽기 시작하면 된다.
   ② 읽기 편한 장소를 찾는다.
   ③ 왜 읽어야 하나를 생각한다.
10. 빨리 읽어야 하기 때문에 낱말 몇 개만 읽어야 할 때, 어떤 낱말을 읽나요? (   )
   ① 새로 나온 낱말이 중요하니까 새로운 낱말만 읽는다.
   ② 읽을 수 있는 낱말만 읽는다.
   ③ 이야기를 잘 알려 주는 낱말만 읽는다.
11. 다른 사람보다 빨리 읽으려고 할 때 어떤 것을 읽나요? (   )
   ① 읽기 쉬운 책을 다시 읽는다.
   ② 전에 읽었던 책을 다시 읽는다.
   ③ 그림이 많은 책을 읽는다.
12. 어째서 읽었던 부분을 다시 읽게 되나요? (   )
   ① 복습하기 위해서
   ② 잘 이해하지 못해서
   ③ 몇몇 낱말을 잊어 버려서
13. 뜻을 모르는 낱말이 나오면 어떻게 하나요? (   )
   ① 뜻을 알아내기 위해서 옆의 낱말들을 본다.
   ② 다른 사람에게 묻는다.
   ③ 건너뛰고 계속 읽어 나간다.

14. 뜻을 모르는 문장이 나오면 어떻게 하나요? ( )
   ① 다시 읽는다.
   ② 낱말 하나하나 소리 내어 읽는다.
   ③ 글 안의 다른 문장들을 생각해 본다.
15. 읽을 때 어떤 부분을 건너 뛰나요? ( )
   ① 어려운 낱말과 잘 모르는 곳
   ② 중요하지 않아서 없어도 되는 곳
   ③ 절대로 건너뛰지 않는다.
16. 재미로 읽을 때는 어떻게 하나요? ( )
   ① 뜻을 알기 위해서 그림을 본다.
   ② 될 수 있는 대로 빨리 읽는다.
   ③ 마음속으로 영화처럼 이야기를 상상한다.
17. 과학책이나 사회책을 읽을 때 내용을 기억하려면 어떻게 하나요? ( )
   ① 중요한 것을 알고 있나 속으로 확인해 가면서 읽는다.
   ② 모르는 곳은 건너 뛴다.
   ③ 외우려고 자꾸 반복해 읽는다.
18. 시험을 보기 위해 읽을 때 어떻게 하는 것이 가장 좋을까요? ( )
   ① 될 수 있는 대로 여러 번 읽는다.
   ② 이해하고 있나 알기 위해서 다른 사람과 이야기를 해 본다.
   ③ 문장들을 자꾸 소리 내어 말한다.
19. 숙제를 하기 위해서 백과사전을 읽을 때 어떻게 하는 것이 가장 좋을까요? ( )
   ① 모르는 낱말들을 소리 내어 다시 읽어 본다.
   ② 무슨 내용인지 생각한 후 자기 말로 옮겨 적는다.
   ③ 모르는 부분은 건너뛴다.
20. 이야기를 기억하려면 어떻게 하는 것이 가장 좋을까요? ( )
   ① 낱말 하나하나를 전부 소리 내어 읽는다.
   ② 읽은 것을 기억할 수 있나 생각해 본다.
   ③ 뜻이 통하나 적어 본다.

✤ 참고문헌

김미정(2006). 메타인지전략 학습이 읽기 학습장애 아동의 독해력 향상에 미치는 효과. 전북대학교 대학원 석사학위논문.

김옥기(1988). 초인지, 인지전략과 수행간의 관계: 초인지 전략활용 훈련과 초인지 자기조정훈련과의 비교. 중앙대학교 대학원 박사학위논문.

문선모(1990). 인지적 교실학습. 서울: 중앙적성출판사.

박경숙, 임두순, 박효정(1989). 학습전략 훈련프로그램 개발연구. 서울: 한국교육개발원.

박경숙, 임두순, 현주(1988). (읽기전략을 중심으로) 학습전략훈련프로그램개발연구. 서울: 한국교육개발원.

박경숙, 현주(1990). 학습 전략 훈련 프로그램 개발연구(III). 서울: 한국교육개발원.

이은림(1994). 자기교시 및 자기조절 방략훈련이 독해장애아의 독해력과 자기효능감에 미치는 효과. 대구대학교 대학원 박사학위논문.

임영남(2000). 메타인지와 전략적 읽기 학습이 독해력에 미치는 영향. 전북대학교 대학원 석사학위논문.

최유락(2000). 학습자의 읽기 메타인지 수준에 따라 교사주도와 아동주도의 질문생성이 독해에 미치는 효과. 한국교원대학교 대학원 석사학위논문.

Baumann, J. F. (1986). Teaching Third-Grade Students to Comprehend Anaphoric Relationships: The Application of a Direct Instruction Model. *Reading Research Quarterly, 21*(1), 70-90.

Borkowski, J. G., & Kurtz, B. E. (1987). Metacognition and executive control. In J. G. Borkowski & J. D. Day (Eds.), *Cognition and intelligence in special children: Comparative approaches to retardation, learning disabilities, and giftedness* (pp. 123-152). Norwood, NJ: Ablex.

Brown, A. L., & Deloache, J. S. (1978). Skills, plans, and self-regulation. In R. S. Siegler (Ed.), *Children' s thinking: What develops?* (pp. 3-36). Hillsdale, NJ: Erlbaum.

Brown, A. L., & Palincsar, A. (1982). Inducing strategic learning from texts by menas informed, self-control training. *Topics in Learning and Learning Disabilities, 2*(1), 1-18 (Special issue on metacognition).

Dewey, J. (1933). *How We Tink*. New York: Heath.

Flavell, J. H. (1976). Metacognitive aspects of problem solving. In L. B. Resnick (Ed.), *The nature of intelligence* (pp. 231–235). Hillsdale, NJ: Erlbaum.

Flavell, J. H. (1979). Metacognition and cognitive monitoring: a new area of cognitive developmental inquiry. *American Psychologist, 34,* 906–911.

Graham, S., & Harris, K. R. (1987). Improving composition skills of inefficient learners with self-instructional strategy training. *Topics in Language Disorders, 7,* 66–77.

Graham, S., & Harris, K. R. (1989). Components analysis of cognitive strategy instruction: Effects on learning disabled students' compositions and self-efficacy. *Journal of Educational Psychology, 81*(3), 353–361.

Jacobs, J. E., & Paris, S. G. (1987). Children's metacognition about reading: Issues in definition, measurement and instruction. *Educational Psychologist, 22,* 255–278.

Luria, A. R. (1969). Psychological studies in mental deficiency in the Soviet Union. In N. R. Ellis (Ed.), *Handbook of Mental deficiency*. NY: Mcgraw-hill.

Meichenbaum, D. H., & Goodman, J. (1969). The development of control of operant motor responding by verbal operants. *Journal of Experimental Child Psychology, 7,* 553–565.

Meichenbaum, D. H. (1977). *Cognitive behavior modification: An integrative approach*. New York: Plenum.

Meloth, M. (1990). Changes in poor reader's knowledge of cognition and the association of knowledge of cognition with regulation of cognition and reading comprehension. *Journal of Educational Psychology, 82, 792–798.*

Miller, G. E. (1987). The influence of self-instruction on the comprehension monitoring performance of average and above readers. *Journal of Reading Behaviors, 19*(3), 303–317.

Myers M., & Paris, S. G. (1978). Children's metacognitive knowledge about reading. *Journal of Educational Psychology, 70,* 680–660.

Nelson, T. O., & Narens, L. (1990). Metamemory: A theoretical framework and new findings. In G. H. Bower (Ed.), *The psychology of learning and motivation* (Vol. 26, pp. 125–141). New York: Academic.

Paris, S. G., & Jacobs, J. E. (1984). The benefits of informed instruction for children's reading awareness and comprehension skills. *Child Development, 55,* 2083–2093.

Paris, S. G., Lipson, M. Y., & Wixson, K. K. (1983). Becoming a strategic reader. *Contemporary Educational Psychology, 8*(3), 293-316.

Pintrich, P. R., & Degroot, E. V. (1990). Morivational and self-regulated learning components of classroom academic performance. *Journal of Educational Psychology, 82,* 33-40.

Schunk, D. H. (1986). Vicarious influences on self-efficacy for cognitive skill learning. Special Issues: Self-efficacy theory in contemporary psychology. *Journal of Social and Clinical Psychology, 4,* 316-327.

Torgesen, J. K. (1978-1979). Performance of reading disabled children on serial memory tasks: A selective review recent research. *Reading Research Quarterly, 14,* 57-87.

Wellman, H. M. (1985). The origins of metacognition. In D. L. Forrest-Pressley, G. E. MacKinnon, & T. G. Waller (Eds.), *Metacognition, congition and human performance* (Vol. 1, Theoretical perspectives, pp. 1-31). New York: Academic.

Zimmerman, B. J. (1990). Self-regulated learning and academic achievement: An overview. *Educational Psychologist, 25,* 3-17.

Zimmerman, B. J., & Martinez-Pons, M. (1986). Development of a structured interview for assessing student use of self-regulated learning strategies. *American Educational Research Journal, 23,* 614-628.

제3부
매체 활용 교수-학습 전략

08
동화를 활용한 읽기지도

이론적 배경

아동문학은 독자인 아동으로 하여금 작품이 그려 낸 세계와 작중 인물의 사상 및 감정을 경험하게 함으로써 사물에 대한 통찰과 현실 상황에 대한 인식, 그리고 인간에 대한 이해의 폭을 넓혀 줄 뿐만 아니라 취미와 예술적 인식을 길러 주기 때문에 교육적 가치가 크다고 볼 수 있다(이재철, 1983). 아동문학 가운데에서도 동화는 어린이에게 아름다움과 꿈을 심어 주며 흥미를 유발시켜 줄 수 있을 뿐 아니라, 인간의 의지와 정서 발달의 초기 단계에 해당하는 어린 시기의 아동이 읽고 듣고 이야기함으로써 원만한 심성과 따뜻한 인간성을 기르는 데 기여할 수 있는 가장 원초적인 문학 형태라 할 수 있다.

동화는 직접 체험의 기회가 적은 아동에게 삶의 의미와 지혜를 터득하기 위한 간접 체험으로 가장 좋은 매체이며, 시간과 공간의 한계를 넘어서 수많은 사람의 소망과 이상, 지혜와 상상력이 넘치는 환상의 보고다(김경중, 1990 재인용). 또한 동화는 아동이 자주 자연스럽게 접할 수 있으므로 가장 보편적으로 교수매체로 활용된다. 즉, 동화책은 언어 교육 내용을 확장시켜 주는 중심부에 위치하여, 듣고, 말하고, 읽고, 쓰고 싶은 동기를 자극시켜 주는 것이다. 김은미(1998)는 이야기나 동화 등 문학 활동과 관련된 반응 활동은 아동의 창의력 · 상상력 · 언어능력의 발달을 돕는다고 하였다.

아동은 동화를 듣거나 읽음으로써 주인공의 행동에서 도덕적 가치 판단이 발달하며, 주인공과 같이 동일화됨으로써 간접적인 생활 경험을 통하여 타인의 삶을 배우게 된다(이상금, 장연희, 1986). 이처럼 동화는 인간 형성을 가능케 한다는 점에서 교육적 의의가 매우 크다. Bromley(1991)도 아동이 동화책 읽기를 통해 자신과 타인에 대해 학습할 뿐만 아니라 자신의 지식을 확대하고, 어휘력을 증진시키며, 이야기에 대한 감각을 발달시키고, 듣는 태도를 기른다고 하였다.

이와 같이 아동이 동화를 읽는 것은 상상력, 창의력, 사고력과 언어의 이해력, 표현력에 도움을 주며, 직접 체험하지 못한 간접적인 경험을 통해서 세상을 이해하는 데 도움을 준다. 그리고 아동으로 하여금 풍요롭고 안정된 정서를 갖게 하여 심미적 감상력을 기를 수 있게 해 주며, 전인적 발달에 도움이 된다는 데서 그 의의를 찾을 수 있다.

동화를 활용한 읽기지도의 효과성[1)]

1. 연구대상

본 연구의 대상 선정 절차는 우선 2004년 11월 전국적으로 실시한 초등학교 3학년의 국가 수준 국어과 평가에서 부산의 J 초등학교 3학년 약 290명 중 하위

1) 권경숙(2005). 영상동화의 반응중심 감상활동이 읽기장애아동의 읽기 능력에 미치는 영향. 대구대학교 대학원 석사학위논문.

5% 아동 14명을 선발하였다. 그중 읽기 영역에서 3명의 아동을 선정하였다.

2. 연구의 설계

본 연구는 읽기장애아동 3명을 대상으로 영상동화의 반응중심 감상 활동을 적용한 후 그 효과를 알아보기 위한 연구로서 독립 변인을 영상동화의 반응중심 감상 활동으로 하였고, 종속 변인을 읽기 능력으로 설정하였다. 연구대상 아동의 읽기 능력 향상을 검증하기 위한 실험의 설계로는 본 연구가 3인을 대상으로 하는 사례 연구이므로 중다기초선설계로 하였다.

1) 기초선 단계

박현숙(2003)의 전산화된 읽기 평가 도구(C-RIC)를 활용하여 아동 A는 8회기, 아동 B는 11회기 실시하였으며 아동 C는 15회기 실시하였다. 3명의 아동이 모두 동일한 방법으로 단어인지, 읽기 유창성, 읽기 이해력을 평가하여 기초선을 설정하였다.

2) 중재 단계

중재 단계는 대상 아동의 기초선이 안정되는 시점에서 영상동화의 반응중심 읽기 프로그램을 20회기 적용하였는데, 1차시를 40분으로 하고 1주일에 2회 적용하였다. 중재 단계에서 감상한 동화는 총 20편으로 프로그램 초기에는 아동의 반응을 형성하는 데 중점을 두었고, 프로그램 중반에는 아동의 반응 형성 이후 그 반응을 명료화하는 데 중점을 두었으며, 마지막으로 프로그램 후기에는 아동의 반응을 심화할 수 있도록 프로그램을 단계화하여 투입하였다.

3. 연구 도구

1) 처치 도구

본 연구의 처치 도구는 영상동화의 반응중심 감상 활동 프로그램으로써 읽기 장애아동의 읽기 능력 향상을 위해 연구자가 구안하였다. 구안의 토대는 문학학습에서 활용되는 반응중심 학습법의 단계인 반응의 형성, 반응의 명료화, 반응의 심화 단계를 두었다. 프로그램의 구성을 위한 토대는 '인터넷을 활용한 영상동화지도가 정신지체아의 언어표현력에 미치는 효과' (손명숙, 2003)와 '학습장애아의 어휘력 향상을 위한 동화 읽기 지도 사례' (전명화, 2001)의 석사학위논문에서 활용한 동화자료를 참고로 하였으며, 이현영(2003)이 제시한 동화자료 선정 기준을 바탕으로 제7차 교육과정 읽기 교과서에 활용된 동화자료를 분석하고 본 연구자가 동료 교사 9명과 함께 동화자료의 선정 원칙을 마련하여 구성하였다.

2) 검증 및 평가 도구

본 연구의 평가는 박현숙의 전산화된 읽기 평가 교수 도구(C-RIC)이다. C-RIC 평가 도구는 제7차 교육과정 읽기 교과서의 1학년부터 초등학교 3학년까지의 읽기 자료를 기초로 타당한 근거에 따라 단어인지 능력, 읽기 유창성, 읽기 이해력을 평가하도록 고안되었다(박현숙, 2003).

4. 연구의 절차

1) 사전 계획 단계

영상동화의 반응중심 감상활동 프로그램의 구안을 위해, 대상 아동의 현재 읽기 수준을 기초학습 기능검사에 의해 약 2학년으로 파악하고 초등학교 2학년 수준의 동화를 활용하기로 하였다. 활용할 동화 자료 선정의 기초를 마련하기 위해 1~3학년 읽기 교과서에 활용된 동화 자료의 내용을 알아보고, 동화 선정의 기준을 마련하였다. 기준 마련 후 인터넷 및 EBS 교육방송 프로그램에서 영상 동화자료를 선정하고 프로그램을 구안하였다.

(1) 학년별 읽기 교과서에 수록된 동화의 종류

제7차 교육과정 읽기 교과서에 수록된 1~3학년 동화의 종류와 내용은 〈표 8-1〉과 같다.

표 8-1 제7차 교육과정 읽기 교과서(1~3학년)에 수록된 동화의 종류

학년 학기	대단원명	소단원명	동화명	글의 종류	내용
1/1	〈둘째마당〉 느낌을 나누어요.	2. 이야기 보따리	곰과 여우	동화	여우가 욕심을 내서 벌을 받음
			심심해서 그랬어요.	동화	심심해서 동물 우리의 문을 열어 줌
			맛있는 간식	동화	맛있는 간식으로 인한 즐거움
			꿈속에서	동화	돌고래를 타고 아기 물고기를 구함
1/2	〈첫째마당〉 상상의 날개를 펴요.	2. 내가 만드는 이야기	은혜 갚은 꿩	전래 동화	자기를 구해 준 나그네에게 은혜 갚은 꿩
		더 나아가기	강아지 똥	창작 동화	강아지 똥이 거름이 되어 별처럼 예쁜 민들레꽃을 피움
	〈셋째마당〉 꿈을 펼쳐요.	1. 재미가 솔솔	놀부의 제비	전래 동화	흥부가 제비 다리를 고쳐 주고 부자가 되었다는 소식에 놀부도 제비 다리를 고쳐 주려고 일부러 다리를 부러뜨림
			구멍 난 그릇	이야기	상처를 치료할 수 있는 흙은 아픈 친구를 도와주느라 구멍 난 그릇이 됨
		2. 즐거운 하루	세종대왕	전기문	어려운 한자를 써야 하는 백성을 위해 배우기 쉬운 한글을 만듦
			굴참나무와 오색딱따구리	이야기	굴참나무에 살던 오색 딱따구리는 벌레를 잡아 아픈 굴참나무의 은혜를 갚음
		더 나아가기	떡시루 잡기	전래 동화	욕심 많은 호랑이가 두꺼비와 떡을 차지하는 내기를 하였는데 두꺼비가 떡을 다 차지함

<table>
<tr><th>학년
학기</th><th>대단원명</th><th>소단원명</th><th>동화명</th><th>글의
종류</th><th>내용</th></tr>
<tr><td rowspan="2">2/1</td><td rowspan="2">〈셋째마당〉
꿈을 펼쳐요.</td><td>2.즐거운
마음</td><td>오른쪽이와
동네 한 바퀴</td><td>창작동화</td><td>똘이의 오른쪽 운동화인 오른쪽이는 똘이의 강아지 동네 한 바퀴에게 도움을 받음</td></tr>
<tr><td>더
나아가기</td><td>햇님과 강아지</td><td>이야기</td><td>강아지가 햇님을 받아 길을 가는 이야기</td></tr>
<tr><td rowspan="10">2/2</td><td rowspan="5">〈둘째마당〉
이야기가
있어요.</td><td rowspan="2">1. 주인공
이 되어</td><td>내가 왕이 될 거야</td><td>이야기</td><td>초원에서 태어나 궁궐에서 자란 힘돌이 아기 사자와 초원에서 자란 센돌이 아기 사자가 동물의 왕이 된다는 이야기</td></tr>
<tr><td>농부와 세 아들</td><td>이야기</td><td>포도밭에 있는 보물을 파보라는 아버지의 유언에 열심히 땅을 파서 풍년이 든 후 그 뜻을 이해하는 아들의 이야기</td></tr>
<tr><td rowspan="2">2. 상상의
나라</td><td>내가 한 명 더
있었으면</td><td>동화</td><td>귀찮은 일이 있을 때마다 자신이 한 명 더 있었으면 좋겠다고 생각하는 꽃담이 이야기</td></tr>
<tr><td>현이와 온이</td><td>동화</td><td>현이를 따라 다니는 귀찮은 동생 온이를 잃어버려 후회하는 현이 이야기</td></tr>
<tr><td>되돌아
보기</td><td>소금장수와
기름장수</td><td>동화</td><td>소금장수와 기름장수가 호랑이에게 통째로 먹히지 않으려고 서로 돕는 이야기</td></tr>
<tr><td rowspan="4">〈넷째마당〉
아름다운
꿈을
가꾸어요.</td><td>1. 간직하고
싶은
이야기</td><td>소가 된
게으름뱅이</td><td>전래동화</td><td>일하기 싫어하는 사람이 소의 탈을 쓰고 소가 되어 고생한다는 이야기</td></tr>
<tr><td rowspan="2">2. 우리
서로
한 마음</td><td>독장수 구구</td><td>이야기</td><td>쓸데없는 궁리만 하고 미리 셈부터 하는 어리석은 사람의 속담에 얽힌 이야기</td></tr>
<tr><td>풍년 고드름</td><td>이야기</td><td>풍년 고드름이 되어 어린이를 기쁘게 한다는 이야기</td></tr>
<tr><td>더
나아가기</td><td>여우와 포도밭</td><td>우화</td><td>살을 빼고 포도밭에 들어가 포도를 먹고 살이 쪄 못 나오는 어리석은 여우 이야기</td></tr>
</table>

학년 학기	대단원명	소단원명	동화명	글의 종류	내용
3/1	〈둘째마당〉 마음으로 보아요.	2. 따뜻하고 너그럽게	지각생	이야기	덕재의 지각은 창수의 도시락을 가져오려고 함인 것을 안 창수가 고마워함
		더 나아가기	도련님과 인절미	전래동화	찹쌀 도둑을 잡고도 없던 일로 처리하는 도련님의 지혜
3/2	〈넷째마당〉 우리들의 꿈	1. 이야기와의 만남	강감찬 장군	전기	장원으로 급제한 강감찬이 71세에 고려를 쳐들어 온 거란의 군사를 무찌르는 지혜와 용맹을 표현함
		2. 또 다른 내가 되어	진주를 품은 조개	동화	큰 몸살 뒤에 아름다운 진주를 품은 조개의 보람된 마음과 기쁨을 표현함
		되돌아 보기	힘들어도 걷겠어요.	동화	다리가 불편하지만 마음이 건강하여 모든 일을 긍정적으로 생각하는 영희 이야기
		더 나아가기	초록 대문 집에 편지가 오면	아동소설	초록 대문집의 할머니께 편지가 와야 규태 형의 오토바이를 탈 수 있으므로 편지가 오기를 간절히 바라는 이야기
	〈둘째마당〉 우리가 꿈꾸는 세상	1. 더불어 사는 삶	망부석 재판	전래동화	말도 못하는 망부석을 재판해 마을 사람들에게 잃어버린 비단을 찾아 준 지혜롭고 현명한 사또 이야기
		2. 높이 날고 넓게 보고	소나기를 이긴 강아지풀	이야기	소나기로 뿌리 채 뽑힌 강아지풀들이 개울물에 곤두박질쳐졌으나 흙 속에 뿌리를 내리고 서로를 꼭 잡고 이겨 냈다는 이야기
			개구리 바위	전래동화	까마귀에게 세상 이야기를 전해 들은 개구리들의 대표로 금강산을 둘러 본 맏형 개구리가 구룡연의 아름다움에 눈을 동그랗게 뜨고 바위가 되었다는 이야기
		되돌아 보기	아기 햇살이 피운 꽃	동화	아기 햇살이 쓰레기 더미 옆에서 코스모스 씨를 꼭 품어 예쁜 꽃을 피운 이야기
		더 나아가기	달나라 여행	소설	동생이 못마땅해 이상한 기계를 타고 달나라를 간 아이들이 사람을 사랑하지 못한다는 이유로 달나라에 입국하지 못하고 지구로 다시 돌아온 이야기

	〈넷째마당〉 인물과 하나 되어	1. 마음속 풍경	가을까지 산 꼬마 눈사람	창작 동화	찬호가 만든 눈사람이 냉동실에서 그 다음 가을까지 살다가 찬호의 이마에 녹아내리며 다시 만나게 됨을 생각함
		2. 소중한 만남	바위나리와 아기별	창작 동화	아무도 없는 바닷가에서 외로이 노래하며 친구를 기다리는 바위나리가 친구가 없어 우는 아기별의 울음소리를 듣고 바닷가에서 함께 놀게 됨
		되돌아 보기	주인 없는 구둣가게	창작 동화	손자에게 신긴다며 구두를 가지고 가신 할아버지께서 두고 간 상자에 들어 있는 금은보화를 보고 구두 방을 비워 두고 찾아 나서지만 선물이라는 봉투를 발견함
		더 나아가기	오성과 한음	전래 동화	감나무 가지가 자기네 담 너머로 있어 자기네 감이라는 하인들의 말에 오성은 권판서가 있는 방문 안으로 손을 내밀어 정중하게 항의를 하는 지혜로운 이야기

읽기 교과서 1~3학년 과정에 수록된 동화자료를 살펴보면 35편의 동화 자료 중 동화가 10편, 소설 또는 이야기가 10편, 전래동화가 8편, 창작동화가 6편, 우화가 1편이었다. 아동의 요구와 흥미에 의해 동화를 선정하고 수록하기보다는, 국어 교육의 목적상 언어 기능 중심의 교과서 체제에 의한 동화를 선정하였다는 한계를 보이고 있다. 또한 지면의 한계로 인하여 이야기를 부분적으로 발췌하여 실었기 때문에 원작을 수정하거나 각색한 부분도 있어서 '아동만을 위한 동화'의 수록이 어려운 실정이다.

(2) 동화 선정 기준

동화 선정에는 연구자의 주관적 사견을 배제하기 위하여 석사학위논문 중 '인터넷을 활용한 영상동화지도가 정신지체아의 언어표현력에 미치는 효과' (손명숙, 2003)와 '학습장애아의 어휘력 향상을 위한 동화 읽기 지도 사례' (전명화, 2001)를 토대로 본 연구자와 동학년 교사 9명이 동화의 문장과 내용 및 전체적인 분량, 아동의 흥미 등을 고려하여 우선 30편을 선정한 후 다음과 같은 원칙을 두어 최종 20편을 재선정하였다.

- 선정된 동화의 장르와 내용의 범위는 제약을 두지 않았다.
- 동화 읽기의 시간은 5분을 초과하지 않도록 하여 아동의 주의 집중을 지속적으로 유지하도록 하였고, 흥미를 잃지 않고 동화를 읽을 수 있도록 그림, 글, 소리를 함께 들려주는 자료를 선정하였다. 따라서 전체적인 동화의 길이가 주로 7~8장의 영상 삽화 수로 이루어진 동화를 활용하였다.
- 프로그램의 중반부인 반응의 명료화 단계에서는 아동의 상상력을 자극하고 개인의 반응에 대한 표현을 명료화할 수 있는 여러 장르의 동화를 선정하였으며 읽기 시간을 5분 이상 10분 이하로 하여 동영상 삽화수가 10~15장 내외인 동화를 선정하고 소리를 제거하여 스스로 읽도록 하였다.
- 프로그램의 후반부인 반응의 심화 단계에서는 창작동화를 드라마화하여 방영한 EBS 교육방송의 'TV로 보는 원작동화' 를 선정하여 20~30분 동안 동화를 시청하고 아동의 감상 시간을 늘려 더 자유롭게 반응하도록 구성하였다.

(3) 영상동화 목록 선정

이와 같은 영상동화 선정 기준에 따라 선정한 영상동화 자료 목록은 〈표 8-2〉와 같다.

표 8-2 영상동화의 반응중심 감상활동

회기	단계	동화명	제공매체			장르	감상활동	웹사이트
			삽화	소리	글			
1	반응의 형성	브레멘 음악대	6	o	o	세계동화	낱말 지도 만들기	joybook.com
2		사자를 이긴 모기	6	o	o	이솝 이야기	주인공으로 끝말잇기	inet.school
3		내가 너보다 커	7	o	o	창작동화	삽화 내용 설명하기	inet.school
4		에디슨	8	o	o	세계 위인전	발명품 찾기	inet.school
5		헨젤과 그레텔	10	o	o	세계명작	제목 찾기 놀이	inet.school
6	반응의 명료화	파랑새	10		o	세계명작	몸으로 표현하기	joybook.com
7		남의 말만 듣는 바보	10		o	한국 전래동화	만약 내가 주인공이라면	joybook.com
8		원숭이 엉덩이가 빨간 까닭은?	10		o	세계전래 동화	노래 만들어 부르기	joybook.com
9		사자자리	10		o	과학 동화	별자리 찾기 놀이	joybook.com
10		트로이 목마	11		o	그리스 로마신화	독서 퀴즈 놀이	joybook.com
11		슈바이처	12		o	세계 위인전	기억나는 장면 그리기	joybook.com
12	반응의 심화	요나 이야기	12		o	성경 이야기	대화체 문장 연결하기	joybook.com
13		캥거루의 털 색깔	13		o	세계 전래동화	책 광고 만들기	joybook.com
14		주인을 구한 누렁이	14		o	전래동화	주인공 바꾸기	joybook.com
15		고양이와 푸른 구슬	15		o	전래동화	만화로 나타내기	joybook.com
16	반응의 일반화	비행기	30	o		창작동화	주인공에게 편지쓰기	ebs.co.kr
17		야, 비 온다	30	o		창작동화	뉴스 만들기	ebs.co.kr
18		나쁜 어린이 표	30	o		창작동화	끝 부분 내용 바꾸기	ebs.co.kr
19		자전거 도둑	30	o		창작동화	내가 주인공이라면	ebs.co.kr
20		난 키다리 현주가 좋아	30	o		창작동화	역할극 해 보기	ebs.co.kr

2) 영상동화의 반응중심 감상활동 교수-학습 지도안

<table>
<tr><th colspan="2">동화 자료</th><td colspan="2">브레멘 음악대</td><th>영상삽화 수</th><td>6</td></tr>
<tr><th colspan="2">학습 목표</th><td colspan="2">영상동화를 읽고 떠오르는 낱말을 말할 수 있다.</td><th rowspan="2">차시</th><td rowspan="2">1/20</td></tr>
<tr><th colspan="2">수업 방법</th><td colspan="2">반응중심 학습 방법(초반부 활동)</td></tr>
<tr><th colspan="2">학습 자료</th><td colspan="2">영상동화: 브레멘 음악대, 컴퓨터, 프로젝션 TV,
학습지, 필기도구</td><td colspan="2">www.inet.school</td></tr>
<tr><th colspan="2" rowspan="2">교수-학습과정</th><th colspan="2">교수-학습 활동</th><th rowspan="2">시간</th><th rowspan="2">자료 및
주의점</th></tr>
<tr><th>교사 활동</th><th>아동 활동</th></tr>
<tr><td>도입</td><td>전시 학습
상기 및
동기유발</td><td>♣ 노래 불러본 경험 말하기
- 노래한 경험을 이야기해 보세요.
- 노래할 때의 기분은 어떠했나요?
- 동물이 노래하는 소리 들어보았나요?

- 동물들이 합창을 하면 어떻게 될까요?</td><td>
- 음악시간에 불러 보았어요.
- 재미있고 즐거웠어요. 춤도 추었어요.
- 새들이 노래합니다.
- 개나 닭, 소도 소리를 냅니다.
- 참 재미있을 거예요. 들어 보고 싶어요.</td><td>3분</td><td>- 브레멘 음악대 책 표지
- 제목은 가리고 보여 준다.</td></tr>
<tr><td colspan="2">학습문제</td><td colspan="4">동화를 읽고 떠오르는 낱말을 이야기 해 봅시다.</td></tr>
<tr><td rowspan="3">전개</td><td rowspan="2">반응의
형성</td><td>♣ 배경지식 활성화
- 새 소리를 들을 때 느낌을 말하기

- 닭 우는 소리 들은 경험을 말하기
- 동물 우는 소리를 흉내 내기</td><td>
- 아름다운 소리였어요.
- 어떻게 저런 소리가 날까 생각했어요.
- 시끄러웠어요. 큰 소리에 깜짝 놀랐어요.
- 히히힝~ 멍멍, 야옹 야옹, 꼬꼬댁 꼬꼬</td><td rowspan="3">25분</td><td rowspan="3">- 영상삽화 수가 6개
- 읽기 시간 5분 정도 제공</td></tr>
<tr><td>♣ 동화책 읽기
- 동화책을 읽어 봅시다.</td><td>
- 동화책 읽기</td></tr>
<tr><td></td><td>♣ 책의 내용 알아보기
- 등장하는 동물은 누구인가?

- 당나귀는 왜 집을 나갔나요?</td><td>
- 당나귀, 개, 고양이, 닭이요.
- 나이가 많아 쓸모없다고 주인이 팔려 해서요.</td></tr>
</table>

		- 당나귀는 어디로 가게 되었나요? - 당나귀는 브레멘으로 가서 무엇이 되고 싶었나요? - 브레멘으로 가다 만난 동물은 누구인가요? - 숲 속 도둑의 소굴에서 어떻게 도둑을 내몰았나요? - 4마리의 동물이 내는 소리를 듣고 도둑은 어떻게 되었나요? - 왜 브레멘의 음악대라 했나요? - 가장 인상에 남는 장면은 무엇인가요?	- 브레멘이요. - 음악가가 되고 싶었어요. - 개, 고양이, 닭입니다. - 당나귀-개-고양이-수탉이 한꺼번에 소리를 내어서요. - 괴물이 있는 줄 알고 다시는 나타나지 않았어요. - 도둑을 물리치고 행복하게 살았기 때문입니다. - 각자 느낀 점을 발표한다.		
	반응의 명료화	♣ 떠오르는 낱말 적기 놀이 - 동화를 읽고 생각나거나 떠오르는 낱말 자유롭게 적어 보기	- 학습지에 생각나거나 떠오르는 낱말 많이 적어 보기	5분	- 학습지, 필기도구
	반응의 심화	♣ 낱말 지도 만들기 - 떠올린 낱말 지도 만들기	- 내가 적은 낱말로 낱말 지도 만들기	5분	
정리 및 확인	평가 및 확인 하기	♣ 평가하기 - 내가 생각한 낱말의 수 - 내가 만든 낱말 지도의 낱말 수 - 확인하기 - 가장 재미있었던 점 - 가장 즐거웠던 점	- 스스로 낱말의 수 헤아리기 - 재미있고 인상적인 점 발표하기	2분	

5. 결과 및 논의

본 연구의 독립 변인은 영상동화의 반응중심 감상활동이고, 종속 변인은 읽기 능력이다. 영상동화는 소리, 글, 동영상으로 구성된 동화를 보고 듣고 읽는 등의 독서 활동을 하고 아동의 느낀 점을 이야기 나누기, 그림으로 그리기, 만들기, 색종이 접기, 노래 부르기, 편지 쓰기, 역할극 하기, 몸으로 표현하기 등의 다양한 감상활동을 한 후 대상 아동의 읽기 능력에 미치는 효과를 알아보기 위한 것이다. 따라서 매 회기 감상활동 프로그램을 아동의 반응에 따라 적용하고 박현숙(2003)의 C-RIC 평가 도구를 이용하여 읽기 능력을 단어인지, 읽기 유창성, 읽기 이해력으로 측정하였다. 측정한 '단어인지' '읽기 유창성' 및 '읽기 이해력' 의 변화를 중다기초선 설계에 의한 그래프로 나타내어 읽기 능력에 나타난 변화를 살펴보았다. 그리고 단어인지와 읽기 이해력의 읽기 오류유형을 질적으로 분석하기 위해 매 회기 측정한 결과표를 이용하여 오류 유형 그래프로 나타내고 아동에 따라 분석하였다.

1) 단어인지의 변화

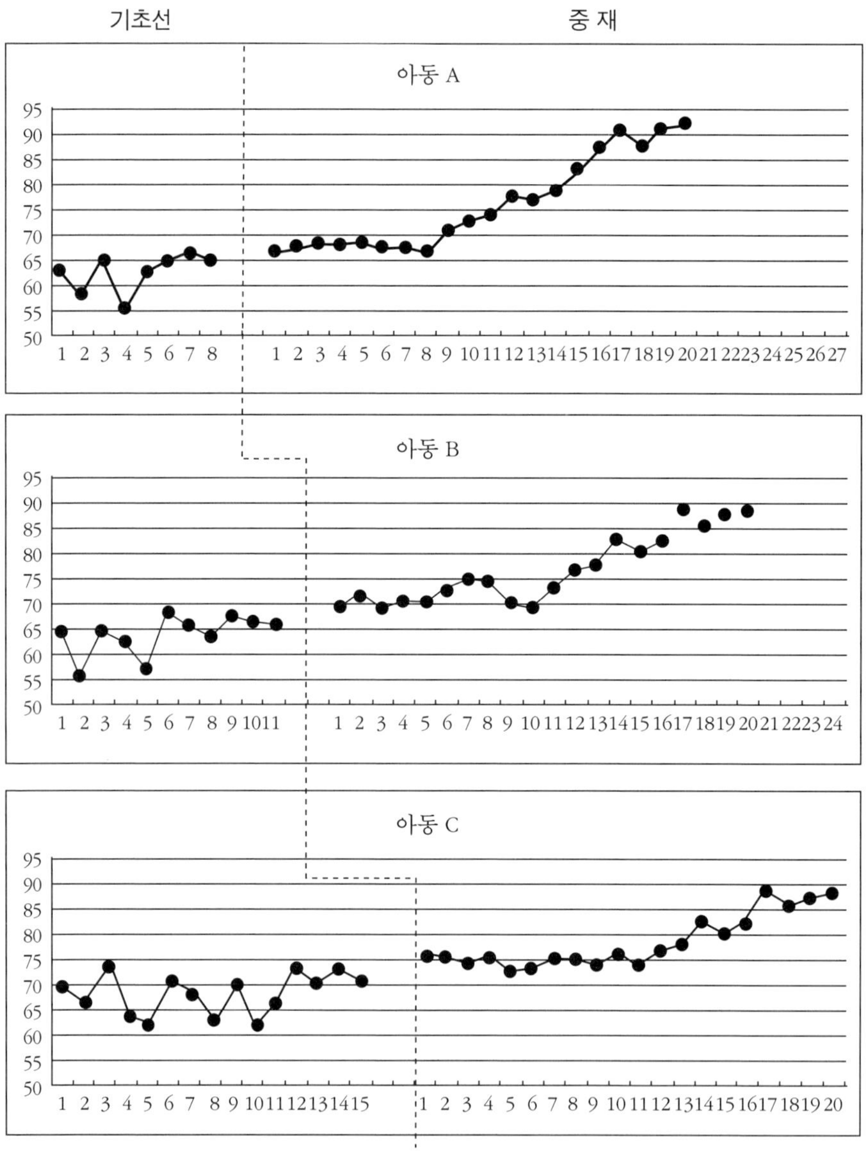

2) 읽기 유창성의 변화

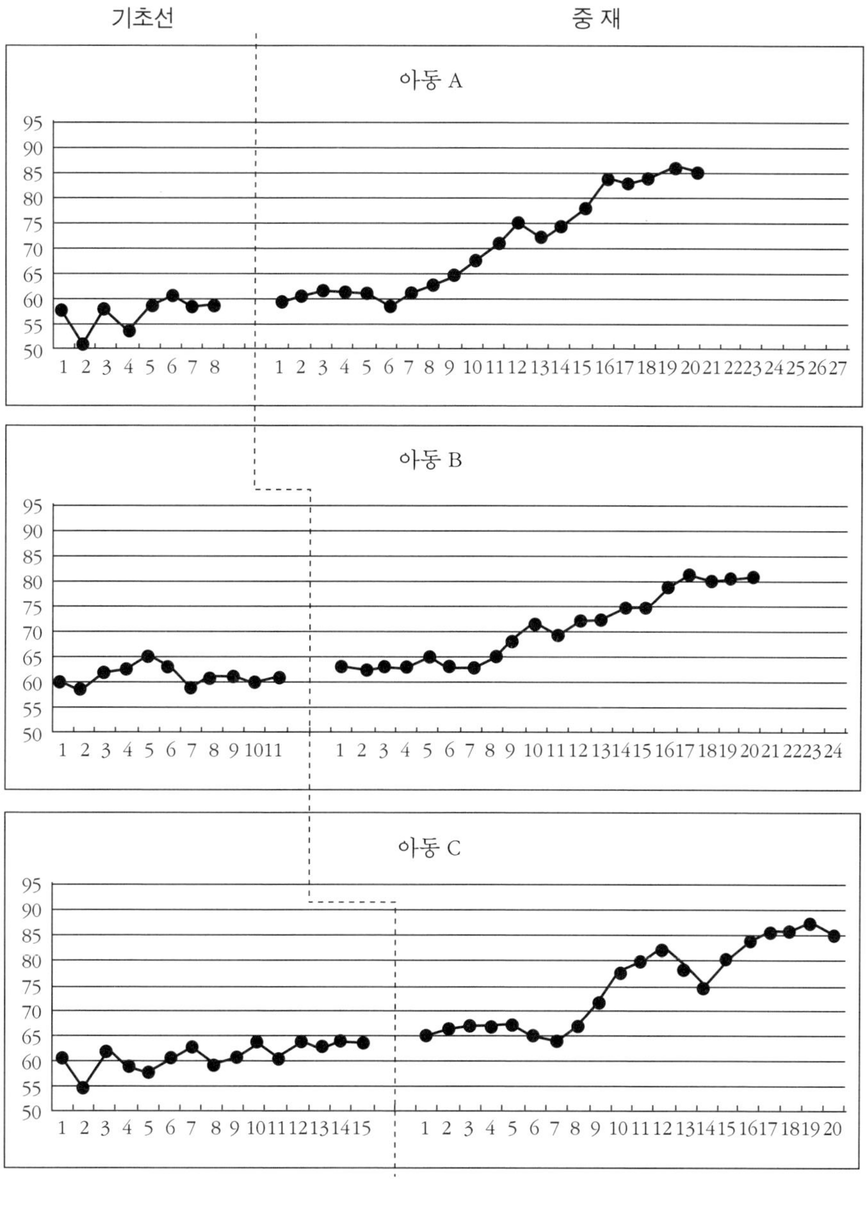
기초선
중 재
아동 A
95
90
85
80
75
70
65
60
55
50
1 2 3 4 5 6 7 8
1 2 3 4 5 6 7 8 9 10 11 12 13 14 15 16 17 18 19 20 21 22 23 24 25 26 27
아동 B
95
90
85
80
75
70
65
60
55
50
1 2 3 4 5 6 7 8 9 10 11
1 2 3 4 5 6 7 8 9 10 11 12 13 14 15 16 17 18 19 20 21 22 23 24
아동 C
95
90
85
80
75
70
65
60
55
50
1 2 3 4 5 6 7 8 9 10 11 12 13 14 15
1 2 3 4 5 6 7 8 9 10 11 12 13 14 15 16 17 18 19 20

3) 읽기 이해력의 변화

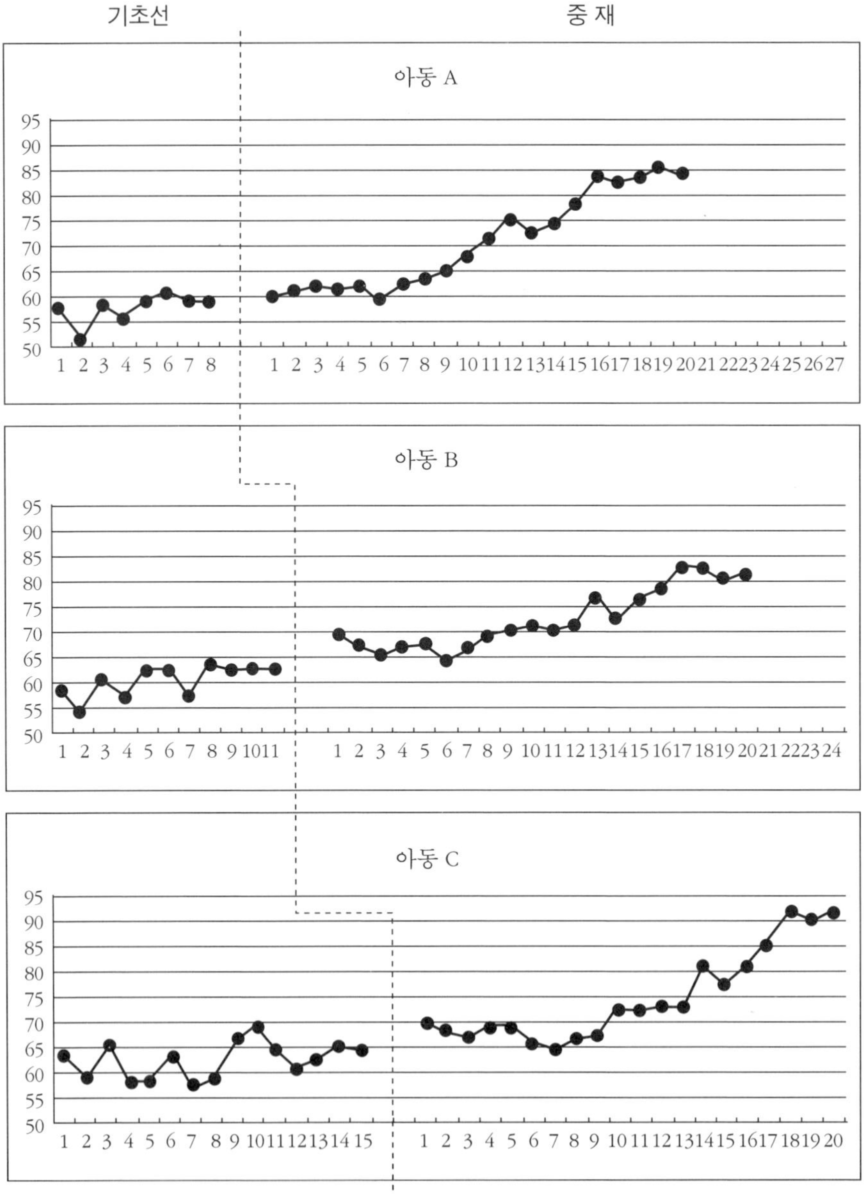

4) 결론

본 연구는 영상동화의 반응중심 감상활동으로 읽기장애아동 3명의 읽기 능력을 향상하기 위한 방안이다. 영상동화의 인상적인 장면이나 느낀 점을 아동의 반응에 따라 감상활동을 하였다. 읽기 능력은 단어인지, 읽기 유창성, 읽기 이해의 하위 영역을 두었다. 중다기초선 실험설계를 하여 대상아동의 읽기 능력 변화를 살펴본 결론은 다음과 같다.

첫째, 영상동화를 통한 반응중심 감상활동은 읽기장애아동의 단어인지를 향상시킨다. 연구대상 아동들은 영상동화를 통하여 자신이 잘 모르는 단어들을 이야기의 전체적인 흐름 속에서 듣고 읽으며 자연스럽게 받아들였다. 그리고 이야기 나누기, 편지 쓰기, 그림 그리기 등의 감상활동을 통해 청각적 · 시각적으로 받아들인 단어들을 다시 한 번 회상하는 반복의 기회가 되었다. 따라서 영상동화의 반응중심 감상활동은 대상아동의 기억 속에 저장된 단어를 인출하여 활용하는 효과적인 학습이 되어 단어인지에 긍정적인 영향을 미쳤다.

둘째, 영상동화를 통한 반응중심 감상활동은 읽기장애아동의 읽기 유창성에 효과적이다. 아동들의 모든 반응 활동은 허용적이고 자유로운 분위기 속에서 아동이 중심이 되어 표현하는 기회가 되었다. 또한 텍스트에서 벗어난 재미있는 영상동화는 아동의 정서가 많이 반영되었고, 상상과 현실이 동시에 담겨 있기에 이야깃거리가 많았다. 또한 교사의 허용적인 분위기는 실패에 대한 부담 없이 자연스럽게 동화를 읽고 말할 수 있게 하였으므로 대상 아동의 읽기 유창성 능력에 효과적으로 작용하게 되었다.

셋째, 영상동화를 통한 반응중심 감상활동은 읽기장애아동의 읽기 이해력을 향상시킨다. 각기 다른 배경지식을 가진 대상 아동들의 다양한 생활 경험이 영상동화를 통하여 투영되어 아동의 삶과 연관된 배경지식의 기억과 회상이 용이하였다. 아동은 동화 속의 주인공이 되어 노래하고 춤추며 역할극을 하면서 언어생활의 즐거움을 맛볼 수 있었다. 즉, 아동의 생활 경험은 자연스럽게 학습의 장으로 끌어 들여져 사건에 대한 예측, 적용, 추론 등의 단서 제공 역할을 하게 된 것이다. 또한 듣기, 말하기, 읽기, 쓰기 등의 영역이 실제의 언어생활에서 분리되지 않듯이 영상동화를 통하여 이런 영역들이 통합적으로 지도되어 동화의 전체적인 내용 이해가 자연스럽게 이루어졌다고 할 수 있다.

동화를 활용한 읽기지도의 예시

1. 동화 프로그램 적용 단계[2)]

구체적인 지도전략에 알맞은 동화자료는 초등학교 1학년 1학기부터 4학년 1학기까지 읽기 교과서에 실린 동화 중에서 연구자가 실험 대상 아동들의 읽기 수준에 적합하다고 판단되는 동화로서 이를 기반으로 동화 읽기지도 프로그램을 작성하였다.

동화 프로그램은 각 차시에서 지도할 2개의 목표 어휘의 의미를 완전히 파악하도록 하여 아동 각자가 이미 가지고 있는 지식과 연결하여 그 단어의 뜻을 명확히 한 다음, 반복을 통해 그 낱말의 의미를 충분히 이해하고 실제적이고 의미 있는 상황에서 여러 차례 사용해 보는 과정이 필요하였다. 따라서 아동이 어휘의 통합과 반복, 그리고 의미 있는 사용을 계속할 수 있도록 3단계, 즉 연상단계, 이해단계 및 일반화단계로 나누었다.

2) 김정화(2002). 동화 읽기 지도가 학습 부진아동의 읽기 능력 향상에 미치는 효과. 강남대학교 대학원 석사학위논문.

1) 연상단계

차시	동화명	활동	내용
1	곰과 여우	흉내 내는 말 찾아 익히기	동화 속에서 사물이나 현상의 소리 또는 모양을 나타내는 낱말을 찾아보고 실제로 흉내도 내어 보게 하였다. 느낌이 큰 말, 작은 말도 찾아보고, 우리 주변에서 들리는 소리나 보이는 모양을 흉내 내는 말을 찾아 적어 보고, 발표하는 활동을 하였다.
2	꿈속에서	그림 보고 내용 짐작하여 말하기	그림 속에 나오는 것을 모두 찾아 이름을 적어 보고, 그림 장면을 보고 무슨 일이 일어났는지를 짐작하여 말하게 하였다. 그림을 보고 짐작한 내용을 미리 이야기함으로써 동화 내용에 대한 호기심을 유발시켰으며, 동화 내용과 짐작한 이야기를 비교하게 하였다.
3	송이 버섯의 웃음	낱말 뜻 찾기	동화를 읽으면서 뜻이 어려운 낱말이 나오면 밑줄을 긋고 교사에게 질문하기 전에 아동 스스로 앞뒤 문맥을 살펴보면서 그 낱말이 무슨 뜻인지 짐작해 보게 하였다. 나름대로 그 뜻을 이야기하게 한 후, 낱말의 뜻을 확인시켰다.
4	아기 박의 꿈	말놀이 하기	끝말잇기를 통하여 동화 속에 나오는 낱말은 물론, 아동들이 알고 있는 낱말들을 이야기해 보게 하였다. 말 전하기 놀이는 동화 속의 한 문장을 연구자가 귓속말로 이야기한 후 공책에 적어 보게 하였다. 처음에는 짧은 문장으로 하고 점점 긴 문장으로 5차례 실시하였다.
5	강아지 똥	낱말카드를 작성하여 활용하기	동화를 읽고 어려운 낱말 5개를 찾아 낱말카드에 적어 보고, 그 낱말과 첫 글자가 같은 여러 가지 낱말을 3개 이상 써 보게 하였다.

2) 이해단계

차시	동화명	활동	내용
6	구멍 난 그릇	삼행시, 이행시 짓기	동화에 나오는 등장인물을 중심으로 임금님, 다람쥐, 사슴, 염소로 시를 지어 보게 함으로써 여러 가지 낱말을 떠올리게 하였다.
7	굴참나무와 오색 딱따구리	올바른 문장 찾기	동화를 읽은 후 동화 속에 나오는 문장의 낱말을 바꾸어서 아동에게 제시한 후 올바른 문장을 찾아보게 하였다.

8	떡시루 잡기	질문하기	동화를 읽고 그 내용에 관하여 질문을 만드는 활동을 하였다. 동화를 읽기 전에 동화 내용을 자세히 알아야 질문을 만들 수 있음을 설명해 주었더니 동화의 전체적인 내용에 대해 질문을 했을 때 비교적 자세히 기억하고 대답하였다.
9	우주여행	관계있는 것끼리 줄 긋기	동화에 나오는 낱말을 10개 골라 낱말의 뜻이나 관계 있는 낱말을 적어 놓고 서로 관계 있는 것끼리 줄을 긋게 하였다. 먼저 자신이 정확하게 알고 있는 낱말을 먼저 연결하게 한 다음 한 낱말씩 곰곰이 생각해 보게 하여 줄을 긋게 하였다.
10	동물병원	사실과 의견 찾기	동화를 읽은 후 동화 속에 나오는 10문장을 뽑아서 사실인지 의견인지를 찾아 써 보게 하였다. 사실과 의견에 대한 의미를 미리 설명한 후, 한 문장씩 읽고 사실과 의견에 대한 정확한 의미를 알게 하였다.
11	매미 합창단	가리키는 말 찾기	동화를 읽으면서 가리키는 말을 찾고, 그 가리키는 말이 무엇을 의미하는지 알아보는 활동이다. 사람이나 물건, 장소를 가리키는 말이 서로 다르다는 것을 알게 하였다. 가리키는 내용을 문장 속에 넣고 다시 읽어 보게 하여 문장이 자연스럽게 되는지 알아보았다. 이 활동을 통하여 앞뒤 문장의 연결을 이해하고 동화의 흐름을 잘 파악하게 되었다.
12	돌돌이와 민들레 꽃씨	어울리지 않는 낱말 찾기	동화 속에 나오는 낱말과 다른 낱말을 4개씩 제시하여 그 중 어울리지 않는 낱말을 하나씩 찾아서 써 보게 하였다. 비슷한 의미의 어휘를 새로 접하게 하여 새로운 어휘로 함께 습득하게 하였다.
13	최초의 비행기	인물이 한 일에 대하여 이야기 나누기 활동	인물이 한 일을 중심으로 떠오르는 낱말을 적어 보게 하고 인물이 어떤 일을 하였는지 이야기를 나누었다. 라이트 형제가 최초의 비행기를 만든 것처럼 나중에 자라서 하고 싶은 일이 있는지 질문하여 보았다. 하고 싶은 일과 관련된 낱말들을 모두 적어 보게 하고 그 일에 대하여 함께 이야기를 나누었다.
14	내가 왕이 될거야	이야기 상상하기	동화를 읽은 후 누가 왕이 될지 상상하게 하였다. 상상한 것을 이야기한 후 왜 그렇게 생각하였는지 그 까닭도 함께 말하였다. 또 그것을 다시 글로 써 보게 하였다.

15	농부와 세 아들	일이 일어난 차례 생각하기	동화를 읽은 후 어떤 일이 왜 일어났는지 먼저 이야기하고 이야기의 줄거리를 7문장으로 제시한 다음 아동에게 일이 일어난 차례대로 번호를 적게 하였다.
16	나이 자랑	인물의 의견에 대한 이야기 나누기	먼저 등장인물을 적고 그 인물들이 어떻게 주장하는지 의견을 적어 보게 한 후, 그 인물들의 의견에 대해서 어떻게 생각하는지 이야기를 나누었다.
17	보들 이야기	낱말 바꾸기	먼저 동화를 읽은 후 모르는 낱말에 밑줄을 긋게 한 후, 앞뒤 문장을 다시 읽어 보면서 의미를 찾아보고 그 낱말 대신에 들어갈 수 있는 다른 낱말을 찾아보게 하였다. 비슷한 뜻의 다른 낱말을 적은 후 그 문장을 다시 읽어 보고 문장이 자연스럽게 이어지고 뜻이 통하는지 알아보게 하였다.
18	도련님과 인절미	십자말 풀이하기	동화를 읽은 후 동화 속에 나오는 낱말에 밑줄을 치고 그 뜻을 생각해 보게 하였다. 낱말의 뜻을 자세히 풀어 가로열쇠, 세로열쇠로 써 준 후 십자말을 풀이하게 하였다. 먼저 아는 것부터 정답을 쓴 후 모르는 것은 찾아보게 하였다. 동화 속에 나오지 않는 낱말도 함께 제시하여 아동의 어휘 능력을 알아보았다.
19	바위나리와 아기별	빈칸 채우기	동화를 읽은 후 동화 속 문장 10개를 써 주고 문장 가운데 부분의 한 낱말씩을 괄호로 제시하여 알맞은 낱말을 써 보도록 하였다.
20	나비박사 석주명	낱말 만들기	네모 칸 30개를 만들어 1칸에 한 글자씩 적어 넣고 첫 글자는 파란색으로 표시한 후, 2~3글자를 모아서 한 낱말을 만들어 보게 하였다. 한 번 사용한 글자는 지우고 반드시 파란색 글자가 첫 글자가 되어야 함을 설명하였다.
21	망주석 재판	누가 무슨 말을 하였는지 알아보기	동화를 읽으면서 등장인물이 누구인지 밑줄을 긋게 한 후 동화 속에 나오는 대화 글이 누가 한 말인지 대화 글 앞에 인물을 적게 하였다. 등장인물 중 한 사람씩 무슨 말을 하였는지 동화를 처음부터 끝까지 읽어 보게 하고 등장인물의 말을 통하여 성격을 파악해 보게 하였다.
22	짧아진 바지	마인드 맵 하기	아동에게 직접 동화 속에 나오는 낱말 3개를 고르게 한 후, 그중 1개를 제시하여 연상되는 낱말을 계속 써 보게 하였다. 중간에 풀어나가지 못할 때 이야기하여 자연스럽게 새로운 낱말들이 떠오를 수 있도록 도와주었다.

3) 일반화 단계

차시	동화명	활동	내용
23	유관순	사전 찾아보기	먼저 동화를 읽으면서 어려운 낱말에 밑줄을 그은 후 사전에서 낱말의 뜻을 찾아 적어 보게 하였다. 잘 찾지 못할 경우에는 사전 찾는 순서를 다시 설명해 준 후 함께 찾아서, 너무 어려워 포기하지 않도록 도와주었다.
24	요술 항아리	꾸미는 말 넣기	동화 속에 나오는 낱말을 제시하여 그 낱말에 잘 어울리는 여러 가지 꾸미는 말들을 이야기 한 후 적어 보게 하였다.
25	꽃신의 꿈	이야기 완성하기	먼저 일이 일어난 차례를 생각하며 동화를 읽게 하였다. 어떤 이야기인지 이야기를 나눈 후 동화 속의 가운데 부분에 들어갈 내용을 상상하여 이야기한 후 적어 넣게 하였다. 글로 표현한 후 다시 동화를 읽어 보고 이야기가 자연스럽게 이어지는지를 물어보았다.
26	삼년 고개	줄거리 간추리기	어떤 이야기인지 내용을 생각하며 글을 읽게 한 후 누가, 언제, 어디에서 무슨 일이 어떻게 일어났는지에 관하여 적어 보게 하였다. 적은 내용을 이야기 한 후 좀 더 자세한 줄거리를 적어 보게 하였다.
27	항아리의 노래	독후감 쓰기	동화를 읽은 후 재미있었던 부분, 자기의 생각이나 느낌 등을 이야기하게 한 후에 독후감 쓰는 양식을 알려 주고 간단하게 형식에 맞추어 인상 깊었던 장면과 생각이나 느낌 등을 적어 보도록 중점 지도하였다.

2. 동화를 활용한 독해 · 읽기 학습 자료[3)]

〈기본 독해 학습 자료〉

학습목표	글에서 가리키는 말을 찾아 그 말이 무엇을 가리키는지 알 수 있다.
본시제재	글에서 가리키는 말이 무엇을 가리키는지 파악하기

♣ 다음 글에서 가리키는 말의 내용을 알아봅시다.
옛날 어느 산골에, 이야기를 매우 좋아하는 돌석이라는 아이가 있었습니다. 그 아이는 이야기를 듣기만 하면 그것을 자기의 이야기 주머니 속에 꽁꽁 넣어 두었습니다.

(그 아이) → (돌석이)
(그것) → (이야기)

♣ 다음 글에서 가리키는 말을 찾고 그 내용이 무엇인지 써 봅시다.
진옥: 그것 무슨 책이니?
수연: 언니가 생일선물로 사 준 동화책이야.
진옥: 참 재미있겠다. 어디에서 사셨대?
수연: 학교 앞 서점에서.
진옥: 그래? 이 책도 거기서 샀는데.

(그것) → (　　　)
(거기) → (　　　)

♣ 다음 글에서 가리키는 말을 찾고, 그 내용을 써 봅시다.
"영희 어머니, 영희는 집에 있어요?"
"그 아이는 병원에 갔다 왔단다. 그곳에 갔다 와서 조금 전에 막 잠이 들었어."
"그래요? 그럼 이것을 전해 주세요."
나는 영희 어머니께 곰 인형을 드렸습니다. 영희 어머니께서는 그것을 받으셨습니다.

(　　　) → (　　　)
(　　　) → (　　　)
(　　　) → (　　　)

〈오늘의 학습〉 가리키는 말을 잘 찾고 그 말이 무엇을 가리키는지 알아냈나요?	잘함	보통임	부족함

3) 김신덕(2006). 동화를 활용한 읽기 부진 학생의 읽기 능력 신장. 덕성여자대학교 대학원 석사학위 논문.

〈읽기 자율 학습지〉

학년 반		이름	
책이름	거꾸로 오시오 로꾸거	읽은 쪽 수	9~14쪽
오늘의 과제	읽은 책의 내용 중에서 가리키는 말을 찾아 무엇을 가리키는지 그 내용을 써 봅시다.		

한 가지 중요한 것이 있다. 그것은 여누 침대 밑의 금고이다. 여누는 그곳에 자신이 고안한 발명품을 넣어 놓는다. 금고를 열쇠로 잠그면 세상에서 가장 안전하다. 하지만 그럴 필요는 없겠지, 어느 멍청한 도둑놈이 그따위 형편없는 것을 훔쳐 가겠는가. 거저 줘도 안 가지고 가겠다. ㄷ자 모양에서 오목한 부분은 아빠의 작업실이다. 그 안에는 정말 별 게 다 있다! 수십 년 된 앨범이며 각종 책, 구식 재봉틀도 있다.

– 동화 『거꾸로 오시오 로꾸거』 중에서

♣ 제목을 듣고 떠오른 생각을 써 보세요.

___

♣ 내가 읽는 책 중에서 나온 가리키는 말을 모두 써 보세요. 그리고 그 말이 무엇을 가리키는지 그 내용도 써 보세요.

그것은 → (　　　)

그곳은 → (　　　)

그 안에는 → (　　　)

♣ 오늘 읽은 책 내용 중에서 재미있었던 점, 인상적인 점 등 느낌을 써 보세요.

___

___

___

___

___

___

	잘함	보통임	부족함
점검하기			

3. 전래동화 놀이학습의 실제[4)]

최은옥(2000)과 한영희(2002)의 지도프로그램을 수정, 보완하여 구성하였으며, 구체적인 내용은 다음과 같다.

주	동화명	주제	동화 속의 선택 단어	전래동화놀이 학습	교사 중재
1	햇님 달님	오늘날과 옛날	• 어머니, 오누이, 마을, 해, 달, 떡, 호랑이, 옷, 그림자, 밧줄 • 우물가, 도끼, 수수밭, 동생, 식탁, 책상, 침대, 냉장고, 의자 시계	- 주인공 이름 지어 주기 - 요리 순서표 만들기 - 재미있는 단어 찾기 - 단어 만들기 - 단어 연상하기 - 등장인물에게 말하기 - 선택 단어 읽고 쓰기	전래동화를 자연스럽게 똑똑한 발음으로 아동의 수준, 상상력, 주의집중 시간을 고려하여 읽어 준다.
2	커다란 무	채소와 과일	• 밭, 할아버지, 할머니, 손자, 강아지, 고양이, 생쥐, 허리, 크다, 작다 • 무, 배추, 당근, 고구마, 오이, 감자, 옥수수, 마늘, 딸기, 참외	- 채소 분류하기 - 무로 만들 수 있는 음식 그리기 - 채소의 좋은 점 말하기 - 함께할 수 있는 일 표현하기 - 동화책 만들기 - 동극하기 - 선택 단어 읽고 쓰기	다양한 매체를 사용하고 아동과 나란히 앉아 읽으며 모든 생각을 수용한다.
3	곰 세 마리	동물과 식물	• 숲, 모락모락, 여자, 남자, 창문, 얼굴, 식탁, 세 그릇, 침대 머리 • 의자, 창문, 아저씨, 아주머니, 아침, 허수아비, 아가씨, 아기, 아파트	- 곰 세 마리와 죽 그릇 그리기 - 내가 좋아하는 음식 말하기 - '아' 자가 들어 있는 단어 찾기 - 요리 순서 표 만들기 - 반대말 찾기, 이어질 이야기 꾸미기	책을 읽어 준 후에 책에 나오는 그림의 실물이나 모형을 보여 준다.

4) 이영숙(2005). 전래동화놀이학습이 정신지체아동의 읽기, 쓰기 능력에 미치는 효과. 영남대학교 대학원 석사학위논문.

				- 동화 속 곰과 실제 곰 차이 알기 - 선택 단어 읽고 쓰기	
4	토끼와 거북	산과 바다	• 거북, 느릿느릿, 토끼, 깡충깡충, 달리기 시합, 산중턱, 소나무, 낮잠, 만세 • 바위, 파도, 배, 갈매기, 나무, 흙, 구름, 바다, 물고기, 폭포	- 동물들이 사는 곳 써 보기 - 좋아하는 게임 써 보기 - 거북을 자세히 관찰하기 - 이야기 만들기 - 토끼에게 편지 쓰기 - 선택 단어 읽고 쓰기	책 읽기가 끝난 후 이야기의 내용을 다시 회상하며 자신의 말로 표현할 수 있도록 한다.
5	세 마리 염소	여러 가지 소리	• 염소, 개울, 발톱, 목장, 풀, 중간, 개울, 괴물, 몸집, 다리 • 사뿐사뿐, 밑, 소리, 꽃, 시계소리, 붕붕, 딩동댕, 종소리, 고양이, 돼지	- 염소의 먹이 조사하기 - 염소 이야기 지도로 그리기 - 여러 가지 소리 써 보기 - 주인공에게 하고 싶은 말 써 보기 - 좋아하는 것 세 가지 그리기 - 선택 단어 읽고 쓰기	학습할 단어나 내용이 나오는 부분은 단서를 찾아낼 수 있도록 시간적 여유를 준다.
6	곰 세 마리	동물과 식물	• 숲, 모락모락, 여자, 남자, 창문, 얼굴, 식탁, 세 그릇, 침대, 머리	- 곰 세 마리와 죽 그릇 그리기 - 내가 좋아하는 음식 말하기 - '아' 자가 들어 있는 단어 찾기 - 요리 순서 표 만들기 - 반대말 찾기, 이어질 이야기 꾸미기 - 동화 속 곰과 실제 곰 차이 알기 - 선택 단어 읽고 쓰기	책에 나오는 그림의 실물이나 모형을 책을 읽어 준 후에 보여 준다.

7	날지 못하는 아기 새	날아다니는 것들	• 동물, 아기, 새, 나뭇가지, 끝, 연못, 오리, 엉덩이, 마굿간, 개구리, 헤엄 • 여물, 소나무, 사람, 수박, 사탕, 실내화, 색종이, 비행기, 시장, 시소	- 새 관찰그림 그리기 - 'ㅅ'로 시작하는 단어 찾기 - 알 낳는 동물 알아보기 - 새와 오리 비교하기 - 아기 새에게 편지 쓰기 - 날 수 있는 것 알아보기 - 선택 단어 읽고 쓰기	읽기 전 동화 내용을 추측하여 흥미를 유발하고 단어가 친숙해지도록 언어적 상호작용을 한다.
8	아기돼지 삼형제	동생과 사이좋게	• 언덕 지붕, 돼지, 첫째, 게으름뱅이, 둘째, 셋째, 늑대, 굴뚝, 문패 • 동생, 벽돌집, 씩씩하다, 튼튼하다, 가마솥, 풍덩, 화장실, 냉장고, 세탁기, 텔레비전	- 돼지의 이름을 지어 보기 - 가족 구성원 알기 - 집안에 있는 물건 그리기 - 등장인물에게 느낌 말하기 - 노랫말 동시로 꾸미기 - 동화 속 돼지와 실제 돼지 비교하기 - 선택 단어 읽고 쓰기	책에 나오는 인물과 장면을 보고 인형과 소도구를 만들어 역할 놀이를 하도록 한다.
9	백설공주	의복과 색깔	• 임금님, 왕비, 아름답다, 마음씨, 마녀, 요술, 거울, 사냥꾼, 공주, 숲 속 • 난쟁이, 음식, 청소, 소식, 할머니, 변장, 유리관, 독사과, 배웅, 궁전	- 생각나는 단어 쓰기 - 난쟁이 모습 써 보기 - 끝말 이어 가기 - 왕비에게 편지 쓰기 - 느낌 이야기하기 - 성 꾸미기 - 선택 단어 읽고 쓰기	책 읽기가 끝난 후 이야기의 내용을 다시 회상하며 자신의 말로 표현할 수 있도록 한다.
10	홍부놀부	곡식과 농기구	• 홍부, 놀부, 형제, 심술쟁이, 괴롭다, 칭찬, 세상, 제비, 구렁이, 박씨 • 보름달, 목수, 하인, 대궐, 쌀, 옷감, 소식, 이유, 산적, 도깨비	- 홍부와 놀부의 다른 점 찾기 - 내가 좋아하는 새 말하기 - 박 속에서 나온 물건 쓰기 - 등장인물에게 편지 쓰기 - 도깨비 방망이 상상하여 말하기 - 선택 단어 읽고 쓰기	여러 종류의 쓰기 도구를 바르게 사용하는 경험을 갖도록 하고 다양한 방법으로 표현하도록 한다.

〈전래동화놀이 학습 프로그램〉

활동명	1. 주인공 이름 지어 주기
목표	전래동화책의 주인공인 오빠와 동생의 이름을 지어 주며 왜 그런 이름을 지었는지 발표해 본다.
자료	전래동화책, 학습지, 필기도구
활동 내용	1) 동화 속 오누이에 대해 이야기 나눈다. - 오누이는 어떤 관계일까?(오빠와 여동생이요.) - 동화에서 오누이에게는 어떤 일이 있었니? 2) 오누이에게 이름을 지어 준다면 어떤 이름이 적당할지 생각해 본다. 3) 오누이의 이름을 지어 표에 써 본다. 4) 완성된 표를 살펴보면서 어떤 이름인지, 왜 그런 이름을 지었는지 발표해 본다. - 동화 속 선택 단어 읽고 쓰기

활동명	2. 요리 순서표 만들기
목표	먹어 본 떡의 이름, 모양을 표현하고 떡을 만드는 요리 순서표를 만들어 본다.
자료	떡, 학습지, 필기도구, 색연필, 스케치북
활동 내용	1) 여러 가지 떡을 먹어 본 경험 이야기하기 2) 먹어 본 떡의 이름과 떡의 모양 및 특징을 표에 적어 본다. 3) 완성된 표를 보면서 여러 가지 떡의 이름, 모양, 맛 등을 읽어 본다. 4) 떡을 만들려면 어떤 재료가 있어야 하는지 자기가 만들고 싶은 떡이 만들어지는 요리 순서를 글과 그림으로 꾸민다. 5) 떡 만들기 순서 표를 게시하여 순서대로 읽어 본다. - 동화 속 선택 단어 읽고 쓰기

4. 전래동화 읽기 프로그램의 적용[5)]

전래동화 선정은 학습상황에서 쉽게 활용할 수 있도록 전래동화 선정기준과 읽기 활동의 전개에 적합하고, 생활주제와 연관된 전래동화 10권을 선정하였는데, 구체적인 전래동화 선정기준(김정규, 정남미, 한애향, 2000)은 다음과 같다.

- 행복한 결말로 끝나는 책
- 아동의 세계와 관련된 주제의 책
- 아동과 비슷한 연령의 등장인물이 나오는 책
- 단어와 주제가 반복되는 책
- 흥미로운 그림과 밝은 색깔의 책
- 그림이 선명하고 너무 복잡하지 않은 책
- 그림이 다양하고 매력적인 책
- 사건의 전개와 문제 해결과정이 아동의 경험적 기대에 어긋나지 않는 책
- 외우고 예측할 수 있는 언어 패턴이 있는 책
- 등장인물에 대한 분석보다는 행위에 초점을 둔 실감나는 이야기를 담은 책
- 분량이 적절한 책

5) 표효숙(2005). 전래동화 읽기 프로그램이 읽기학습부진아의 낱말 재인과 독해력에 미치는 영향. 우석대학교 대학원 석사학위논문.

〈읽기 활동의 전개에 적합한 전래동화 10권〉

<table>
<tr><th>회기</th><th>동화명</th><th>활동 내용</th><th>지도 어휘</th></tr>
<tr><td>1</td><td rowspan="3">어! 내 곰방대</td><td>읽어 주고 낱말 익히기</td><td>할아버지 살았습니다 잔칫집 곰방대 이상하다</td></tr>
<tr><td>2</td><td>읽어 주고 문장 익히기</td><td rowspan="2">할아버지가 살았습니다. 잔칫집에 가 보다. 내 곰방대 어디 있나? 잔칫집에 도착했습니다.</td></tr>
<tr><td>3</td><td>읽어 주고 따라 읽기</td></tr>
<tr><td>4</td><td rowspan="3">황금알을 낳는 거위</td><td>읽어 주고 낱말 익히기</td><td>농부 거위 황금알 젖소 욕심 가득</td></tr>
<tr><td>5</td><td>읽어 주고 문장 익히기</td><td rowspan="2">농부가 있었습니다. 거위 한 마리를 샀습니다. 황금알을 낳았네. 비싼 옷을 샀습니다. 거위의 배를 갈랐습니다. 한 개도 없었습니다.</td></tr>
<tr><td>6</td><td>읽어 주고 따라 읽기</td></tr>
<tr><td>7</td><td rowspan="3">쥐의 결혼</td><td>읽어 주고 낱말 익히기</td><td>들쥐 가족 제일 세상 사위 해님 바람 구름 미륵부처</td></tr>
<tr><td>8</td><td>읽어 주고 문자 익히기</td><td rowspan="2">들쥐 가족이 살았습니다. 아주 예뻤습니다. 훌륭한 사윗감을 고릅시다. 온 세상을 비추지. 나보다 더 힘이 세지요.</td></tr>
<tr><td>9</td><td>읽어 주고 따라 읽기</td></tr>
<tr><td>10</td><td rowspan="3">꿀꺽꿀꺽 술장수와 덥적덥적 술장수</td><td>읽어 주고 낱말 익히기</td><td>꿀꺽꿀꺽 덥적덥적 한 닢 술 마지막</td></tr>
<tr><td>11</td><td>읽어 주고 문장 익히기</td><td rowspan="2">술을 팔러 갑니다. 술 한 잔 주게. 여기 한 닢 있소. 술을 다 팔았네. 좋소. 그렇게 합시다. 비틀비틀 걸어갑니다.</td></tr>
<tr><td>12</td><td>읽어 주고 따라 읽기</td></tr>
<tr><td>13</td><td rowspan="3">농부와 곰</td><td>읽어 주고 낱말 익히기</td><td>부지런한 숲 무서운 곰 무럭무럭 보리 맛 뿌리</td></tr>
<tr><td>14</td><td>읽어 주고 문장 익히기</td><td rowspan="2">부지런한 농부가 살았습니다. 무서운 곰이 뛰어 나왔습니다. 널 잡아 먹겠다. 무럭무럭 자랐습니다. 잎은 맛이 없잖아.</td></tr>
<tr><td>15</td><td>읽어 주고 따라 읽기</td></tr>
<tr><td>16</td><td rowspan="3">방귀시합</td><td>읽어 주고 낱말 익히기</td><td>방귀 키다리 절구통 시합 차례 밤 떡방아</td></tr>
<tr><td>17</td><td>읽어 주고 문장 익히기</td><td rowspan="2">내 방귀가 제일 세지. 절구통을 주고받는 시합을 하자. 이번에는 내 차례다. 어느덧 밤이 되었습니다. 여기에다 떡방아를 찧자.</td></tr>
<tr><td>18</td><td>읽어 주고 따라 읽기</td></tr>
<tr><td>19</td><td rowspan="3">우유 짜는 처녀</td><td>읽어 주고 낱말 익히기</td><td>처녀 소젖 병아리 새끼 양 송아지 하인</td></tr>
<tr><td>20</td><td>읽어 주고 문장 익히기</td><td rowspan="2">소젖을 짜고 있었습니다. 병아리를 사야지. 어미 양을 팔아 송아지를 사야지. 하인을 두어야지. 찰싹 하고 때렸습니다. 뒤로 나뒹굴고 말았습니다.</td></tr>
<tr><td>21</td><td>읽어 주고 따라 읽기</td></tr>
</table>

22	개구리 왕자	읽어 주고 낱말 익히기	나라 공주님 공놀이 매우 개구리 약속 결혼
23		읽어 주고 문장 익히기	공놀이를 매우 좋아하였습니다. 연못 속에 빠져 버렸습니다. 약속을 지키셔야죠. 개구리야 미안해. 행복하게 살았습니다.
24		읽어 주고 따라 읽기	
25	아기돼지 삼형제	읽어 주고 낱말 익히기	돼지 짚 집 나무 벽돌 실컷 놀자
26		읽어 주고 문장 익히기	세 마리 새끼 돼지가 살았습니다. 짚으로 집을 지어야지. 나무로 집을 지어야지. 벽돌로 집을 지어야지. 이제 실컷 놀자. 늑대가 도망갔다.
27		읽어 주고 따라 읽기	
28	어리석은 잭	읽어 주고 낱말 익히기	소년 열심히 일 손 주머니 머리 치즈 병 끈 고양이 우유 돈 수고했다
29		읽어 주고 문장 익히기	열심히 일을 하였습니다. 손에 들고 가야지. 주머니에 넣어야지. 머리에 이어야지. 우리 공주의 병이 다 나았네.
30		읽어 주고 따라 읽기	

참고문헌

권경숙(2005). 영상동화의 반응중심 감상활동이 읽기장애아동의 읽기 능력에 미치는 영향. 대구대학교 대학원 석사학위논문.

김경중(1990). 그림동화, 어떻게 써야 할까? 아동문학평론, 15(3), 70-76.

김신덕(2006). 동화를 활용한 읽기 부진 학생의 읽기 능력 신장 연구. 덕성여자대학교 대학원 석사학위논문.

김은미(1996). 동화 만들기 활동경험이 유아의 언어 표현력 및 창의성에 미치는 영향. 중앙대학교 대학원 석사학위논문.

김정규, 정남미, 한애향(2000). 유아언어교육프로그램. 서울: 정민사.

김정화(2002). 동화 읽기 지도가 학습 부진아동의 읽기 능력 향상에 미치는 효과. 강남대학교 대학원 석사학위논문.

김정훈(2002). 동화 읽기 지도가 학습 부진아동의 읽기 능력 향상에 미치는 효과. 강남대학교 대학원 석사학위논문.

박현숙(2003). 전산화된 읽기 평가-교수 도구(C-RIC). 서울: 재단법인 파라다이스 복지재단.

손명숙(2003). 인터넷을 활용한 영상동화지도가 정신지체아의 언어표현력에 미치는 효과.

단국대학교 대학원 석사학위논문.

이상금, 장연희(1986). 유아 문학론: 유아문학교육. 서울: 교문사.

이영숙(2005). 전래동화놀이학습이 정신지체아동의 읽기, 쓰기 능력에 미치는 효과. 영남대학교 대학원 석사학위논문.

이재철(1983). 한국아동문예학의 성립. 아동문학평론, 8(3), 1-1.

이현영(2003). 학습자 중심 초등학교 문학교육 방안 연구. 국민대학교 대학원 석사학위논문.

전명화(2001). 학습장애아의 어휘력 향상을 위한 동화 읽기 지도 사례. 대구대학교 대학원 석사학위논문.

최은옥(2000). 총체적 언어학습 프로그램이 학습장애 아동의 학습 능력에 및 태도에 미치는 효과. 가톨릭대학교 대학원 석사학위논문.

표효숙(2005). 전래동화 읽기 프로그램이 읽기학습부진아의 낱말 재인과 독해력에 미치는 영향. 우석대학교 대학원 석사학위논문.

한영희(2002). 전래동화 중심의 총체적 언어 교육프로그램이 읽기, 쓰기 장애아의 문자언어 학습에 미치는 효과. 부산대학교 대학원 석사학위논문.

Bromley, K. D. (1991). *Webbing with literature: Creating story maps with children's books*. A Division of Simon and Schuster. Inc.

09
멀티미디어를 통한 읽기지도

이론적 배경

1. 멀티미디어의 개념

멀티미디어란 용어는 그 의미가 계속 변하고 있는데, 본래는 복수를 뜻하는 '멀티(multi)'와 매체를 뜻하는 '미디어(media)'의 합성어다(최혜정, 2003). 과거에는 멀티미디어를 두 개 이상의 개별 매체가 통합된 것으로 인식하였다. 하지만 현재 멀티미디어는 단순히 두 개 이상의 매체를 합쳐 놓았다는 외형상의 특징만을 의미하는 것이 아니라, 각 매체를 구조화 · 체계화시켜 정보 제시를 용이하게 하기 위하여 여러 매체를 통합한다는 의미로 이해된다. 또한 교육현장에서 멀티미디어는 학습 주제에 적합하게 두 개 이상의 개별 교수 매체를 함께 사용하는 환경을 의미한다(김회수, 1995).

2. 멀티미디어 자료를 이용한 특수교육적 활용

특수아동을 위해 수업시간에 멀티미디어 자료를 제시하면 다음과 같은 효과를 가져 올 수 있다.

- 학업성취도와 더불어 학습자의 태도를 향상시킨다. 또한 성취도가 낮은 아동일수록 멀티미디어 자료를 이용한 학습에는 거부반응을 덜 나타내기 때문에 학습 흥미도를 높이고, 자발적인 학습태도를 유발할 수 있다.
- 아동의 주의 집중 시간을 증가시켜서 학업성취도를 높인다. 특수아동은 주의 집중 시간이 매우 짧아서, 수업시간 내에서도 학습 집중 시간보다는 주변의 환경에 관심을 가지는 시간이 더 많다. 멀티미디어 자료를 제공할 경우 학습목표에 적합한 내용에 대한 주의 집중 시간이 길어져서 학업성취도를 높일 수 있다.
- 전통적 교수법인 단어카드 보여 주기와 학습지에 글씨 쓰기에 의한 반복적인 수업보다 멀티미디어 자료를 이용한 반복 학습이 효과적이다. 또한 특수아동은 지적인 발달이 느리기 때문에 충분한 반복 학습이 무엇보다 필요한데, 멀티미디어 자료를 활용할 경우에는 애니메이션, 그래픽 · 음향의 효과로 인하여 흥미 있는 반복 학습을 제공할 수 있다.
- 특수아동의 학습 자아개념 형성에 긍정적인 효과를 준다. 특수아동은 교사와 상호작용하여 학습하는 상황에서는 억압적인 마음을 갖지만, 멀티미디어 자료와 상호작용하여 학습하는 상황에서는 편안한 마음을 가지고 학습에 임하게 되므로 학습에 대한 긍정적인 사고를 촉진할 수 있다.

멀티미디어를 통한 읽기지도의 효과성[1)]

1. 연구대상

본 연구의 대상은 부산광역시 소재 N 초등학교에 다니고 있는 학생 중 특수교육대상자로 선정되어 학습도움실(특수학급)에서 교육을 받고 있는 특수아동 4명이다. 이 개별 아동의 장애 영역 및 학년 수준이 다양하기는 하지만 교사의 도움을 받아 학습이 가능한 경도의 장애를 가진 교육 가능급 학생들이므로 본 연구의 대상으로 선정하게 되었다.

2. 연구도구

1) 구문의미 이해력 검사(KOSECT)

본 연구에서는 서울장애인종합복지관에서 배소영, 임선숙, 이지희와 장혜성(2004)이 개발한 구문의미 이해력 검사를 측정도구로 사용하였다. 구문의미 이해력 검사는 만 4세에서 9세(또는 초등학교 3학년) 수준의 구문의미 이해력을 측정하기 위해 총 57문항으로 구성되어 있으며, 발달적으로 이해하기 쉬운 문항에서 어려운 문항으로 배열되어 있는 표준화된 언어 검사도구다.

2) 독해력 검사

사전-사후 검사에 사용된 이 검사는 농아동의 독해력을 알아보기 위해 실시한 원성옥(2001)의 독해력 검사와 한국교육과정평가원 초등학생 과정 기초학력 보충학습 자료(학습부진학생 지도자료) 진단 · 배치 검사, 국어 읽기 1, 2, 3, 4(초

1) 최성욱(2005). 멀티미디어 읽기자료가 특수아동의 독해력 향상에 미치는 효과. 고신대학교 대학원 석사학위논문.

등학교 3~5학년 국어 교육과정에 해당), 국어 기초학습 1, 2, 3, 4 및 2004년 국가 수준 기초학력 진단평가 읽기 영역 중에서 독해력과 관련 있는 문항을 선정하여 본 연구에 맞게 재구성하였다.

3) 멀티미디어 읽기 자료

초등학교 저학년 수준의 교육과정에 제시된 동화 내용과 비슷한 동화를 선정하여 본 연구의 효과를 극대화시키고자 하였다. 이를 위해 멀티미디어 자극 자료로 시중에 유통되고 있는 인터넷 동화 사이트 중 하나를 채택한 후, 아동의 수준을 고려하여 초등학교 저학년 수준의 동화 두 편만을 선정해 지도하였다. 아동의 이해를 돕기 위해 이야기를 네 가지 처치 방법으로 제시하고 형성평가를 통해 수치로 기록하였다.

- 처치 1에서는 인쇄된 문장만 제시하였다.
- 처치 2에서는 인쇄된 문장과 그림을 제시하였다.
- 처치 3에서는 인쇄된 문장과 인터넷 멀티동화를 제시하였다.
- 처치 4에서는 인쇄된 문장과 그림과 인터넷 멀티동화를 제시하였다.

형성평가는 동화와 관련된 내용을 바탕으로 각 동화당 10문항으로 작성하였다.

3. 연구의 설계 및 절차

본 연구는 멀티미디어 읽기 자료가 특수아동의 독해력 및 구문의미 이해력 향상에 미치는 효과를 알아보기 위해 실험집단을 대상으로 사전-사후 실험 설계를 하였다. 네 가지 처치 방법에 따라 연구의 설계를 그림으로 나타내면 〈표 9-1〉과 같다.

표 9-1 멀티미디어 읽기자료를 활용한 연구의 설계모형

집단	사전검사	실험처치	사후검사
G1	O1 O3	X (처치 1-4)	O2 O4

주: G1 : 실험집단 X: 실험 처치 O1: 사전 독해력 검사 O2: 사후 독해력 검사
O3: 사전 구문의미 이해력 검사 O4: 사후 구문의미 이해력 검사

1) 사전검사

사전검사는 개별 특수아동을 대상으로 실시하였으며, 독해력 검사와 구문의미 이해력 검사를 모두 실시하였다.

2) 실험처치

1~16회기에는 특수아동에게 네 가지 처치 방식을 투입하고 1~8회기에는 〈콩쥐와 팥쥐〉, 9~16회기에는 〈선비와 까치〉 이야기를 제공하여 처치 순차별 효과를 분석하도록 연구를 설계하였다.

단원명	회기	제재명	학습 목표	학습 내용
콩쥐와 팥쥐	1	팥쥐와의 만남	처치 1(인쇄된 문장)을 바탕으로 내용을 이해한다.	처치 자료를 교사의 도움을 받아 바르게 읽을 수 있다.
	2	두꺼비의 도움	처치 2(인쇄된 문장+그림)를 바탕으로 내용을 이해한다.	처치 자료를 교사의 도움을 받아 바르게 읽고 상황을 파악할 수 있다.
	3	황소와 참새의 도움	처치 3(인쇄된 문장 + 멀티동화)을 바탕으로 내용을 이해한다.	멀티동화를 통해 학습 시 동기유발의 효과를 누릴 수 있다.
	4	선녀를 따라감	처치 4(인쇄된 문장+그림+멀티동화)를 바탕으로 내용을 이해한다.	처치에 필요한 모든 자료를 통해 좀 더 명확하게 내용을 파악할 수 있다.
	5	팥쥐와의 만남	처치 1을 반복 적용했을 때 내용을 더 잘 이해한다.	처치 1 학습 후 형성평가를 실시한다.
	6	두꺼비의 도움	처치 2를 반복 적용했을 때 내용을 더 잘 이해한다.	처치 2 학습 후 형성평가를 실시한다.

	7	황소와 참새의 도움	처치 3을 반복 적용했을 때 내용을 더 잘 이해한다.	처치 3 학습 후 형성평가를 실시한다.
	8	선녀를 따라감	처치 4를 반복 적용했을 때 내용을 더 잘 이해한다.	처치 4 학습 후 형성평가를 실시한다.
선비와 까치	9	선비의 도움	처치 1(인쇄된 문장)을 바탕으로 내용을 이해한다.	작품에는 일상의 세계와 비슷한 세계가 담겨 있음을 안다.
	10	구렁이 색시의 한	처치 2(인쇄된 문장+그림)를 바탕으로 내용을 이해한다.	작품에서 사건이 전개되는 과정을 안다.
	11	생명을 구하기 위한 조건	처치 3(인쇄된 문장+멀티동화)을 바탕으로 내용을 이해한다.	작품에 나오는 인물이 되어 본다.
	12	어미 까치의 죽음	처치 4(인쇄된 문장+그림+멀티동화)를 바탕으로 내용을 이해한다.	처치에 필요한 모든 자료를 통해 좀 더 명확하게 내용을 파악할 수 있다.
	13	선비의 도움	처치 1을 반복 적용했을 때 내용을 더 잘 이해한다.	처치 1 학습 후 형성평가를 실시한다.
	14	구렁이 색시의 한	처치 2를 반복 적용했을 때 내용을 더 잘 이해한다.	처치 2 학습 후 형성평가를 실시한다.
	15	생명을 구하기 위한 조건	처치 3을 반복 적용했을 때 내용을 더 잘 이해한다.	처치 3 학습 후 형성평가를 실시한다.
	16	어미 까치의 죽음	처치 4를 반복 적용했을 때 내용을 더 잘 이해한다.	처치 4 학습 후 형성평가를 실시한다. 작품을 스스로 찾아 읽는 습관을 지닌다.

3) 사후 검사

사후 검사는 개별 특수아동을 대상으로 독해력 검사와 구문의미 이해력 검사의 사전 검사와 동일한 검사도구 · 방법으로 실시하였으며, 이야기를 재발화한 것은 이야기 재구성 점검표에 입각하여 제작된 형성평가 문항지에 의해 점수로 수치화되었다.

표 9-2 이야기 재구성 점검표

이야기 재구성 점검표	
이름:	날짜:
제목:	작가:
수행 과제	중심내용 파악
등장 인물	
배경 설명	
주요 사건	
시간 순서에 따른 기록	

4. 연구 결과 및 해석

1) 멀티미디어 읽기 자료 제시에 따른 독해력 향상 변화

표 9-3 대상 아동의 독해력 향상 변화 결과표

학년	이름	독해력 검사				변화 정도	
		사전검사		사후검사		향상 점수	비율(%)
		총점(30)	성취율(%)	총점(30)	성취율(%)		
3	K	9	30.0	18	60.0	9	30.0
5	J	13	43.3	14	46.6	1	3.3
5	L	19	63.3	21	70.0	2	6.7
6	P	19	63.3	26	86.6	7	23.3

〈표 9-3〉과 같이 평균 독해력 점수는 실험 처치 전에 비해 실험 처치 후가 평균적으로 4.75(15.8%) 증가한 것을 볼 수 있으며, 아동의 장애 특성에 따라 다소 차이는 있으나 전반적으로 멀티미디어 읽기 자료의 활용이 모든 연구대상 아동의 독해력 향상에 도움을 주었다고 볼 수 있다.

2) 멀티미디어 읽기 자료의 처치 방법별 순차적 누적 효과

■ 멀티미디어 제시 순차별 성취도 변화

멀티미디어 읽기 자료 간의 상대적인 효과를 알아보기 위하여 모든 회기에 걸쳐 아동들이 나타낸 형성평가 점수를 바탕으로 각각의 처치별 점수를 합산하여 총점과 평균으로 나타내었다.

표 9-4 대상 아동의 각 처치별 형성평가 결과표

구분	처치 1		처치 2		처치 3		처치 4	
	총점	평균	총점	평균	총점	평균	총점	평균
콩쥐와 팥쥐	220	55.0	280	70.0	270	67.5	330	82.5
선비와 까치	250	62.5	270	67.5	310	77.5	320	80.0

〈표 9-4〉에 나타난 대상 아동의 각 처치별 독해력 및 구문의미 이해력 향상 정도를 비교하여 그래프로 나타내면 [그림 9-1]과 같다.

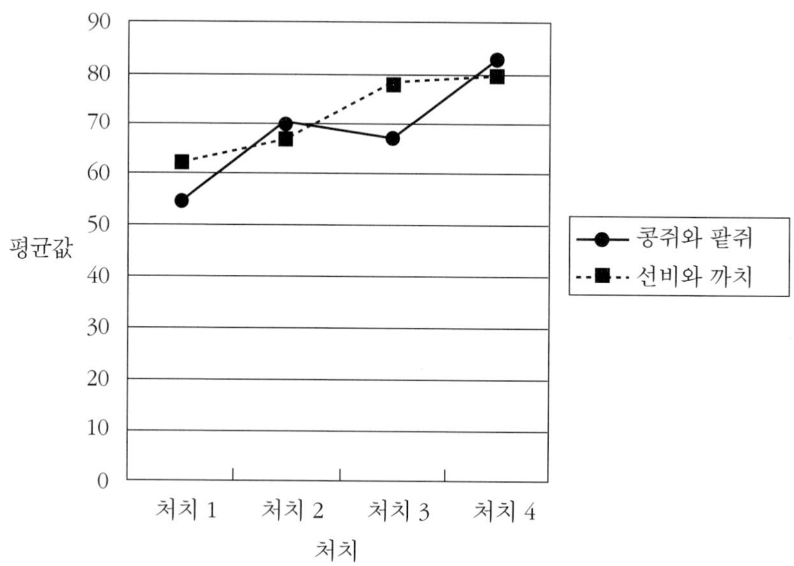

[그림 9-1] 대상 아동의 각 처치별 독해력 및 구문의미 이해력 향상 정도

〈표 9-4〉와 [그림 9-1]의 점수 분포를 살펴보면, 수업에 활용되는 매체가 늘어남에 따라 아동들의 성취 수준도 높아지고 있음을 알 수 있다. 즉, 특수아동에게 멀티미디어 읽기 자료가 독해력 및 구문의미 이해력 향상에 효과적임을 알 수 있다. 멀티미디어 읽기 자료가 특수아동의 독해력 및 구문의미 이해력 향상에 미치는 효과를 분석하기 위해 형성평가 점수를 바탕으로 하여 일원반복 분산분석(repeated measures ANOVA)설계를 사용하여 검증한 결과는 다음 〈표 9-5〉와 같다

표 9-5 일원반복 분산분석 결과표

	제곱합	자유도	평균제곱	F	유의 확률
처치	4168.75	3	1389.58	9.574	.004**
피험자×처치	1306.25	9	145.140	-	

**p<.01

〈표 9-5〉를 바탕으로 하여 해석하면 자유도는 3, 평균제곱은 1389.58, F값 t는 9.574이다. 이것은 유의 수준 .01에서 통계적으로 유의미한 차이가 있는 것으로 나타났다. 또한 특수아동의 독해력 향상에 미치는 각 처치별 읽기 자료의 효과는 어떠한지 알아보기 위해 〈표 9-5〉의 사후 검증으로 본 페르니 검증을 사용하였다. 이 경우에도 유의 수준 .01에서 유의미한 차이가 있는 것으로 나타났다. 멀티미디어 읽기 자료 간의 효과 분석 t를 위해 네 가지 처치 방식 중에 '처치 1(인쇄된 문장만 제시)~처치 4(인쇄된 문장, 그림, 인터넷 멀티미디어동화)'의 결과에 대해 대응표본 t검증을 실시한 결과는 〈표 9-6〉과 같다.

표 9-6 '처치 1~4' 대응표본 결과표

	제곱합	자유도	평균제곱	자유도	유의 확률 (양쪽)
처치 1~4	-45.00	10.00	-9.000*	3	.003**

*p<.05, **p<.01

〈표 9-6〉의 '처치 1~4' 대응표본 검증 결과를 해석해 보면, t검증 결과 1% 수준에서 통계적으로 유의미한 차이가 있는 것으로 밝혀졌다. 또한 처치 1(인쇄된 문장)만 제시할 때보다는 인쇄된 문장, 그림, 인터넷 멀티동화 등 다양한 멀티미디어 읽기자료를 활용한 처치 4가 특수아동의 독해력 향상을 가져오기 위해 매우 효과적임을 알 수 있다.

3) 멀티미디어 읽기 자료 제시를 통한 구문의미 이해력의 변화

멀티미디어 읽기 자료를 활용한 수업 방식이 특수아동의 구문 의미 이해력 향상에 미치는 효과를 알아보기 위하여 구문의미 이해력 검사를 사전-사후에 실시하고 그 결과를 분석하여 정리하면 〈표 9-7〉과 같다.

표 9-7 사전-사후 구문의미 이해력 검사 결과표

학년	이름	구문 이해력 검사				변화 정도	
		사전 검사		사후 검사		향상 점수	비율 (%)
		총점	성취율(%)	총점	성취율(%)		
3	K	28	49.1	29	50.9	1	1.8
5	J	23	40.4	30	52.6	7	12.2
5	L	35	61.4	39	68.4	4	7.0
6	P	44	77.2	53	93.0	9	15.8

〈표 9-7〉과 같이 평균 구문의미 이해력 점수는 실험 처치 전에 비해 실험 처치 후가 5.25(9.2%)로 증가한 것을 볼 수 있으며, 아동의 장애특성에 따라 다소 차이를 나타내고 있으나, 전반적으로 멀티미디어 읽기 자료의 활용이 모든 연구 대상 아동의 구문의미 이해력 향상에 도움을 주었다.

멀티미디어 언어훈련 프로그램을 활용한 읽기지도의 예시[2)]

멀티미디어 언어훈련 프로그램은 교사나 치료사들이 장애아동의 언어치료를 위해 사용할 수 있다. 따라서 이것은 장애아동의 독특한 교육적 요구를 고려한 멀티미디어 언어 교수–학습 자료와 멀티미디어 교수–학습 자료의 효율적 활용, 조음장애 치료기법 프로그램, 멀티미디어를 이용한 조음장애 치료기법의 교육용 프로그램으로 제작되었다.

〈프로그램 I (ㄷ 음소)〉

선택메뉴	학습 단어	기능
동요	북(둥둥둥, 동동동), 아빠, 달력, 엄마, 누나 등	노래와 애니메이션, 오른쪽 버튼 문자 읽기, 중심 단어 각각의 반전과 전체 반전
동시	달 배구공 엄마 얼굴 등	동시에 따른 애니메이션, 중심 단어 및 전체 반전, 까치 위치 이동, 퍼즐 맞추기
동화1	곰돌이 다람쥐 두더지 돼지 토끼 꿀벌 하늘 구름 등	동화 시작부분에서 간단한 애니메이션, 중심 단어의 반전, 바탕에서 십자 커서 모양(반전 기능)
동화2	이야기 1(동요) 이야기 1(동시) 이야기 1(의성어) 이야기 1(문장)	– 네 가지 이야기에서 원하는 이야기를 선택함 – 이야기를 클릭하면 해당 이야기로 이동 – 클릭할 때 각 이야기마다 효과음을 달리하여 흥미를 느끼게 함
의성어	감자 당근 도토리 피아노 구르다 떨다 춤추다 동글동글 데굴데굴 둥둥둥 등	그림/문자 반전, 의성어 글자 형태에 따라 활성화되면서 다른 소리로 읽어 주기, 중심 단어의 반전, 반복을 통해 의성어, 의태어 소리를 익히도록 함

2) 장희준(2004). 멀티미디어 언어 훈련 프로그램이 정신지체아의 읽기 능력에 미치는 효과 대구대학교 대학원 석사학위논문.

무의미음	무의미 낱글자를 통해 선택 음소 발음하기 등	어절 단위가 활성화되면서 읽어 주기(오른쪽 버튼), 강화( ) 안에서 왼쪽 버튼 O, 오른쪽 버튼 X 나타나도록 OX 상태에서 반복할 때는 없어지도록 초기화 그림
단어	다람쥐 꿀벌 달 두더지 공 도토리 기차 하늘 감자 등	페이지 처리, 그림과 문자의 반전, 카드 4조각 반전, 소리 버튼 활성 상태에서 소리 들려주기, 오른쪽 버튼에서 읽어 주기
문장	닦다 닫다 달다 달리다 돌다 둥글다 덮다 더럽다	단어 위에서 커서의 변화, 문자가 활성화되면서 읽어 줄 것(오른쪽 버튼) 단어와 그림 반전

참고문헌

김회수(1995). 멀티미디어 설계와 개발. 서울: 교육과학사.

배소영, 임선숙, 이지희, 장혜성(2004). 구문의미 이해력 검사. 서울장애인종합복지관.

원성옥(2001). 이해점검 읽기 지도와 어휘이해 읽기 지도가 농학생의 읽기 능력에 미치는 효과: 어휘력과 독해력을 중심으로. 단국대학교 대학원 박사학위논문.

장희준(2004). 멀티미디어 언어 훈련 프로그램이 정신지체아의 읽기 능력에 미치는 효과. 대구대학교 대학원 석사학위논문.

최성욱(2005). 멀티미디어 읽기자료가 특수아동의 독해력 향상에 미치는 효과. 고신대학교 대학원 석사학위논문.

최혜정(2003). 특수아동의 읽기 · 쓰기 및 학습태도의 향상을 위한 멀티미디어 자료 개발과 적용. 가톨릭대학교 대학원 석사학위논문.

10
웹기반 교육을 통한 읽기지도

이론적 배경

1. 웹기반 교육의 의의

1990년대 후반부터 급속도로 발전하고 있는 웹기반 교육(Web Based Education: WBE)은 컴퓨터 네트워크 공학의 발전과 그것의 교육적 활용에 그 바탕을 두고 있다고 볼 수 있으며, 인터넷에 접속할 수 있는 가장 쉽고 인기 있는 방법인 웹의 등장과 함께 가장 중요한 교육의 수단으로 교사들에게 인식되고 있다(정원택, 2005). 특히 윈도우 운영체제의 보급 및 각종 소프트웨어의 개발은 교과 교육 시 광범위한 교육용 멀티미디어 학습의 의욕을 고취시켰다. 따라서 인터넷을 교육적으로 활용하려는 움직임이 활성화되어 웹을 기반으로 한 새로운 교수모형이 등장하게 되었는데, 이를 웹기반 교육이라고 한다. 이 교수모형은 학습자의 지식이나 능력을 육성하기 위해 미리 계획된 방식으로 웹을 통해 전달하는 교육활동이라고 정의 내릴 수 있다(Ritchie & Hoffman, 1997). 웹기반 교육의 가능성은 무한하며, 웹을 통한 자주적 학습 활동 속에 학습자들의 자기주도적 학습 능력이 크게 향상될 수 있고, 정보의 다양성 · 역동성 · 상호 작용성 · 즉시성 등을 학습자에게 제공하여 개별화된 학습을 할 수 있다. 웹기반 교육에 사용되는 인터넷 정보나 파일들은 다음과 같은 이점을 가질 수 있다(김동호, 1998).

- 교과서에 의존한 수업을 탈피하여 보조 자료로 활용할 수 있다.
- 수업 진행 및 분위기가 역동적이다.
- 학습 공간이 개방되어 있다.
- 개별화 학습이 가능하다.
- 자료 수정이 용이하며, 호환성과 공유성이 뛰어나다.
- 방과 후 학습 활동에 이용할 수 있으며, 특히 학습부진아동의 경우 교육용 웹 문서의 반복적 실행을 통하여 지도가 용이하다.
- 교과 위주의 지식 교육은 웹 문서를 이용하여 이루어지고, 교사는 학습자와 보다 많은 교감을 나눌 수 있다.

2. 웹기반 교육의 특징

웹을 활용한 수업은 교수-학습 활동에서 기존의 수업과는 다른 독특한 특징을 갖고 있다. 첫째, 웹기반 수업은 어떤 통신 수단보다도 많은 양의 최신 정보를 빠른 시간 내에 교류할 수 있도록 함으로써 학교 체제와 같이 외부 정보의 습득이 뒤지기 쉬운 사회에 효과적인 정보 교육의 수단을 제공한다. 또한 정보나 의견 교류의 대상 영역을 학습자와 학습자, 교사와 학습자, 교사와 다른 교육 전문가, 혹은 특정 분야의 전문가, 동료 및 선배 학습자들에 이르기까지 전통적인 학습상황에서는 쉽게 접할 수 없는 범위까지 확대시켜 준다.

둘째, 웹기반 수업은 기존의 전통적인 교실 수업 체제나 면대면 수업, 혹은 전화 통화에서와 같은 동시적 상호작용뿐만 아니라 시간과 공간을 초월한 비동시적 상호작용을 가능하게 해 준다. 이러한 특성은 종래의 학습 과정과는 구별되는 형태로 구성할 수 있도록 허용하여 교사–학습자, 학습자–학습자 간의 다중 연결망을 통한 학습을 유도한다.

셋째, 웹기반 수업은 고도의 동시적 · 비동시적 상호 작용을 통해 협력 학습 체제를 가능하게 해 준다(Harasim, 1989; Hiltz, 1990; Romiszowski & Mason, 1996). 웹기반 수업에서 학습자들은 기존의 학습 형태와 마찬가지로 개별적인 학습을 할 수 있을 뿐만 아니라, 수많은 사용자와의 상호작용을 통한 협력 학습도 수행할 수 있다. 즉, 특정 주제에 대해 개인들이 조사하고 관찰한 내용을 다른 사람과 교류하면서 보다 체계적이고도 다양한 관점으로 과제나 문제에 접근함으로써 이를 통해 성공적인 과제 수행을 할 수 있다.

넷째, 웹기반 수업은 독특한 사회심리적 커뮤니케이션 구조를 제공하여 줌으로써 면대면 수업에서는 얻기 어려운 긍정적 학습 효과를 가져올 수 있다(정인성, 나일주, 1993). 웹기반 수업에서 학습자들은 면대면이 아닌 매체 커뮤니케이션에 참여함으로써 자신의 사회경제적 배경, 성차 등 외부 조건이나 사람들의 선입견 등에서 오는 사회심리적 부담 없이 활발하게 상호작용을 할 수 있으며, 대인관계가 원만하지 못하거나 소극적인 성격을 갖고 있는 사람도 실제로 사람과 만나는 것보다 훨씬 수월한 참여의 기회를 부여 받을 수 있게 된다. 이에 따라 학습에의 참여 기회가 확대되고, 학습 동기가 지속되며, 보다 역동적인 의사소통이 가능해진다.

다섯째, 웹기반 수업은 다른 매체들의 활용에 비해 교육의 비용 효과 면에서 보다 경제적이라는 특징을 갖고 있다. 웹기반 수업에서는 각종 전자도서관이나 학습자원 센터의 데이터베이스 내에 있는 디지털 자료들을 공유할 수 있기 때문에 개인이 혼자 필요한 자료를 탐색 · 수집하는 것보다 훨씬 비용이 적게 들 뿐만 아니라, 여러 학습자가 편리한 시간에 편리한 공간에서 자료 확보가 가능하기 때문에 낭비 요소를 최소화할 수 있다.

그 밖에도 Levin(1996)은 컴퓨터 매체 통신 같은 웹기반 수업이 교육의 측면에서 갖는 의의 및 주요 특성으로 기능적 학습 환경의 제공, 문제해결 능력의 신장, 자연스러운 외국어 학습 등을 지적하고 있으며, 많은 학자들이 웹을 활용한 수업이 갖고 있는 교육적 특성 및 잠재 가능성에 대하여 긍정적으로 인식하고 있다.

3. 웹기반 교육의 전략

웹의 교육적 효과는 웹의 사용 그 자체로 보장되는 것이 아니라, 웹을 '어떻게' 사용할 것인가에 관한 세심한 교수 설계에 의해서 달성될 수 있다. 즉, 웹을 사용하는 목적과 목표, 학습자 집단의 특성, 학습 과제, 교수-학습 활동 및 평가 방안, 그리고 사용 환경 등에 대한 철저한 분석과 설계가 반드시 전제되어야 한다(이재경, 2000). 웹을 통한 교수-학습 전략을 살펴보면 다음과 같다.

첫째, 이메일 친구는 이메일을 사용할 수 있는 사람에게 가장 쉬운 활동 유형 중의 하나다. 학생들은 지금까지 행해 온 펜팔 활동이 더 기술적으로 발전한 키팔(컴퓨터의 키보드를 이용한 펜팔)을 이용하여 여러 학생, 나이가 많은 사회의 원로, 특정 분야의 전문가들과 의사소통할 수 있는 협력자가 된다. 즉, 웹의 이메일을 통해 협동의 기능을 갖게 된다.

둘째, 웹 도우미는 학생이 알고자 하는 분야에서의 관련 지식인이나 전문가로, 학생과 함께 이메일을 통해 짝을 이루어 학습한다. 이때 그들을 어떤 분야에 대한 전문가로 한정시킬 필요가 없으며, 그들과의 의사소통은 교사의 수업 진행 방법에 관한 목록을 더욱 풍부하게 하는 역할을 한다.

셋째, 웹 자원 유형은 연구 도구로서 웹의 잠재력을 활용하는 활동이다. 책이나 정기 간행물과 같이 전통적으로 도서관에 있는 자료와 더불어 학교에서 흔히 접할 수 없었던 웹 사이트의 특정 자료는 교육과정의 개발에 매우 귀중한 기여를 한다.

넷째, 웹 협력자는 학생들이 이메일을 통해 서로 협력자를 만들어 프로젝트 수행을 위해 웹 사이트상에서 가상의 만남을 가지는 것이다. 어떤 프로젝트들은 두 학교의 어린이들이 짝을 지어 자매결연을 맺을 때 가장 잘 이루어질 수 있다.

또 다른 프로젝트들은 많은 학생이 자료와 정보 그리고 프로젝트의 책임을 공유하도록 한다.

다섯째, 공동의 도전 과제 유형은 모험 작업 프로젝트에 근거를 두고 있다. 학생들은 공동의 도전 과제에 대응하거나 문제 해결을 위해 함께 학습한다. 이메일을 통해 학습하고, 대화방에서 가상의 만남을 가진 뒤 집단을 구성하여 학습 활동을 할 수 있다. 도전 과제를 해결하기 위한 활동에는 어려운 수학 문제의 해결, 두 사람 사이의 실체적인 논쟁의 해결, 가상의 장애 코스를 끝마치는 등 여러 가지가 있을 수 있다.

여섯째, 사회적 활동 유형은 학생들이 서비스 학습 프로젝트를 통해 문제를 밝히고 정의하는 데 다른 학교의 학생들과 함께 학습을 하거나 그렇지 않을 수 있다. 이때 학생들은 학습 주제에 대한 조사와 지원을 받기 위해 최소한 이메일이나 웹을 사용하게 된다.

일곱째, 지역 사회 연계 활동 유형은 학생들이 학교나 동네에서 강한 공동체 의식을 함양하기 위해 웹을 사용하는 것으로 지역 주민을 위한 전자 잡지 또는 지역 사회 구성원의 인터뷰와 특정 인물에 대한 웹 사이트 소개를 포함시킬 수 있다.

여덟째, 시뮬레이션 활동은 한 사건이나 과정을 재창조하는 데 상상력을 이용한다. 예를 들어, 우리의 신체가 질병과 싸우는 방법을 설명하기 위해서 신체의 여러 부분에 대하여 알아보고자 할 때, 사건이나 과정을 재창조하고, 상상력을 이용할 수 있다. 웹상의 유명한 상호작용 사이트를 이용하는 것과 이메일을 통해 다른 사람과 짝을 이루는 것은 시뮬레이션 활동을 하기 위한 가장 보편적인 네트워크의 이용 사례다.

아홉째, 웹 출판은 학생들이 웹 사이트를 만들고 웹에 자신의 자료를 제공하는 것으로, 자료는 다른 학급 및 학생들과 함께 협동 프로젝트를 통해 수집될 수 있다.

열째, 학생 중심 프로젝트는 학생 중심으로 프로젝트를 설정해 자기주도적으로 조사 활동을 한다. 물론 웹을 이용한 자료 수집으로 프로젝트를 완성할 수 있다.

웹기반 교수-학습자료 개발의 예시[1)]

1. 웹 자료 개발 방향

연구자는 일반적으로 웹이 시청각 보조 자료가 필요한 단원을 적용할 때 그 효과가 매우 높다는 점(이채연, 1998)과 학습장애아동의 '읽기'는 일반 아동과 다른 다양한 보조 학습 자료를 확보하여 아동의 흥미를 유발할 필요가 있다는 점 등을 고려하여 자료를 개발하고 적용하기로 하였다.

2. 웹 자료 개발 단계

본 연구에서는 교수 매체의 일반적 제작과정과 웹의 특징인 수정, 보완의 용이성을 고려하여 '분석 → 설계 → 제작 → 평가 및 활용' 단계(나일주, 정인성, 1996)에 따라 '읽기' 웹자료를 개발하였다.

1) 읽기능력 향상을 위한 내용 선정 기준

언어지도 내용을 선정하기 위한 기준은 다음과 같다.

- 현재 학습장애아의 수준에 적절한 내용
- 제7차 국어과 교육과정에 부합되는 핵심적인 내용
- 아동의 흥미를 유발할 수 있는 내용

1) 장미자(2002). 학습장애 아동을 위한 웹기반 읽기 교수-학습자료 개발. 강남대학교 대학원 석사학위논문.

2) 특수학교 교육과정 분석을 통한 읽기지도 요소 추출

영역	지도 내용	지도 요소
읽기 I	- 문자의 기초가 되는 모양 구별하기 - 여러 형태 중에서 글자 구별하기 - 글자에 관심 갖기	① 주의를 집중하여 실물, 사진, 그림 보기 ② 모양이 같은 물건, 그림, 도형, 표식 찾기 ③ 같은 모양의 모음자, 자음자, 낱자, 낱말, 어구 찾기
읽기 II	- 그림 보고 읽기 - 그림과 낱말을 관계 지어 읽기 - 여러 가지 낱말을 소리 내어 읽기 - 바른 자세로 읽기	① 실물, 그림, 동작과의 대응을 통해 낱말의 의미 이해하기 ② 품사별로 낱말의 의미 이해하기 ③ 낱말을 바르게 소리 내어 읽기 ④ 실물, 그림, 동작과의 대응을 통해 자주 사용하는 낱말이나 어구 읽기 ⑤ 사진과의 대응을 통해 호칭에 사용되는 낱말을 읽기 ⑥ 실물, 그림, 동작과 관련지어 2어문을 읽고 이해하기 ⑦ 실물, 그림, 동작과 관련지어 3, 4어절 문장을 읽고 이해하기
읽기 III	- 간단한 문장 읽고 내용 알기 - 글의 의미 알고 읽기 - 짧은 글 읽고 내용 파악하기 - 자연스러운 자세로 읽기	① 글을 읽고 낱말의 다양한 의미를 이해하고 비교하기 ② 패찰, 광고, 지시문, 다양한 읽을 거리를 읽고 정보를 획득하기 ③ 문장 부호의 명칭을 구분하여 글 읽기 ④ 글의 분위기를 살려 읽기, 동시를 소리 내어 낭독하기 ⑤ 글에서 지시어가 가리키는 말을 찾아 읽기 ⑥ 글을 읽고 재미있는 표현이나 생각을 찾기, 실감나게 묘사한 부분 찾기, 감동 받은 부분 찾기 ⑦ 글의 특성을 생각하며 글 읽기 ⑧ 글을 읽고 전후 관계 파악하기, 글의 연결 관계에 따라 내용 파악하기 ⑨ 글을 읽고 내용 간추리기, 중심내용 파악하기, 글감 찾기 ⑩ 글을 읽고 사실과 의견 구분하기, 중심내용과 생각을 비교하기, 사건의 전개 과정 알기 ⑪ 글을 읽고 인물의 성격과 사건과의 관계 알기 ⑫ 글을 읽고 글의 주제 찾기, 글쓴이의 의도 파악하기

3) 기존 웹사이트 분석

본 연구 과제를 수행하기 위해 한국교육학술정보원(KERIS)에서 운영하고 있는 에듀넷의 교육용 웹사이트 평가 결과에 의하여 각 사이트명, 사이트 주소, 유형, 대상, 이용, 결정 등급에 따른 총 20여 곳의 웹사이트를 설정하여 분석하고 자료를 개발하는 데 참고 자료로 삼았다. 전문기관에서 개발한 많은 웹사이트가 제공되고 있어 손쉽게 활용하여 지도할 수는 있으나 대부분 상품화되어 유료로 운영되고 있으며, 전 학기 모든 과목이 수록되어 있어 학습장애아동이 읽기학습만을 위해 학습하고자 하는 장면을 쉽게 찾아가기 어렵게 구성되어 있다. 따라서 교육과정상에서 요구하는 읽기능력 신장을 위한 의도에 맞춰 자료 개발 및 교수-학습 과정안을 작성하여 본 연구에서 직접 제작하여 활용해 보기로 하였다.

4) 초등학교 1학년 '읽기' 교과 분석

〈1학기 첫째마당 '알고 싶어요'〉

차시 (쪽수)	학습 목표	새로 나온 낱말	개수
1 (4~9)	그림을 보고 글을 읽을 수 있다.	나, 너, 우리	3
2 (10~15)	그림을 보고 글을 읽을 수 있다.	아버지, 어머니, 아기, 우리 가족	4
3 (16~21)	바른 자세로 글을 읽을 수 있다.	내 친구, 정다운 선생님, 고마우신 학교, 즐거운, 모두, 모여, 하나	10
4 (22~25)	받침이 없는 글자의 짜임을 알고 낱말을 읽을 수 있다.	거미, 나무, 나비, 너구리, 노루, 사자무, 소, 파, 고추, 오리, 고구마, 다리미, 피아노, 가지, 보리	16
5-6 (26~29)	받침이 있는 글자의 짜임을 알고 글을 읽을 수 있다.	그림 잘 그립니다. 화가 되고 싶습니다.	6
7-9 (30~35)	글을 바르게 읽을 수 있다.	아침 다녀오겠습니다. 길 만납니다.	4

3. 개발된 자료의 내용

1) 웹 자료 초기 화면

웹 자료 초기 화면은 '글이랑 우리랑'이라는 친근감을 주는 제목을 사용하였다. 1학년 1학기 입문기 아동이 사용하는 읽기 교과서를 토대로 자료를 개발하여, 학습장애 아동이 교실에서 수업하면서 보았던 장면들을 화면에 담아 다시 학습하면서 그 효과는 더 증대될 수 있을 것이다.

2) 웹 자료 화면 설명

대단원 선택 화면		'글이랑 우리랑' 의 첫째마당으로 1학년 1학기 국어과 읽기 공부를 위한 첫째마당 · 둘째마당 · 셋째마당 · 넷째마당으로 구성되어 있고, 마당별로 클릭하면 소주제로 연결된다.
차시별 선택 화면	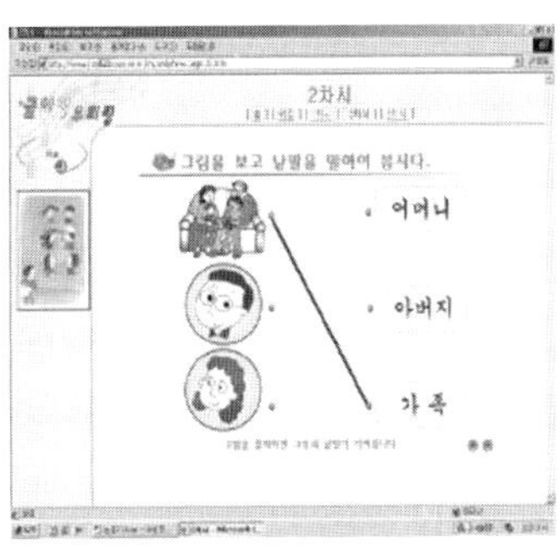	그림을 보며 누구를 나타내는지 알아보도록 하는 화면으로 그림을 클릭하면 낱말로 이어진다.

차시별 선택 화면		바른 자세로 주어진 낱말을 읽어보도록 하고 위에 제시된 낱말에 마우스를 대면 큰 글씨가 제시되는 활동으로 이루어진다.
차시별 선택 화면	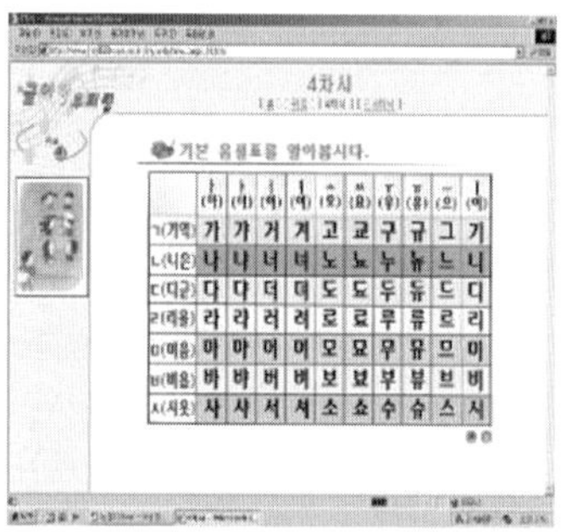	기본 음절표를 알아보는 활동으로 받침이 없는 글자를 만들어 보는 활동으로 이루어진다.
차시별 선택 화면		'엄마돼지 아기돼지'를 읽으면서 흉내 내는 말을 알아보는 활동으로 이루어진다.
차시별 선택 화면	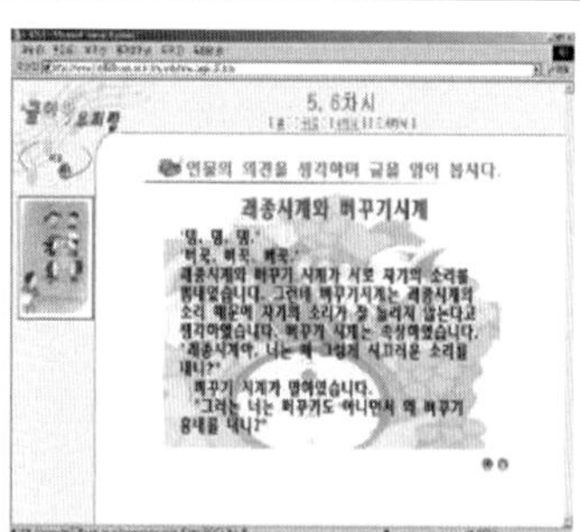	인물의 의견을 생각하면서 글을 읽어보는 활동으로 이루어진다.

차시별 선택 화면	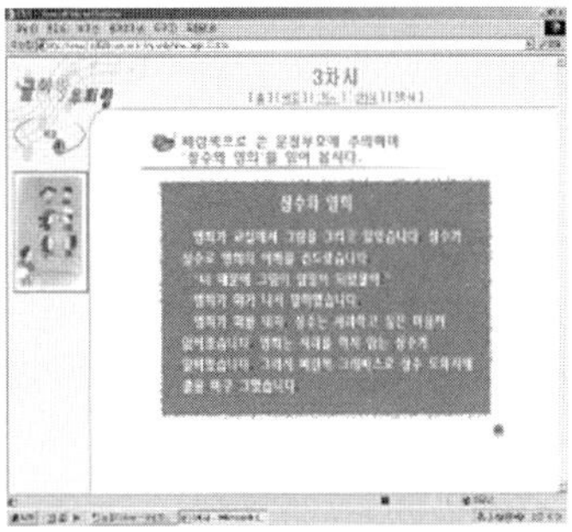	파란색으로 쓴 문장부호에 주의하며 '상수와 영희' 를 읽어 보는 활동으로 이루어진다.
차시별 선택 화면	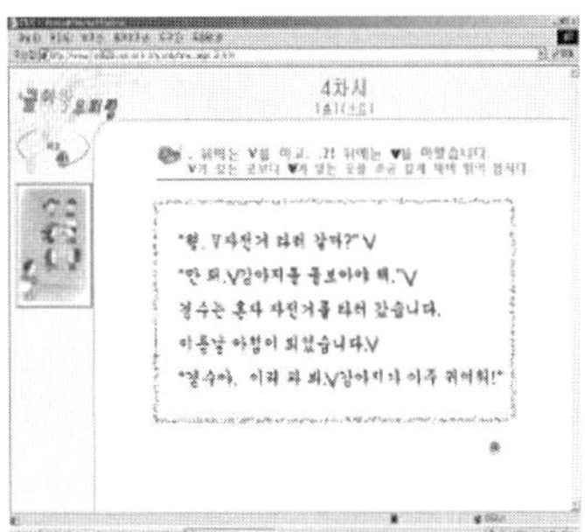	글을 알맞게 띄어 읽는 방법을 알아 보는 활동으로 이루어진다.

3) 개발된 자료의 차시별 지도계획

<table>
<tr><th>제목</th><th>대단원</th><th>소단원</th><th>소단원 특성 및 차시별 지도계획</th></tr>
<tr><td rowspan="4">글이랑 우리랑</td><td rowspan="2">첫째 마당</td><td>새로운 마음으로 (1~3차시)</td><td>- 학생들이 흔히 접하는 낱말을 읽는 활동을 통해 낱말을 읽을 수 있는 기초 능력을 기르도록 하는 데 그 궁극적인 목적이 있다. 따라서 나, 너, 우리(1차시), 가족, 친구(2차시), 학교(3차시) 등 학생들이 흔히 접하는 낱말을 제시한다.
- 낱말들 가운데 ㅊ, ㅎ 등이 들어가 비교적 발음이 어려운 낱말도 있지만 학생들에게 친숙한 낱말들이라는 점에서 먼저 학습을 하도록 한다(2~3차시).
- 소단원에서는 '나 → 너 → 우리'로 확대되는 자아 공간의 확대 과정을 제시함으로써 자아를 중심으로 하는 공동체 의식의 바탕도 마련해 보게 한다.</td></tr>
<tr><td>배우는 우리 (4~6차시)</td><td>- 한글 낱자의 이름과 글자의 짜임에 대한 기초적인 지식을 학습시킴으로써 글자 해득 능력을 신장시키기 위해 설정된다.
- 4차시에는 먼저 기본 음절표를 제시하여 한글 낱자의 이름과 받침이 없는 글자의 짜임을 배울 수 있도록 하고, 5~6차시에서는 한 단계 더 나아가 받침이 있는 글자의 짜임을 알고 글을 읽을 수 있도록 구성한다.
- 이를 통해 학생들은 한글 낱자의 이름과 글자의 짜임에 대한 기초적인 지식뿐만 아니라 한글 해득 능력을 신장시킬 수 있을 것이다.</td></tr>
<tr><td rowspan="2">둘째 마당</td><td>재미있는 말 (1~3차시)</td><td>- 학생들이 시를 친숙하게 즐겨 읽도록 하는 데 그 궁극적 목적이 있다. 따라서 이 소단원에서는 학생의 생활을 소재로 한 시, 말의 재미를 느낄 수 있는 시 등을 중심으로 선정한다.
- 1차시는 시를 읽고 흉내 내는 말을 찾는 활동, 2차시는 흉내 내는 말을 다른 흉내 내는 말로 바꾸는 활동, 3차시는 흉내 내는 말의 느낌을 살려 재미있게 읽는 활동 등을 통해서 시에 대한 감상이 이루어지도록 한다. 아울러 시를 노래로 불러 보면서 시에 내재한 가락을 자연스럽게 맛볼 수 있도록 한다.</td></tr>
<tr><td>이야기 보따리 (4~6차시)</td><td>- 학생의 자발적이고 창의적인 활동을 유도하고 궁극적으로는 학생들이 이야기의 재미를 알고 스스로 이야기를 찾아 읽도록 하는 데 그 목적이 있다.
- 흉내 내는 말이 이야기에 등장하는 인물의 말과 행동뿐만 아니라 장면도 재미있게 나타내 준다는 점을 알고, 4차시에는 이야기에서 흉내 내는 말을 찾고 5~6차시는 흉내 내는 말의 느낌을 살려 이야기를 읽을 수 있도록 지도한다.</td></tr>
</table>

	셋째 마당	머리를 맞대고 (1~3차시)	- 글을 읽고 글쓴이의 의견을 찾고 생각하면서 글을 읽을 수 있도록 하여 비판적 이해의 기초 능력을 배양시키는 데 그 목적이 있다. - 1차시에서는 글을 읽고 글쓴이의 의견이 무엇인지 찾아보는 활동을 제시한다. 2~3차시에서는 글을 읽고 글의 주요 내용을 파악한 후 글쓴이의 의견을 찾고 생각하며 글을 읽을 수 있도록 한다.
		생각하는 우리 (4~6차시)	- 글을 읽고 인물의 의견이 무엇인지 찾고 인물의 의견을 생각하며 글을 읽도록 하여 비판적인 이해의 기초능력을 배양시키는 데 그 목적이 있다. - 4차시에서는 여러 인물의 대화를 읽고 각각의 인물의 의견이 무엇인지 찾아보는 활동을 제시한다. - 5~6차시에서는 글을 읽고 두 인물의 의견이 무엇인지 파악하고 인물의 의견을 생각하며 글을 읽을 수 있도록 한다.
	넷째 마당	마음을 담아서 (1~3차시)	- 어린이의 친교적인 언어 사용을 위해 이 소단원에서는 문장 부호인 온점(.), 물음표(?), 느낌표(!), 반점(,)의 이름과 쓰임을 알고, 문장 부호에 주의하며 글을 읽고, 이를 토대로 편지와 일기, 생활문에 담겨 있는 아름다운 마음을 느낄 수 있도록 한다. - 1차시에서는 문장 부호의 이름과 쓰임을 배우고, 2차시에서는 문장 부호에 주의하며 글 읽는 방법을 배우며, 3차시에서는 문장 부호에 주의하며 친교적인 글을 읽게 된다.
		다정한 친구 (4~6차시)	- 어린이의 친교적 언어 활동을 위해 '생활문'과 '동화'를 읽고, 다른 사람의 마음을 이해하고 학용품을 아껴 쓰는 사람의 마음을 느끼며, 각 글을 문장 부호에 주의하면서 바르게 띄어 읽을 수 있도록 구성한다. - 4차시에서는 생활문을 읽고 문장 부호에 주의하며 글을 띄어 읽는 방법을 알아보는 활동을 하도록 구성한다. 5~6차시에서는 문장 부호에 주의하며 글을 알맞게 띄어 읽을 수 있도록 구성한다.

4) 교수용 지도안 구안

<table>
<tr><th rowspan="2">학습 과정</th><th rowspan="2">학습 흐름</th><th>학습활동</th><th rowspan="2">시간</th><th rowspan="2">WBI 자료 화면 및 유의점</th></tr>
<tr><th>교수-학습 활동</th></tr>
<tr><td>문제 해결 방법 찾기</td><td>모둠 학습</td><td>♣ 기본 활동 1: 그림 보고 선생님 따라 낱말 읽기(읽기 교과서 6~9쪽)
• 그림을 보고 선생님을 따라 낱말 읽기
- 개발된 웹 자료를 보면서 낱말 읽기</td><td>10분</td><td>www.jmj0520.com.ne.kr</td></tr>
<tr><td>문제 해결</td><td>모둠 학습</td><td>♣ 기본 활동 2: 낱말 보고 따라 읽기
- 개발된 웹 자료를 보면서 낱말 읽기
- 화면에 제시된 낱말을 보고 읽을 수 있는지 알아본다.
- 선생님을 따라 읽어 본다.
♣ 낱말 카드 보고 따라 읽기
- 낱말 카드를 보고 낱말을 읽을 수 있는지 확인한다.
- 낱말 카드를 보고 낱말을 읽게 한다.
♣ 기본 활동 3: 그림과 낱말 관련 짓기
- 개발된 웹 자료를 보면서 알맞은 낱말 찾기
- 화면에 제시된 그림을 보고 관련된 낱말을 찾아본다.
♣ 기본 활동 4: 그림 보고 '우리' 읽기
• 교과서의 낱말 읽기
- 읽기 6~7쪽의 글을 보고 혼자서 읽을 수 있는지 확인한다.
- 읽을 수 있는 아동을 한 명씩 또는 2~3명씩 읽을 수 있는지 확인한다.
♣ 선택 활동 1: 그림카드 보고 낱말 읽기 게임하기
• 짝이 그림카드를 보여 주면 알맞은 낱말 읽기 게임을 한다.
♣ 선택 활동 2: 낱말 카드 보고 읽기 게임하기
• 짝과 함께 낱말 카드 보고 읽기 게임을 한다.
♣ 학습 정리
• '나, 너, 우리 노래' 부르며 학습활동 정리하기</td><td>10분</td><td>www.jmj0520.com.ne.kr</td></tr>
<tr><td>평가 계획</td><td colspan="3">♣ 다음의 내용에 따라 평가해 봅시다.
상: 읽기 6~9쪽을 자신 있게 잘 읽는가?
중: 읽기 6~9쪽을 읽을 수 있는가?
하: 노력이 필요하다.</td><td></td></tr>
</table>

◯ 웹기반 교육을 통한 읽기지도의 효과성[2)]

1. 연구 대상 및 방법

본 연구대상은 읽기 능력 검사 결과에 의해 경기도 소재 A초등학교 특수학급(사랑반) 학생 어린이 4명을 선발하였는데, 원적학년은 2학년 2명, 3학년 1명, 4학년 1명이다. 본 자료는 특수학교 및 1학년 교육과정을 분석하여 만든 자료로 학습장애아동 지도 시 처음에는 약 15분씩 활용하였으며, 차츰 시간을 늘려 20분 이상씩 활용하였다. 또한 듣기 자료를 별도로 활용하여 학습에 대한 홍미를 높여 읽기 능력을 신장하는 데 활용하였다.

2. 연구 절차

학습장애아동의 읽기 능력 신장을 위한 수업을 전개한 후, 읽기 능력에 대한 검증으로 자작 설문지와 교사의 관찰 및 면접을 이용한 전 · 후 비교법을 실시하였다. 또한 읽기 능력의 객관적 평가를 위해 기초학습기능검사를 실시하여 전 · 후를 비교하였다.

3. 검증 및 평가 결과

1) 웹기반 읽기 활동에 대한 의식 변화

웹기반 읽기 교수-학습자료 적용을 통한 학습장애아동의 읽기 활동에 대한 학부모들의 의식 변화를 알아본 결과는 〈표 10-1〉과 같다.

---

2) 장미자(2002). 학습장애 아동을 위한 웹기반 읽기 교수-학습자료 개발. 강남대학교 대학원 석사학위논문.

표 10-1 학습장애아동의 읽기 활동에 대한 학부모들의 의식 변화 (N=4)

조사 내용	답변	연구 전 (1 2 3 4)	연구 후 (1 2 3 4)
학교에서 읽기 교육이 잘 이루어지고 있다고 생각하십니까?	매우 그렇다	1	3
	그렇다	2	1
	보통	1	
	그렇지 않다		
가정에서 자녀의 읽기를 위한 교육을 하십니까?	매우 그렇다		1
	그렇다	1	2
	보통	2	1
	그렇지 않다	1	
평소 아동의 읽기를 위한 자료를 활용하십니까?	매우 그렇다		2
	그렇다	1	1
	보통	2	
	그렇지 않다	1	1
아동의 읽기 교육이 잘 형성되도록 노력하십니까?	매우 그렇다		1
	그렇다		2
	보통	1	
	그렇지 않다	3	1
아동의 읽기 교육이 잘 형성되어 있다면그 이유가 웹기반 교수-학습 자료의 사용이라고 생각하십니까?	매우 그렇다		2
	그렇다		1
	보통		1
	그렇지 않다	4	
일반 학급에서 읽기 능력 신장을 위해 이에 따른 아동별 자료의 활용이 필요하다고 보십니까?	매우 그렇다	2	
	그렇다	2	
	보통		3
	그렇지 않다		1

2) 웹기반 읽기 활동에 따른 태도 변화

학습장애아동의 읽기 능력은 웹기반 교수-학습자료를 적용하여 학습한 후 더 많이 향상되었음을 알 수 있다. 학습에 흥미가 없어 자세가 바르지 않던 아동도 한 곳에 집중할 수 있는 힘이 조금씩 길러졌으며, 학습 능력이 올라가면서 자신감 또한 많이 향상되었다. 이러한 자신감은 일반 학급에서의 사회성 향상을 가져다주었고, 더 나아가 읽기 능력에도 많은 긍정적 영향을 끼쳤다.

3) 학습장애아동의 읽기 능력 신장

(1) 기초학습기능검사 분석

기초학습기능검사는 정보처리, 셈하기, 읽기 I(문자와 낱말 재인), 읽기 II(독해력), 쓰기(철자의 재인) 등 다섯 가지 영역의 소검사로 이루어져 있는데, 여기서는 읽기 능력 검사를 위해 읽기 I, 읽기 II의 두 가지 영역 검사에 국한하였다. 또한 원점수를 의미 있게 해석하기 위해 학년 규준의 유도 점수를 산출하여 대상 아동별로 전후 비교를 실시하였다.

표 10-2 기초학습기능검사 읽기 I 영역의 결과

아동명	검사 시기 (전·후)	원점수 (10 15 20 25 30 35 40)	학년 규준 (0.5 1.0 1.5 2.0 2.5 3.0 3.5)
아동 1	2001. 11월	12	0.6
	2002. 10월	15	1.1
아동 2	2001. 11월	13	0.8
	2002. 10월	20	1.5
아동 3	2001. 11월	19	1.4
	2002. 10월	26	1.9
아동 4	2001. 11월	20	1.5
	2002. 10월	33	2.6

웹기반 교수-학습자료를 통해 아동들은 〈표 10-2〉와 같이 읽기 I(문자와 낱말 재인) 영역에서 70% 이상의 신장을 보여 주었다.

또한 웹기반 교수-학습자료의 개발 적용을 통해 〈표 10-3〉과 같이 읽기 II(독해력) 영역에서 60% 이상의 신장을 보여 주었다.

표 10-3 기초학습기능검사 읽기 II 영역의 결과

아동명	검사 시기 (전·후)	원점수 (10 15 20 25 30 35 40)	학년 규준 (0.5 1.0 1.5 2.0 2.5 3.0 3.5)
아동 1	2001. 11월		0.5
	2002. 10월	12	1.1
아동 2	2001. 11월		0.7
	2002. 10월	20	1.5
아동 3	2001. 11월	12	1.1
	2002. 10월	29	2.4
아동 4	2001. 11월	15	1.2
	2002. 10월	30	2.5

(2) 읽기 능력 체크리스트 분석

특히 바르게 읽는 습관을 갖게 되고 글자에 흥미를 갖게 된 것이 읽기 능력 향상에 영향을 끼쳐 더 많은 신장을 보인 것 같다.

4. 검증 결과 요약

1) 학습장애아동의 읽기 활동에 따른 태도의 변화

웹기반 교수-학습자료를 적용하여 학습한 후 학습장애아동의 읽기 능력은 더 많이 향상을 가져왔다. 학습에 흥미가 없어 자세가 바르지 않던 아동들도 한 곳

에 집중할 수 있는 힘이 조금씩 길러졌으며 학습능력이 올라가면서 자신감 또한 많이 향상되었다. 이러한 자신감은 일반 학급에서의 사회성 향상을 가져다주었고, 더 나아가 읽기 능력에도 많은 긍정적 영향을 끼쳤다.

2) 학습장애아동의 읽기 능력 변화

읽기 내용 체크리스트 분석 결과, 대부분의 아동이 웹기반 교수-학습자료의 개발, 적용에 따라 실시하기 전보다 많이 신장되었으며, 특히 바르게 읽는 습관과 글자에 흥미를 갖게 되어 읽기 능력 향상에 많은 영향을 받아 더 많은 신장을 보인 것 같다. 또한 여러 가지 이미지, 동영상 등을 통한 명료한 메시지와 함께 변화 있는 전개 과정, 특수 효과를 이용하여 학습자 스스로 배우는 것을 재미있어 함으로써 아울러 학습에 대한 자신감도 심어 줄 수 있었다.

웹기반 교육을 통한 읽기지도의 예시

1. 웹기반 읽기지도 학습안[3)]

단원명	I. 낱말 뜻 알기		차시
본시주제	글자는 같지만 뜻이 다른 낱말 알기		2/4
학습목표	문장에서 글자는 같지만 뜻이 다른 낱말을 알 수 있다.		
학습자료	교재, WBI 자료		
학습안내	문장을 읽고 같은 글자의 다른 뜻의 쓰임새를 알고 기초적인 읽기 능력을 기르는 데 중점을 둔다.		
학습과정	교수-학습 활동	시간	WBI 자료화면 및 유의점

3) 정원택(2005). 웹기반 읽기 학습 활동이 발달장애 아동의 학습 홍미 및 읽기 기능 향상에 미치는 효과. 대구대학교 대학원 석사학위논문.

동기유발	• 동영상을 보며, 율동 따라하기	3분	CD 자료
학습문제 확인	• 그림을 보고 공통으로 들어가는 낱말의 뜻 말하기 • 이 시간에 공부할 내용을 알아봅시다. - 문장에서 글자는 같지만 뜻이 다른 낱말을 알 수 있다.	5분	그림 자료
전개	• 활동 1: 글자는 같지만 뜻이 다른 낱말 알아보기 • 활동 2: 컴퓨터를 활용하여 그림과 낱말의 뜻 연결하기 • 활동 3: 글자는 같지만 뜻이 다른 낱말 검색하기 • 활동 4: 그림 동화를 잘 듣고 따라 읽어 보기	25분	http://kr.play.kids.yahoo.com http://www.empas.com http://www.buki.co.kr/
정리/ 확인 및 차시 예고	• 글자는 같지만 뜻이 다른 낱말을 이용하여 문장 완성하기 • 차시 예고 - 친척을 가리키는 낱말, 날씨를 나타내는 낱말 알기	7분	http://www.edumoa.com/

단원명	3. 중심내용	차시	
본시주제	초대장, 알림장에서 중심내용 알기	1/3	
학습목표	초대장, 알림장에서 중심내용을 알 수 있다.		
학습자료	교재, WBI 자료		
학습안내	초대장, 알림장에서 중심내용을 알고, 기초적인 읽기 능력을 기르는 데 중점을 둔다.		
학습과정	교수-학습 활동	시간	WBI 자료화면 및 유의점
동기유발	• 초대장이나 쪽지 글을 주고받은 경험을 이야기해 봅시다.	3분	
학습문제 확인	• 인터넷으로 초대장을 검색하여 찾아봅시다. • 공부할 내용을 알아봅시다. - 초대장, 알림장에서 중심내용을 알 수 있다.	5분	인터넷 검색 http://www.topianet.co.kr/topia/3/3m/3m050105.htm
전개	• 활동 1: 인터넷에서 초대장을 찾아 읽고, 초대장의 내용이 무엇인지 살펴보기 • 활동 2: 학교 홈페이지 알림장을 찾아 어제 알림장 내용이 무엇인지 말하기 • 활동 3: 초대장을 읽고 시간, 장소를 찾아 써 보기 • 활동 4: 그림 동화를 잘 듣고, 따라 읽어 보기	25분	• http://www.topianet.co.kr/topia/3/3m/3m050105.htm • http://www.pusanjin.es.kr/ • http://www.buki.co.kr/

정리/ 확인 및 차시예고	• 시간, 장소, 내용을 넣어 친구들에게 줄 간단한 초대장을 만들어 봅시다. • 차시 예고 – 짧은 글에서 중심 문장 찾기	7분	

2. 웹기반 PBL 예시[4)]

본 연구의 홈페이지 주소는 http://www.kth0304.com/special/이다. 학습자가 읽기장애아동이라는 관점에서 시작 화면에서 모든 메뉴로의 연결을 다양하게 구성하였다. [0] '아름다운 세상' 은 협력마당으로 웹기반 PBL 소개, 학습자료실, 추천사이트, 기초선검사로 구성하였다. '[1] 상상해 봐요, [2] 이렇게 해봐요, [3] 만들어 봐요, [4] 바르게 전해요, [5] 어깨동무해요' 에서는 각 메뉴마다 3차시(총 15차시)의 지문을 읽어 보기, 생각해 보기, 되돌아보기, 문제 해결하기의 과정을 밟는 중재학습 과정으로 구성하였다.

주 메뉴	부 메뉴	활동 내용
홈	(홈)	홈페이지의 메인 화면(회원가입하는 곳)
운영자	운영자 소개	운영자의 소개 및 프로필
	운영자 일정	운영자의 일정표
협력마당 (아름다운 세상)	웹기반 PBL 소개	웹기반 PBL 학습 소개
	학습 자료실	읽기공부 학습 자료실
	추천 사이트	읽기공부 관련 추천 사이트
	기초선 검사	기초선 검사
첫째 마당 (상상해 봐요)	읽어 보기	읽기 자료([1] 은혜 갚은 꿩, [2] 강아지 똥, [3] 어떻게 하면 좋을까)의 학습활동
	생각해 보기	
	되돌아보기	
	문제해결하기	

4) 김태현(2005). 웹기반 PBL이 읽기학습장애아동의 독해력에 미치는 효과. 부산대학교 대학원 석사학위논문.

둘째 마당 (이렇게 해 봐요)	읽어 보기	읽기 자료([4] 자기자랑, [5] 놀부의 제비집 찾기, [6] 구멍난 그릇)의 학습활동
	생각해 보기	
	되돌아보기	
	문제해결하기	
셋째 마당 (만들어 봐요)	읽어 보기	읽기 자료([7] 세종대왕, [8] 굴참나무와 오색딱따구리, [9] 떡시루 잡기)의 학습활동
	생각해 보기	
	되돌아보기	
	문제해결하기	
넷째 마당 (바르게 전해요)	읽어 보기	읽기 자료([10] 물은 요술쟁이, [11] 거북의 알 낳기, [12] 재미있는 놀이)의 학습활동
	생각해 보기	
	되돌아보기	
	문제해결하기	
다섯째 마당 (어깨동무해요)	읽어 보기	읽기 자료([13] 민달팽이, [14] 새 친구, [15] 펭귄 가족의 사랑)의 학습활동
	생각해 보기	
	되돌아보기	
	문제해결하기	
글 남기기	질의 응답실	읽기 공부 관련 질의 응답실
	자유 게시판	자유롭게 글을 올리는 곳
	방명록	홈페이지 방문 소감이나 느낌 남기는 곳
	메모장	간단한 메모

웹기반 PBL 프로그램 3단계 되돌아보기 (12과: 재미있는 놀이)

재미있는 놀이

옛날 어린이들이 즐기던 놀이에는 여러 가지가 있습니다. 그중에서 꼬리잡기, 그림자밟기, 돌치기는 어떻게 하는 놀이인지 알아봅시다.

꼬리잡기는 같은 줄의 맨 앞사람이 맨 뒷사람을 잡는 놀이입니다. 이 놀이를 하려면 먼저 여러 사람이 한 줄로 늘어섭니다. 그리고 뒷사람은 맨 앞사람의 허리를 잡고 몸을 구부립니다. 맨 앞사람이 술래가 되어 맨 뒷사람을 잡습니다. 술래에게 잡힌 사람은 다음 술래가 됩니다. 그림자밟기는 다른 사람의 그림자를 밟는 놀이입니다. 먼저 가위바위보를 하여 술래를 정합니다. 술래가 다른 사람의 그림자를 밟으면 놀이에서 이기게 됩니다. 술래에게 그림자를 밟힌 사람은 다음 술래가 됩니다.

돌치기는 상대편의 돌을 쓰러뜨리는 놀이입니다. 먼저, 손바닥만한 돌을 한 개씩 준비합니다. 그리고 가위바위보로 편을 나눕니다. 가위바위보에서 진 편은 자기의 돌을 한 줄로 세워 놓습니다. 이긴 편은 멀리서 돌을 던져 진 편의 돌을 맞혀 넘어뜨립니다. 이때, 손을 사용하면 안 됩니다. 먼저 상대편의 돌을 모두 넘어뜨린 편이 놀이에서 이깁니다.

물음 1) 윗글에서 옛날 어린이들이 즐기던 놀이는?
(정답) 꼬리잡기, 그림자밟기, 돌치기가 있습니다.
물음 2) 꼬리잡기란?
(정답) 같은 줄의 맨 앞 사람이 맨 뒷사람을 잡는 놀이입니다.
물음 3) 그림자밟기란?
(정답) 다른 사람의 그림자를 밟는 놀이입니다.
물음 4) 돌치기란?
(정답) 상대편의 돌을 쓰러뜨리는 놀이입니다.
물음 5) '가위바위보로 술래를 정하는 놀이는 (　)입니다.' 에서 (　) 속에 들어갈 말은?
(정답) 그림자밟기입니다.
물음 6) 같은 줄의 맨 앞 사람이 맨 뒷사람을 잡는 놀이는?
(정답) 꼬리잡기입니다.
물음 7) 다른 사람의 그림자를 밟는 놀이는?
(정답) 그림자밟기입니다.
물음 8) 상대편의 돌을 쓰러뜨리는 놀이는?
(정답) 돌치기입니다.
물음 9) 가위 바위 보에서 진 편이 손바닥만 한 돌을 한 줄로 세우는 놀이는?
(정답) 돌치기입니다.
물음 10) '손을 사용하면 안 되는 놀이는 (　)입니다.' 에서 (　) 속에 들어갈 말은?
(정답) 돌치기입니다.

☘ 참고문헌

김동호(1998). 하이퍼미디어를 이용한 초등학교 단원별 웹문서 제작 과정. 청주교육대학교 대학원 석사학위논문.

김태현(2005). 웹기반 PBL이 읽기학습장애아동의 독해력에 미치는 효과. 부산대학교 대학원 석사학위논문.

나일주, 정인성(1996). 교육공학의 이해. 서울: 학지사.

이재경(2000). 웹 기반 자기 주도적 학습 모형의 개발 및 적용에 관한 연구. 교육공학연구, 16(2), 83-106.

이채연(1998). WBI를 통한 국어교과 개별화 수업설계와 활성화 방안. 국어교육, 96, 169-195.

장미자(2002). 학습장애 아동을 위한 웹기반 읽기 교수-학습자료 개발. 강남대학교 대학원 석사학위논문.

정원택(2005). 웹기반 읽기 학습 활동이 발달장애 아동의 학습 흥미 및 읽기 기능 향상에 미치는 효과. 대구대학교 대학원 석사학위논문.

정인성, 나일주(1993). 최신 교수설계이론. 서울: 교육과학사.

Harasim, L. M. (1989). On-line education: A new domain. In R. D. Mason & A. R. Kaye (Eds.), *Mindweave: Computers, communications and distance education* (pp. 50-62). Oxford: Pergamon Press.

Hiltz, S. R. (1990). Evaluating the virtual classroom. In L. Harasim (Ed.), *Online education: Perspectives on a new environment* (pp. 133-185). New York: Praeger Publishers.

Levine, J. (1996). A place to chat. (Community chat rooms in online services) (Internet/Web/Online Service Information). *Forbes, 158*(6), 168-170.

Ritchie, C. D., & Hoffman, B. (1997). Incorporating instructional design principles with the world wide web. In H. B. Khan (Ed.), *Web-Based Instruction* (pp. 135-138). New Jersey: Educational Technology Publications, Inc.

Romiszowski, A. J., & Mason, R. (1996). Computer-mediated communication. In D. H. Jonassen (Ed.), *Handbook of research for educational communications and technology* (pp. 438-456). New York: Simon & Schuster Macmillan.

11

신문활용교육을 통한 읽기지도

이론적 배경

1. 신문활용교육의 개념과 교육적 효과

신문활용교육(Newspaper In Education: NIE)의 개념을 단정적으로 확정하기에는 어려움이 많지만, 이제까지 한국의 교육현장에서 진행되어 온 신문활용교육은 '신문을 가르치고 신문으로 가르치자' 는 교육의 한 방법이다. 즉, '살아 있는 교재' 인 신문을 학습에 활용하여 교육적 효과를 높이는 프로그램이다.

신문활용교육의 교육적 효과를 검증하는 방법에는 여러 가지가 있겠지만, 다음과 같은 효과는 충분히 기대할 수 있다. 첫째, 창의성이 길러진다. 둘째, 수업의 주체자로 자신감이 길러진다. 셋째, 신문은 살아 있는 지식의 습득과 강력한 학습동기를 유발한다. 신문은 학생들에게 앞으로 사회의 일원으로서 살아갈 수 있는 가장 기본적인 지식과 정보를 제공해 준다. 넷째, 신문은 정보 소양을 함양하고 정보 활용 능력을 강화시켜 준다. 다섯째, 신문매체를 통한 교육은 집단 학습의 효율성과 더불어 사는 삶의 자세를 강화시켜 준다. 신문을 보는 것 자체는 개인적 차원의 행위이지만, 신문에 실린 다양한 내용과 흥미 있는 형식에 대해 각자의 다양한 관점을 활발하게 나누게 되어 궁극적으로 사물과 현상, 사회, 인간 등에 대하여 폭넓고 심층적인 사고를 가능하게 한다.

2. 신문활용교육의 수업모형

신문활용교육을 위해 교사는 쉽고 재미있게 참여할 수 있도록 수업을 전개해야 한다. 이희자(2001)는 신문활용교육의 수업모형을 다음과 같이 제시하고 있다.

1) 수업에 신문을 직접 활용하는 유형

교사가 본시 학습활동의 목표와 방향을 정확히 이해한 상태에서 교육과정 요소와 관련지어 학습기능의 개발, 정착, 발전에 초점을 두고 신문의 내용을 그대로 수업의 자료로 활용하는 교육이다.

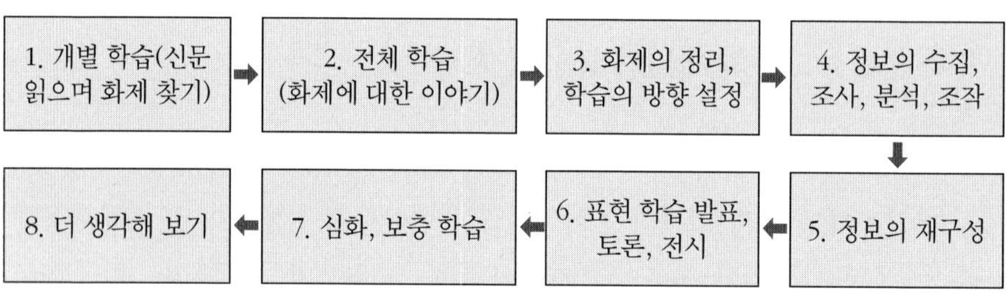

2) 교육과정의 보조 자료로서 활용하는 교육

교과서의 내용을 기본으로 하여 수업을 전개한 후 학습 내용을 심화 · 발전시키는 학습 경험을 재구성하여 투입하고자 활용하는 경우다. 이 과정은 학생들에게 창의적이고 구체적이며 다양한 학습 경험을 하게 함으로써 사고력 신장을 기할 수 있다.

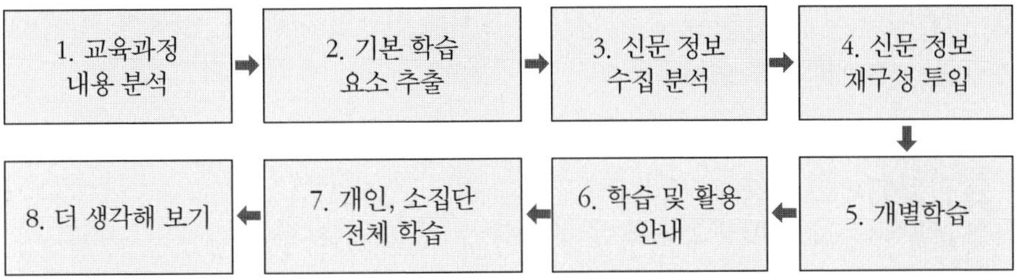

3) 교육과정과 관련 있는 신문기사를 재구성하여 활용하는 유형

교사의 교육과정에 의한 교과서 내용의 분석 후 교과서 내용과 관련지어 다양하고 효율적인 신문기사를 재구성한 다음 학습에 직접 투입시켜 활용하는 경우다. 이 방법은 별도의 수업 설계가 필요하지 않으므로 언제라도 시도할 수 있다.

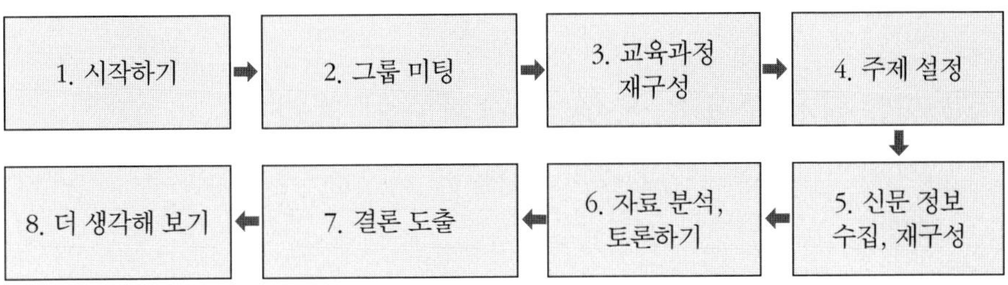

3. 신문매체의 일반적 특성

1) 신문매체의 장점

신문은 교과서의 단점으로 지적되어 왔던 현실성과 시사성을 보충하는 자료로서 다음과 같은 장점을 지니고 있다. 첫째, 최신의 데이터와 정보를 얻을 수 있다. 둘째, 실제로 있는 일과 있었던 일을 과제로 삼을 수 있다. 셋째, 현실에서 사회적으로 문제화한 것을 다룰 수 있다. 넷째, 한 신문 안에 폭 넓고 다양한 정보가 담겨 있으므로 여러 가지 형태로 활용할 수 있다. 다섯째, 여러 사람의 실제 발언, 다른 의견, 다양한 사고방식을 알 수 있다. 여섯째, 기간의 경과를 따라가면서 조사할 수 있다. 일곱째, 몇 가지 신문을 비교하여 검토할 수 있다. 여덟째, 사진이나 그래프, 삽화 등을 시각적 과제로 이용할 수 있다. 아홉째, 자료를 스크랩하고 보존할 수 있다.

2) 신문매체의 단점

신문을 교육현장에서 교육 교재로 사용하기 위해서는 다음과 같은 문제점을 잘 이해하고 개선해야 한다. 첫째, 활자가 작다. 둘째, 학생들의 수준에 맞지 않는 문장이 있다. 셋째, 선정적 · 자극적 · 부정적인 기사 및 광고가 있다. 넷째, 부정확한 보도 내용, 모호한 표현과 근거 없는 기사나 사진, 다른 매체에 대한 의도적 질타 등의 내용이 있다. 다섯째, 사건의 결과와 현상만이 부각되거나 신문사의 편견이 개입될 수 있다.

신문활용교육을 통한 읽기지도의 효과성[1)]

1. 대상

본 연구의 대상은 대구광역시 U 초등학교의 일반 학급에 통합되어 있는 경도정신지체아동 5학년 남학생 2명과 6학년 여학생 1명으로 구성하였다.

2. 도구

1) 신문활용교육 프로그램

NIE 재구성 요소(5학년 2학기)는 심태호(2000)가 개발한 것을 본 연구자가 수정하여 사용했는데, 그 내용은 다음과 같다.

1) 최윤숙(2005). 신문활용교육을 통한 국어과 학습 프로그램이 경도정신지체아동의 읽기, 쓰기 능력 향상에 대한 사례연구. 영남대학교 대학원 석사학위논문.

회기	대단원명	소단원	주요 학습 요소	NIE 재구성 요소
1~5	첫째마당 - 마음속의 울림	1. 시의 여운	- 시에서 인상적인 표현 찾기 - 인상적이라고 생각한 까닭	- 내가 좋아하는 것 찾아보기 - 신문기사에서 우리 가족 이름 찾아보기
		2. 환한 웃음	- 인상적인 표현을 찾아 바꾸어 쓰기	- 신문에서 우리 가족과 가장 비슷한 사진 찾아 오려서 붙이고 소개하기 - 낱말에 어울리는 그림 찾아보기
6~10	둘째마당 - 발견하는 기쁨	1. 아는 것이 힘 2. 차근차근 알아보기	- 관찰한 내용을 글로 쓰기 - 기본적인 문장의 구성 부분 알기	- 언제, 어디에서 무슨 일이 일어났는지 알아보기 - 우리 동네와 비슷한 사진을 찾고 우리집 주소 알기 - 짧은 문장을 읽고 중요한 내용 찾아보기
			- 표준어와 방언의 가치를 알고 상황에 맞게 사용하기 - 여러 가지 자료	- 신문에 있는 그림이나 사진을 보고 비슷한 것끼리 모으고 설명해 보기 - 내가 좋아하는 과일 세 가지를 찾아서 신문에서 글자 찾아보기
11~15	셋째마당 - 경험과 상상	1. 시인이 되어	- 시에 대해 생각하거나 느낀 점을 다양한 방법으로 표현하기	- 신문에서 대구와 관련된 사진이나 그림을 찾아서 그 느낌을 글로 쓰기 - 주장에 관한 기사나 사진을 보고 자신의 의견 써 보기
		2. 이야기의 바다	- 이야기에 대해 생각하거나 느낀 점을 다양한 방법으로 표현하기	- 신문 속의 사진을 보고 내용에 어울리는 표현해 보기 - 신문기사를 읽고 나의 이야기로 바꿔 쓰기 - 신문기사를 읽고 재미있는 말이나 표정 찾아보기

16~21	넷째마당 - 말과 실천	1. 우리의 의견	- 의견을 만화로 표현하기 - 사실과 의견 정리하기	- 신문에 나오는 사진이나 그림의 내용을 글로 표현해 보기 - 신문기사를 읽고 대강의 내용을 글로 써 보기 - 신문 기사를 읽고 관심 있는 이야기 제목 3개 이상 찾아보기
		2. 곧은 생각 좋은 세상	- 주장에 대한 근거 마련하기 - 토론 규칙을 지키며 토론하기	- 신문에 나오는 만화를 보고 말주머니 속의 말을 바꾸어 써 보기 - 신문 기사 속의 글 중에서 주어진 낱말에 알맞은 짧은 글 지어 보기 - 신문의 사진이나 글자를 이용하여 이야기 만들기
22~24	다섯째 마당 - 아끼며 사랑하며	1. 가까이 가까이	- 신문의 내용과 형식에 대하여 알기 - 생략된 내용 생각하며 읽기	- 부모님과 약속한 내용을 간단한 글로 나타내어 보기 - 신문에 나오는 만화 속의 이야기를 읽고 자신의 생각 써 보기 - 신문에서 주장하는 글을 읽고 주장과 근거 찾아보기

3. 연구 결과

1) 아동별 신문활용교육 과정의 변화

아동의 읽기 · 쓰기 학습을 중심으로 교육과정을 재구성하였다. 아동이 사용한 낱말과 문장을 살펴보고 음절과 어절 단위로 알아보았다.

〈양○○의 신문활용교육〉

1회기	내가 좋아하는 것 찾아보기
낱말	축구 선수, 게임기, 책, 햄, 노무현 대통령
수업일지	처음하는 날이라 모든 것이 서툴렀다. 왼손잡이이며, 언어장애가 있어서 분명한 발음을 하지 못했다. 좋아하는 것을 말해 보라고 하니 '게임' 이라고 했다. 그 외 TV에서 본 '노무현 대통령' 의 이름도 알고 있었다.
2회기	신문기사에서 우리 가족 이름 찾아보기
낱말	양○○, 양○식, 이○○, 양경○
수업일지	가족의 이름을 정확하게 알고 읽을 수 있었다. 많은 글자 속에 가족의 이름을 찾기가 어려웠다.
3회기	신문에서 우리 가족과 가장 비슷한 사진 찾아 오려서 붙이고 소개하기
낱말	아버지, 누나, 할머니, 나, 엄마
어절	검은 머리니까, 눈이 닮았다, 아름다우니까, 웃는 모습이 닮았다, 게임을 잘하니까
수업일지	여러 가지 음절의 낱말을 쓸 수 있었고, '닮았다' 라는 낱말을 정확하게 쓸 수는 있고 읽기는 미흡했다. /달맏따/를 /단맏따/로 발음을 했다. 이유를 말할 때에는 '~이니까' 라는 말을 사용할 수 있었다.
7회기	우리 동네와 비슷한 사진을 찾고 주소 알기
낱말	대구광역시, 수성구, 신매동, 아파트, 게임기, 컴퓨터
어절	게임기가 있다, 컴퓨터가 있다
수업일지	자기 집과 비슷한 사진을 찾을 수 있으며, 자신의 집 주소를 쓸 수 있었다. 그리고 자신이 살고 있는 아파트 이름에 관한 뜻도 알고 있으며 집에 있는 것 중에서 제일 좋은 것은 컴퓨터와 게임기라고 했다.
8회기	짧은 문장을 읽고 중요한 내용 말하기
낱말	가래, 귤, 껍질, 기침, 배, 꿀, 도라지, 중탕
수업일지	'감기 안녕' 이라는 짧은 글을 읽고 글을 구조화시켜 보았는데, 아동들이 내용을 파악하는 데 도움이 되었다. 가래가 있을 때에는 귤 껍질을 달여 먹고 기침을 할 때에는 배, 꿀, 도라지로 중탕을 하여 먹으면 좋다고 하였다. '달인다' 를 '달린다' 로 잘못 표현하였고, 뜻은 잘 모르지만 '중탕' 이 중요한 낱말이라고 적었다.

13회기	사진을 보고 내용에 어울리는 표현해 보기
낱말	비둘기, 합창단, 말, 느끼하게, 리마리오, 표현, 행동, 이상하다
어절	비둘기 합창단에서 나왔다, 말은 느끼하게 말한다, 더듬거리며 말한다, 행동이 이상하다
수업일지	TV 속의 내용도 잘 이해하는 것 같다. '느끼하게, 리마리오, 표정, 행동' 이라는 낱말을 사용했고, '더듬거리며' 를 '더듬커리며' 라고 잘못 표현하였으며, 조사 사용이 미흡하였다.
14회기	신문기사를 나의 이야기로 바꾸어 써 보기
낱말	으뜸대회, 실시, 내용, 예체능, 글짓기, 열심히
어절	1년에 두 번, 실시하였다, 글짓기에 참여하였다, 열심히 하였다
수업일지	'국어, 수학, 사회, 과학' 이라는 낱말을 사용하고 있으며, 주어가 없는 문장도 나타나 있다.
23회기	만화 속의 이야기를 읽고 자신의 생각 나타내어 보기
낱말	우리 집, 나라, 어렵다, 돈, 벌기, 힘들다, 회사, 직장, 저금, 물건
어절	나라가 살기 어렵다, 돈 벌기가 힘들다, 직장을 떠나는 사람들이 많다, 물건을 아껴 쓴다
수업일지	만화 속의 이야기를 읽고 전체적인 흐름을 파악하여 자신의 생각을 잘 나타내었다. 이어주는 말을 적절하게 사용하였다면 문맥이 부드러워졌을 것이다. 틀리는 글자는 없는 편이다.
24회기	주장하는 글을 읽고 글의 주장과 근거 찾아보기
낱말	약수터, 죽었다, 이웃, 돕자, 굶었기, 불쌍한
어절	물만 먹다가 죽었다, 불쌍한 이웃을 돕자, 네 살 어린이가 굶어서
수업일지	'저소득층' 이란 낱말의 뜻을 이해시켰고 사회에서 일어나는 일을 잘 살펴보는 좋은 계기가 되었다. '불쌍한 이웃을 돕자' 라는 주제와 더불어 그에 따른 근거도 잘 제시하였다.

2) 읽기 · 쓰기 능력 향상에 대한 효과

국어기초능력검사(KEDI 개발) 읽기 25문항의 문제를 아동들에게 검사해 보았다. 아동들이 신문활용교육 전에는 문제의 내용을 50~80% 수준으로 이해하고 있었으나 신문활용교육 후에는 80~90% 수준으로 이해도가 높아졌다. 이후 국

표 11-1 사전 · 사후 검사에 의한 결과(정답률) 비교

국어기초능력 검사 (KEDI 개발)	읽기(25문항)		쓰기(25문항)	
이름	사전(%)	사후(%)	사전(%)	사후(%)
양○○	13(52)	20(80)	12(48)	17(68)
김○○	17(68)	20(80)	18(72)	22(88)
박○○	19(76)	23(92)	17(68)	23(92)

어기초능력검사(KEDI 개발) 쓰기 25문항의 문제를 아동들에게 검사해 보았다. 아동들이 신문활용교육 전에는 40~70% 수준으로 이해하고 있었으나 신문활용교육 후에는 60~90% 수준으로 이해도가 높아졌다.

이상의 논의를 통해 NIE를 통한 국어과 학습프로그램은 주의집중 시간이 짧고 학습에 흥미를 잃은 경도 정신지체아동의 읽기 · 쓰기 지도에 있어서 상당한 효과가 있음을 알 수 있었다. 쓰기에 관련된 선행 연구가 아직 미흡한 실정이기는 하나, 주어진 학습 주제에서 글을 읽고 쓰는 과정이 들어 있으므로 읽기 · 쓰기는 함께 공존한다고 보면 좋을 것 같다. 이런 관점에서 연구자는 쓰기의 기본이 되는 낱말과 문장으로 짧은 글을 쓰는 것이 중요하다고 판단하여 NIE를 활용하여 문장 쓰기의 방법을 지도하였다. 먼저 아동의 흥미와 수준에 맞는 기사와 사진을 선정하여 내용을 짐작하게 한 다음, 연구자와 아동이 함께 기사를 읽어나간 뒤 육하원칙에 따라 내용을 파악하여 쓰는 훈련을 하였다. 아동들은 연구자가 제시하는 문장의 순서를 익히는 데 모두 흥미를 가지고 임하여 좋은 결과를 보였다.

◯ 신문활용교육을 통한 읽기지도의 예시 Ⅰ[2)]

〈신문활용교육 프로그램 단계별 목표 및 주제〉

단계	활동 목표	주제	목표 어휘
1단계 - 신문지 놀이	신문을 이용한 다양한 놀이를 통해 신문과 친숙해지기	1회: 색칠하기 2회: 모자이크하기 3회: 사진 옷 입히기 4회: 똑같이 그리기	
2단계 - 신문 탐색 및 찾기	신문 속의 다양한 구성 요소 알기	5회: 모양 찾기	동그라미 세모 네모
		6회: 사람 찾기	안경 모자
		7회: 우리나라 사람과 다른 나라 사람 찾기	대한민국
		8회: 이름 찾기	나라 사람 도시
		9회: 음식 찾기	우유 치킨
		10회: 나무에 과일 달기	사과 포도 배
		11회: 얼굴 사진 오려 나이별로 늘어놓기	아기 할아버지
		12회: 큰 글자와 작은 글자	크다 작다
		13회: 자음 모음 나누기	자음 모음
		14회: 단어 찾아 붙이기	단어
		15회: 글자 마을 꾸미기	마을
		16회: 같은 글자 찾기	같다
		17회: 특정 글자가 들어간 글자 찾기	산 강
3단계 - 심화 학습 단계	신문의 내용을 통해 국어 학습하기	18회: 낱말 만들기	낱말
		19회: 끝말 이어가기	기자 기차
		20회: 단어 피라미드	피라미드
		21회: 우리 몸의 이름 알기	눈 코 입
		22회: 일기 예보 알기	날씨 기온

2) 조선아(2002). 신문활용교육이 정신지체학생의 읽기 · 쓰기 능력에 미치는 효과. 우석대학교 대학원 석사학위논문.

3단계 -심화 학습 단계	신문의 내용을 통해 국어 학습하기	23회: 오늘의 운세로 동물 알기	호랑이 닭 띠
		24회: 내가 좋아하는 TV 프로그램	프로그램
		25회: 교통수단 알기	자동차 비행기
		26회: 다양한 표정 찾기	기쁘다 슬프다
		27회: 여행 가기	바다 해수욕장
		28회: 운동 알기	축구 야구 수영
		29회: 나의 소개	소개
		30회: 직업 알기	학생 경찰 의사

〈신문활용교육 프로그램 활동계획안〉

주제	22. 일기예보 알기	날짜	2002. 7. 5.
목표	날씨에 관한 내용을 이해하고 주요 낱말을 찾아서 읽고 써 본다.		
활동 단계	활동 내용	준비물 및 유의사항	
도입 -문제제기 및 문제파악	- 다음날의 날씨를 어떻게 알 수 있을까에 대해 이야기 나눈다. - 신문 속에서 날씨를 알 수 있는 방법에 대해 이야기 나눈다. - 날씨에 관한 낱말에 대해 이야기 나눈다.	- 신문지의 날씨와 관련된 낱말 카드, 연필, 사인펜	
전개 -문제 탐색 및 문제해결	- 신문 속의 날씨 이야기를 함께 읽어 본다. - 읽고 난 후 기사 속의 내용을 이해할 수 있도록 질문을 한다. - 각자 날씨 이야기를 다시 읽어 보며 내용에 알맞은 말을 찾아 써 본다.	- 기사를 읽으면서 밑줄을 긋도록 하고 중요하다고 생각되는 곳에 표시를 해도 됨을 알린다.	
마무리 -문제 확인 및 정리	- 오늘 활동을 정리하고 다함께 모인다. - 학생들의 활동 결과물을 발표한다. - 오늘 활동 중에 재미있었던 일과 어려웠던 점에 대해 이야기해 본다. - 다음 시간의 활동을 미리 알린다.	- 사용했던 물건은 제자리에 정리한다. - 다시 쓸 수 있는 신문은 모아둔다. - 학생들의 활동 결과물은 전시하도록 한다.	

신문활용교육을 통한 읽기지도의 예시 II[3]

1. 신문활용교육 프로그램의 구성

본 연구는 유아교육 현장에서 적용할 수 있는 신문으로 사고력을 증진시키고자 2000년 1월부터 3월까지 본 연구자와 유아교육 전문가 2인이 함께 「신문으로 창의성을」(김선아, 1995), 「유아의 창의적 사고를 돕기 위한 활동자료」(충청남도 교육청, 1997), 「유치원 교육과정으로서의 신문 활용 교육」(영은 유치원, 1998), 「신문은 내 친구」(중앙일보, 1999), 「유아 NIE의 이론과 실제 활용편」(조해숙, 2000)의 자료를 바탕으로 유치원 교육과정의 생활 주제와 유아의 발달 수준, 흥미를 고려하여 만 5세 유아에게 적합한 부분을 재편성하여 고안하였다.

2. 신문활용교육 프로그램의 내용

프로그램의 초기 단계에서는 유아들이 언어에 익숙하지 않으므로 글을 읽고 쓰는 활동보다는 큰 활자와 그림을 중점으로 간단하게 오리고 붙일 수 있는 활동으로 구성하였고 점차로 미완성된 그림 완성하기나 이야기 꾸미기, 서로 관련된 물건 찾기 등 유아의 사고력과 함께 글자에도 익숙해질 수 있는 활동으로 구성하였다.

활동명	주요 내용
〈활동 1〉 걸리버 여행기	유아들이 신문에서 큰 글자와 작은 글자를 찾아 붙이는 활동을 통하여 큰 글자와 작은 글자를 비교할 수 있는 활동이다. 유아들이 활동하기에 간단하면서 즐거움과 재미를 가질 수 있는 활동이다.

3) 박지인(2000). 신문활용교육(N.I.E.)을 통한 유아의 사고력 증진 효과에 관한 연구. 숙명여자대학교 대학원 석사학위논문.

〈활동 2〉 나만의 시계	시계의 밑그림만을 제시하고 신문에서 숫자를 찾아 붙여 가며 나만의 시계를 완성해 보는 활동이다. 숫자를 다 붙인 후 원하는 시간에 시침과 분침을 그려 넣고 원하는 유아는 여러 가지 필기도구로 시계를 꾸며 나만의 시계 이름을 지어 볼 수 있다.
〈활동 3〉 기차 타고 갈 거에요	유아들이 기차를 타 보았던 경험을 바탕으로 신문에서 다양한 사람들, 즉 뚱뚱하거나 날씬한 사람, 안경을 쓰거나 안 쓴 사람, 키가 크거나 작은 사람 등을 찾아보면서 비교하여 보는 활동이다. 찾은 사람들을 해당하는 기차에 붙이고 마지막 한 칸에 내가 태우고 싶은 사람의 특징을 적은 후 신문에서 찾아 붙인 뒤 나만의 기차 이름을 지어 볼 수 있는 활동이다.
〈활동 4〉 생일 파티 음식 차리기	신문에 나오는 여러 가지 음식을 찾아 생일상의 원하는 곳에 붙인 뒤 멋있고 맛있는 생일상을 차려 보는 것으로, 생일상을 차린 후 멋진 생일상 이름을 지어 보고 꾸밀 수 있는 활동이다.
〈활동 5〉 찾았다, 내 이름	신문에 나오는 여러 가지 글자 중에서 내 이름에 나오는 글자를 찾아 오린 후 내 이름을 완성하는 활동이다. 내 이름을 다 찾아 붙인 후 신문에 나오는 다양한 사진 중 내가 미래에 되고 싶은 직업의 사람을 찾아 오려 붙이는 활동이다.
〈활동 6〉 우리 집 전화번호	신문에서 여러 가지 숫자를 찾고 활동지에 그려져 있는 전화기의 알맞은 부분에 숫자를 찾아 오려 붙이는 활동이다. 적절한 곳에 숫자를 붙인 후 필기도구를 이용하여 우리집 전화번호에 나오는 숫자를 찾아 색칠을 하여 봄으로써 우리집 전화번호를 알 수 있으며, 기호에 맞게 더하고 빼면서 스스로 숫자놀이를 즐길 수 있는 활동으로, 다 한 후 나만의 전화기 이름을 적어 볼 수 있다.
〈활동 7〉 모양나무	신문에서 동그라미, 세모, 네모 모양이 될 수 있는 것들을 찾아 나무에 붙여 모양나무를 만들어 주는 활동이다. 6~8명 정도로 집단을 정하고 함께하면서 친구들의 생각을 존중할 수 있고 유아들의 사고력을 길러 줄 수 있다.
〈활동 8〉 반쪽 그리기	신문에 있는 여러 가지 사진이나 그림 중 일부를 삭제한 뒤 제시하여 나타나지 않은 부분을 유아가 상상하여 그려 보는 활동이다. 활동이 끝난 후 원래의 모습을 보여 주어 일상생활에서 흔히 볼 수 있는 것들에 대한 관찰력을 기를 수 있다.
〈활동 9〉 우리는 이렇게 생각해요	신문에서 유아들의 흥미를 끄는 재미난 그림이나 사진을 찾아 제시한 후 '이 사람은 어떤 생각을 하고 있을까?' '무슨 말을 하는 걸까?' 등의 질문을 던져 유아들의 다양한 생각을 기록하게 하는 활동이다. 6~8명 정도로 집단을 정하고 친구의 생각을 존중하면서 다양한 생각을 할 수 있다.

〈활동 10〉 동물은 내 친구	신문에서 동물을 찾아 오려 붙이는 활동이다. 동물 그림이 다양하지 않을 수 있으므로 교사는 미리 '오늘의 운세'에 나오는 동물들을 준비해 두어 제시해 줄 수 있다. 동물의 얼굴만 오려 붙이고 필기도구를 이용하여 몸을 완성한 후 서로 무슨 이야기를 주고받는지 재미나게 생각하여 글로 적어 보는 활동이다. 활동을 다 한 후 내가 되고 싶은 동물이 무엇인지 적어 보도록 할 수 있다.
〈활동 11〉 내 방 꾸미기	내 방에 무엇이 있는지 생각하여 신문에서 찾아 내 방을 꾸며 봄으로써 유아들이 즐거움을 가질 수 있는 활동이다. 내 방에 없는 물건이라도 원하는 것이 있으면 오려 붙일 수 있도록 하고 다 꾸민 후 내 방 이름을 재미나게 지어 볼 수 있다.
〈활동 12〉 우리 반 꾸미기	6~8명 정도로 집단을 정하여 함께 우리 반을 꾸며 보는 활동으로 선생님을 위한 공간, 우리들을 위한 공간을 정해 주어 필요한 물건들을 신문에서 찾아 한 번 더 생각하여 붙여 꾸미는 활동이다. 우리 반을 다 꾸민 뒤 친구들과 상의하여 우리 반의 새로운 이름을 멋지게 지어 볼 수 있다.
〈활동 13〉 전화놀이	유아들이 전화를 해 보았던 경험을 되살려 신문에서 내 마음에 드는 사람을 2명 찾아 오려 붙인 뒤 전화상으로 무슨 이야기를 주고받는지 재미나고 독특하게 생각하여 이야기 주머니에 적어 보는 활동이다.
〈활동 14〉 제 생각 어때요	신문에 여러 가지 광고가 있음을 알고 신문에 나온 여러 가지 그림이나 사진 중 유아가 직접 광고 선전해 보고 싶은 물건을 찾아 오려 붙인 후 재미있고 독창적인 아이디어로 광고를 만들어 보는 활동이다.
〈활동 15〉 우리는 이렇게 생각해요	신문에 나온 그림이나 사진 중 유아에게 문제해결을 할 수 있는 것을 제시한 후, '이 사람들을 어떻게 도와줄 수 있을까?' '이 사람들에게 해 주고 싶은 말에는 무엇이 있나?' 등의 질문을 하여 기록지 안에 적어 보도록 하는 활동이다. 유아들의 사고를 확장해 줄 수 있다.
〈활동 16〉 극과 극	양쪽으로 향하는 화살표(↔)를 3개 정도 제시하여 주고 신문에서 다양한 그림이나 사진 중 서로 반대되는 개념을 가진 것들을 찾아 짝을 지어 보게 하는 활동이다. 예를 들면, 화살표의 한쪽에 안경을 쓴 사람을 붙였으면 다른 한쪽에는 안경을 쓰지 않은 사람을 붙이도록 한다.

3. 신문활용교육 일일활동안

활동명	기차 타고 갈 거예요	일시	2000. 3. 29. (수)	장소 및 대상	○○반 / 만 5세 유아
활동 목표	1. 신문에서 다양한 특징을 가진 사진과 그림을 찾아낼 수 있다. 2. 각각의 특징들을 비교해 보고 기차 이름을 지어 볼 수 있다.				
시간	단계	교수-학습 활동 내용		자료 및 유의점	
		교사	유아		
10:00~	문제 제시	- '칙칙 폭폭' 무슨 소리 같아요? - 우리 친구들 기차 여행해 본 경험 있나요?	- 기차 소리요. - 있어요/없어요.	• 여행 갔던 경험을 물으며 관심을 유도한다.	
10:07~	문제 탐구	- 기차가 아닌 다른 것을 타 본 경험이 있나요? - 기차는 어떤 점이 다른 교통수단들과 다르지요? - 그래요? 그래요. 기차는 아주 길고 빨라요. 기차 타고 갈 때 어떤 사람들을 보았는지 기억나요? - 아주 다양하고 많은 사람들이 탔었군요.	- 아빠 차요/기차요/전철이요. - 기차는 길어요/자동차보다 더 빨라요. - 네, 할아버지, 아줌마, 아저씨, 형, 언니, 동생 등.	• 기차를 타 보았던 경험에 비추어 다양한 사람들의 모습을 생각할 수 있도록 하고 자유롭게 발표할 수 있도록 한다.	
10:17~	문제 해결	- 오늘은 선생님하고 함께 기차를 타고 여행을 가 볼 거예요. 어디 한 번 볼까요? (활동지를 보며) 그런데 이 기차는 자리가 정해져 있어요. '머리가 짧은 사람' 이라고 쓰여진 칸이 있네요. 그	• 유아는 도화지와 신문을 한 개씩 받아 간다. • 도화지에 이름을 적고, 신문에서 적절한 그림을 찾아 오린 후 기차 안의 알맞은 자리에 깨끗이 붙인다.	〈신문, 도화지, 가위, 풀, 필기도구〉 • 교사는 신문에서 첫 번째 칸에 맞는 사진을 찾아 오려 붙이며 설명하면서 워밍업한다.	

10:17~	문제 해결	러면 이곳엔 어떤 사람을 태우면 될까요? (유아의 반응을 듣는다.) 이렇게 정해진 자리에 탈 수 있는 사람을 찾아 태워 주어야 출발할 수 있어요. 어! 그런데 기차의 마지막 칸을 보세요, 아무런 글씨도 없네요? 이곳에는 우리 친구들이 태우고 싶은 사람의 특징을 쓴 다음 신문에서 적절한 사진을 찾아 붙이면 돼요. 다 붙인 친구는 멋지게 기차 이름도 한 번 지어 주세요.	• 스스로 자유롭게 다양한 사진을 찾는다. • 활동을 다 끝낸 후 교사에게 확인을 받는다.	• 자유로운 분위기에서 자신의 생각대로 활동할 수 있도록 한다. • 유아들의 활동을 하나하나 자세히 지켜보고 적절한 질문과 도움을 준다. • 글을 모르는 친구는 활동이 끝난 후 손을 들도록 한다. • 질문이 있을 때에는 언제든지 손을 들고 이야기하도록 한다.
10:50~ 11:00	평가 및 정리	• 오늘 활동을 하는 동안 특별히 힘들었던 점이나 재미있었던 점에 대해 이야기 나누고 다음 시간에 할 NIE 활동을 미리 소개한다.	• 활동을 다 끝낸 유아는 자기 자리를 정리 정돈한다. • 카펫에 모여 앉아 자유롭게 발표한다.	• 사용한 물건은 제자리에 가져다 놓는다. • 큰 신문은 NIE 상자에 넣고, 작은 신문 조각은 모아서 종이 쓰레기통에 넣는다.

활동명	전화 놀이	일시	2000. 4. 21. (금)	장소 및 대상	○○반 / 만 5세 유아
활동 목표	1. 신문에서 다양한 얼굴표정을 찾을 수 있다. 2. 그림이나 사진을 통하여 얻어진 자신의 생각과 느낌을 다양하고 자유롭게 표현할 수 있다. 3. 얼굴표정을 보고 자신의 느낌과 생각을 말할 수 있다.				

시간	단계	교수-학습 활동 내용		자료 및 유의점
		교사	유아	
10:00~	문제 제시	- 오늘 기분이 어때요?	- 좋아요	• 자연스럽게 오늘 자신의 기분을 이야기한다.
10:07~	문제 탐구	- 방긋방긋 예쁘고 멋있게 웃는 표정을 보니 우리 ○○반 친구들, 오늘 기분이 몹시 좋은가 보네요. 기분이 좋을 때는 전화거는 얼굴 모습이 어떨 것 같나요? - 우리 친구들 전화해 본 적이 있나요? 누구와 전화해 보았나요? - 무슨 이야기를 나누었는지 기억나는 친구 있나요? - 자, 선생님이 아기와 할아버지 사진을 오려 왔어요. 이 두 사람이 전화하고 있다면 무슨 이야기를 할 것 같아요? (유아의 반응을 듣는다.)	- 웃고 있을 것 같아요. - 전화해 봤어요. 아빠랑요/엄마랑요/할머니, 할아버지한테요. - 아빠한테 일찍 들어오라고 했어요/내가 할머니한테 사랑한다고 했어요. - 할아버지 보고 싶다고요/놀러오라고 하실거 같아요 등.	• 다양한 얼굴표정을 보고 상상하여 사람의 감정을 생각할 수 있음을 인지시킨다. • 교사는 유아가 전화를 걸어 본 경험을 자연스럽게 발표할 수 있도록 한다. • 교사는 신문에서 적절한 사진을 오려 도화지에 붙이고 독특한 이야기를 이끌 수 있도록 예시를 보여 주어 아동의 사고력을 활성화시킨다.

10:17~	문제 해결	- 오늘 선생님이 나눠 줄 도화지에 무엇이 보이죠? (전화기 그림) 그래요. 전화기가 있지요! 신문에 있는 많은 사진 중에서 내 마음에 드는 사진 두 개를 골라 동그라미 안에 오려 붙이세요. 그런 다음 무슨 이야기를 나누고 있는지 이야기 주머니에 적어 주세요. 내가 고른 사진이나 그림은 어떤 것이라도 좋고 어떤 이야기라도 좋아요. 도화지를 받은 다음 먼저 이름을 적고 싶은 곳에 적고 활동을 시작하세요.	• 유아는 도화지와 신문을 함께 한 개씩 받아 간다. • 도화지에 이름을 적고 신문에서 마음에 드는 사진을 찾는다. • 찾는 것들을 오린 후 동그라미 안에 붙인다. • 이야기 주머니에 무슨 이야기를 나누고 있는지 생각하여 적는다. • 활동을 다 끝낸 유아는 교사에게 확인을 받는다.	〈신문, 도화지, 가위, 풀, 필기도구〉 • 다양한 표정과 사진을 보며 자연스럽게 느낌과 생각을 적어 갈 수 있도록 한다. • 글을 모르는 유아는 활동을 마친 후에 손을 들도록 한다. • 유아들의 활동을 하나하나 자세히 지켜보고 적절한 질문과 도움을 준다. • 질문이 있을 때에는 언제든지 손을 들고 이야기하도록 한다.
10:50~ 11:00	평가 및 정리	• 오늘 활동을 하는 동안 특별히 힘들었던 점이나 재미있었던 점에 대해 이야기 나누고 다음 시간에 할 NIE 활동을 미리 소개한다.	• 활동을 다 끝낸 유아는 자기 자리를 정리 정돈한다. • 카펫에 모여 앉아 자유롭게 발표한다.	• 사용한 물건은 제자리에 가져다 놓는다. • 큰 신문은 NIE 상자에 넣고 작은 신문조각은 모아서 종이 쓰레기통에 넣는다.

✣ 참고문헌

김선아(1995). 신문으로 창의성을. 서봉 창의성 개발 연구소.

박지인(2000). 신문활용교육(N.I.E)을 통한 유아의 사고력 증진 효과에 관한 연구. 숙명여자대학교 대학원 석사학위논문.

심태호(2000). 단계별 NIE 학습 프로그램을 활용한 포트폴리오 기법 적용이 학습장애아의 기초 언어기능 신장에 미치는 효과. 현장연구 학습장애분과.

영은유치원(1998). 유치원 교육과정으로서의 신문 활용 교육. 서울시 교육청 시범 운영 보고서.

이희자(2001). 생활중심 NIE언어학습프로그램이 학습장애아 읽기 능력 신장에 미치는 영향. 서울: 월촌초등학교.

조선아(2002). 신문활용교육이 정신지체학생의 읽기 · 쓰기 능력에 미치는 효과. 우석대학교 대학원 석사학위논문.

조해숙(2000). 유아 NIE의 이론과 실제-활용편. 서울: 양서원.

중앙일보(1999). 신문은 내 친구 1, 2(4-6세용). 중앙 M&B.

최윤숙(2005). 신문활용교육을 통한 국어과 학습 프로그램이 경도정신지체아동의 읽기, 쓰기 능력 향상에 대한 사례연구. 영남대학교 대학원 석사학위논문.

충청남도 교육청(1997). 유아의 창의적 사고를 돕기 위한 활동자료.

제4부
통합 교수-학습 전략

12
총체적 언어교육

이론적 배경

1. 총체적 언어교육의 의의

총체적 언어접근은 1980년대 중반에 들어와 독본읽기의 대안으로서 구미를 중심으로 두드러지게 일어난 언어교육 운동이다(황영미, 2002). 다른 말로 표현하면, 총체적인 언어교육은 종래의 기능 중심의 획일화된 언어교육에 반대하여 일어났다. 총체적 언어접근은 언어의 실제 사용을 강조하면서 무엇보다도 학습자의 입장에 서서 의미 있는 언어학습이 되게 하는 데 초점을 둔다. 총체적 언어접근에서 가장 중시되는 것은 '의미의 이해' 다. 총체적 언어접근은 학습자를 전인적 존재로 보고 '의미를 위해, 자신을 이해하기 위해, 다른 사람들을 자신의 세계와 관련짓기 위해' 언어를 사용하도록 도와주는 데 역점을 두고 있다. Goodman(1986)은 '총제적 언어접근에 의한 이해중심읽기 교육과정' 이라고 하여 총체적 언어접근에서 어떤 것이 총체적인가를 다음과 같이 설명하였다.

- 총체적 언어학습은 학생이 총체적 상황에서 언어를 배운다.
- 총체적 언어학습은 언어, 학생 및 교사를 모두 존중한다.
- 총체적 언어학습은 진정한 언어활동 자체를 초점으로 한다.
- 학습자는 자신의 목적을 이루는 모험도 감수한다.

이와 같은 Goodman의 설명을 빌려 총체적 언어접근을 정의하여 본다면, '총체적 언어접근은 자연스러운 모든 상황에서 말하기, 읽기, 쓰기를 통합적으로 할 수 있도록 지원하는 교수전략'이라고 할 수 있다. 여기서 '총체적'이란 다음과 같은 세 가지 의미를 내포한다. 첫째, 언어의 기본 단위가 '낱자'가 아니라 '의미'의 덩어리(whole)라는 것이다. 둘째, 언어의 네 가지 영역인 말하기, 듣기, 읽기 및 쓰기를 인위적으로 분리하여 가르치지 않고 총체적 또는 통합적으로 가르쳐야 한다는 것이다. 셋째, 교육과정이 통합적으로 이루어져야 한다는 것이다. 즉, '봄'이라는 국어 교과서의 단원을 가르칠 때 언어의 통합을 가지고 가르쳐야 한다는 것이다.

2. 총체적 언어교육과 전통적 언어교육의 비교[1)]

이성은(1997)은 총체적 언어교육과 전통적 언어교육을 교육방법 측면에서 비교 설명하였는데, 요약하면 〈표 12-1〉과 같다.

1) 채지은(2006). 총체적 언어학습 프로그램이 읽기학습장애아동의 어휘력 및 독해력에 미치는 효과. 우석대학교 교육대학원 석사학위논문.

표 12-1 총체적 언어교육과 전통적 언어교육의 비교

구분	총체적 언어교육 방법	전통적 언어교육 방법
학습목적	- 학습자의 최대한의 성장과 장점의 확산 - 의미에 의한 언어 능력의 전체적인 향상과 관련 교과의 자연스러운 통합	- 언어기술의 향상
프로그램의 내용 및 방법	- 교사와 아동이 함께 결정 - 학습 시간 계획에 융통성 부여 - 학교 안팎에서 교수 영역 채택 - 다양한 자료 활용 - 실수를 이해하는 것이 초점	- 교사가 결정 - 학습 시간 계획이 고정적 - 교실 내부에서 교수 영역 채택 - 제한된 자료(교사, 교과서 중심) - 실수를 교정하는 것에 초점
활동 조직	- 개별, 소집단, 전체 집단 단위 - 필요에 따라 학습 공간 재배열	- 전체 집단 단위 - 고정된 지식
교사, 학생의 역할	- 공유하는 협동적 상황에서 의미를 함께 습득 - 교사, 학생의 역할이 명백히 구별되지 않고 같이 학습에 참여	- 교사에 의해 의미의 우선순위 결정 - 교사, 아동 역할이 명백히 구별됨 - 교사는 지시와 명령, 학생은 수용
평가	- 학습과정 중에 끊임없이 평가 - 개별적 - 교사 관찰 기록, 교사 평가, 학생 평가 등 다양한 평가 방법의 활용	- 1년 중 몇 번 - 객관식 - 지필 검사에 의한 획일적 평가 방법 활용

3. 총체적 언어교육의 구성

1) 읽기 활동을 통한 방법

총체적 언어교육에 의한 읽기지도의 교수-학습 원리는 의미 있고 목적 있는 지도가 되어야 하며, 아동과 교사의 내적 동기를 최대화하고, 아동-아동, 교사-아동의 상호작용을 증진시켜야 함을 강조한다. 이에 적합한 방법으로 Routman (1991)이 제안한 총체적 언어교육에서 실시할 수 있는 읽기지도 방법은 다음과 같다.

첫째, '소리 내어 읽기'는 다함께 읽기를 통해 아동에게 국어의 특성에 대한 감각, 언어체계에 대한 통찰력, 음의 높낮이와 강세의 중요성, 의미와 감정을 갖도록 한다.

둘째, '함께 읽기'는 언어에 숙달된 감정을 넣어서 능숙하게 책을 읽고 아동과 아동, 아동과 교사가 짝이 되어 활동함으로써 읽기를 내적인 의미화 과정으로 만든다.

셋째, '유도적 읽기'는 대부분 토론 시간에 이루어지는 것으로 이야기 구성이나 인물에 대한 이야기를 나누는 것이다. 어려운 단어나 이해할 수 없는 단어가 나오면 생활 속에서 그 뜻과 의미를 찾는 중재활동을 가진다.

넷째, '혼자 읽기'는 아동이 조용히 글을 읽는 자유로운 활동으로 아동을 독립적인 독자로 만든다. 또한 자기가 선택한 책을 이용하여 소리 내지 않고 읽는 것을 연습할 기회를 제공하는 것이다.

2) 말하기, 듣기 활동을 통한 방법

아동이 이해하거나 생각한 내용을 자연스럽게 표현할 수 있는 기회를 제공하며 다른 사람이나 교사가 말하는 내용을 바른 자세로 듣고 이해하는 태도를 기를 수 있도록 한다.

말하기, 듣기 활동을 통한 방법은 다음과 같다.

첫째, '교육 연극하기, 인형극 하기'는 작품의 내용에 나오는 등장인물의 역할이 되어 자연스럽게 말할 기회를 제공한다. 또한 부끄러움을 타는 아동에게 손가락 인형, 양말 인형, 막대 인형, 봉투 인형 등의 소도구 활용을 통해 말할 기회를 제공해 준다.

둘째, '토론하기'는 아동에게 주제에 대한 생각을 질문하거나 문제점에 관해 말하도록 유도함으로써 아동 간의 의미 있는 토론 활동이 되도록 한다.

셋째, '지시사항 듣기'는 교사가 아동에게 알려 주는 활동에 대해 잘 듣고 간단히 말하거나 그 이야기를 요약해 보도록 한다.

넷째, '게임전략'은 예를 들면, 아동이 좋아하는 음식 말하기에서 앞에서 이야기한 내용을 한 번 반복하면서 원하는 내용을 추가하여 말하는 것으로, 앞사람의 단어를 정확히 기억해야 한다(간단한 이야기를 들려준 후 글에 관한 내용을 퀴즈 게임 등을 활용하여 구체적으로 질문할 수 있다.).

다섯째, '자세히 듣기' 는 교사가 아동에게 자세히 듣도록 한 후 이야기를 들려준다.

여섯째, '중요한 부분에 메모하며 듣기' 에서 교사는 아동에게 들려주는 이야기의 내용을 기록하여 듣도록 함으로써 중요 문장 및 전체의 흐름을 파악할 수 있도록 한다.

3) 쓰기 활동을 통한 방법

문학작품에 대해 자신의 생각이나 느낌을 직접 써 보는 경험을 자주 가짐으로써 이해력이 높아진다. 또 창조적 활동에 적극 참여함으로써 만족감을 얻을 수 있으며, 이러한 활동을 통해 자신의 생각과 느낌을 다른 아동에게 전해 주어 호기심을 불러일으키도록 유도할 수 있다. 자칫 독창적인 이야기 쓰기나 독후감 쓰기는 매우 지루하거나 어려운 일이 될 수 있으므로 다양한 방법과 활동을 통해 쉽게 접근할 수 있도록 한다.

쓰기 활동을 통한 방법은 다음과 같다.

첫째, '대본 만들기' 로, 이는 책의 내용을 읽고 아동의 생각과 상상력을 통한 독창적인 쓰기 활동을 한다. 엄중한 상황이나 묘사를 허용하며 그림을 이용하여 더욱 쉽게 접근할 수 있다.

둘째, '편지 쓰기' 로, 교육 연극 속의 한 인물이나 배경에게 편지글을 써 봄으로써 자신의 생각과 의견을 정리할 기회를 준다.

셋째, '광고 꾸미기' 로, 책의 내용을 이해한 뒤 잡지, 팜플렛, 포스터 등을 이용해서 책을 광고하거나 내용에 관련된 광고를 만드는 것이다.

넷째, '제목 붙이기' 로, 대본 꾸미기나 편지 쓰기 활동과 함께 병행할 수 있는데 제목을 바꾸어 보거나 새로 만들어 보는 것이다.

4) 평가

교사는 학습 수행 중에 끊임없는 관찰과 기록을 하여야 한다. 즉, 대화, 놀이, 쓰기, 토의 과정을 직접 보고 들으면서 관찰 기록표에 아동의 개발 성취도와 성장 발달과 학습 진도 등을 관찰해서 기록할 필요가 있다. 이와 동시에 교사는 자기 자신에 대한 평가를 끊임없이 실시하여 자신의 교수 계획과 방법에 대해 스스로 평가하고 개발할 수 있어야 한다. 총체적 언어교육의 상황에서는 아동 스스로의 학습 평가도 필요하다. 아동 자신이 문제해결 과정을 토론하는 과정에서 그리고 극의 전개 과정에서 자기 성취도 및 자신감을 스스로 자각할 수 있어야 한다.

총체적 언어교육의 효과성[2)]

1. 연구의 목적

본 연구는 전래동화 중심의 총체적 언어교육 프로그램이 읽기 · 쓰기장애를 지닌 초등학교 학생들의 문자언어인 읽기와 쓰기 학습에 어떤 영향을 미치는가를 알아보고자 하는 것으로 그 구체적인 목적은 다음과 같다.

첫째, 전래동화 중심의 총체적 언어교육프로그램이 읽기 · 쓰기장애아동의 읽기 능력에 미치는 효과를 파악한다.

둘째, 전래동화 중심의 총체적 언어교육프로그램이 읽기 · 쓰기장애아동의 쓰기 능력에 미치는 효과를 파악한다.

2) 한영희(2002). 전래동화 중심의 총체적 언어교육 프로그램이 읽기, 쓰기장애아의 문자언어 학습에 미치는 효과. 부산대학교 대학원 석사학위논문.

2. 총체적 언어교육에서의 전래동화 적용

총체적 언어교육은 언어지도를 위해 아동이 주변에서 쉽게 접근할 수 있는 그림동화책을 활용하며 그림동화책의 내용 및 단어와 문장을 활용하는데, 이와 같은 접근은 언어의 의미론, 구문론 및 화용론을 가르칠 수 있는 보다 많은 기회를 부여한다(Sobut & Bogen, 1993). 또한 사람들은 모두 이야기를 좋아하며, 동화 자체가 아동의 흥미나 생활과 밀접히 관련되어 있어 언어교육에 좋은 소재와 방법이 될 수 있으며, 전래동화와 관련하여 말하기, 듣기, 읽기, 쓰기를 동시에 학습할 수 있고, 이야기의 내용이나 주제 또는 제목으로 여러 가지 교육활동을 통합적으로 전개할 수 있으므로 그림동화책은 총체적 언어교육의 좋은 매체가 될 수 있다(강문희, 이혜상, 1998).

전래동화를 통한 총체적 언어교육은 아동의 읽고 쓰는 모든 시도가 소중하게 받아들여지고 존중되므로, 쓸 것에 대하여 이야기하기, 글짓기에 참여하기, 언어적 문제해결, 자기표현과 대화, 질문에 글로 답하기 등은 아동의 쓰기활동에 영향을 줄 수 있다. 그리고 전래동화는 효과적인 쓰기 모델이 되며, 배경지식을 확대시키고, 사고를 자극하기도 한다. 따라서 아동이 쓰기활동을 하는 동안 자연스럽고 풍부한 표현을 익히도록 쓰기의 내용에 초점을 두어야 한다. 하지만 전래동화를 특정 교육활동의 도구적 목적으로 이용할 경우, 그 목적에 부합되는 요소들만을 부분적으로 선택하여 동화의 의미를 부각시킴으로써 자칫 동화의 전체성을 잃어버리거나 동화가 갖는 본질적 목적인 삶의 지혜나 감성발달 등을 잃게 될 수 있는 점을 우려하고 있다. 그러므로 전래동화를 언어교육에 적용함에 있어 아동에게 적절한 책의 선택과 전래동화 본래의 내용과 가치가 침해되지 않게 시도하는 것이 고려되어야 한다(김경중, 김재숙, 1997).

3. 연구대상 및 설계

본 연구의 대상은 부산광역시 사하구에 위치한 S 초등학교 3학년 학생 3명이며, 이들은 모두 특수학급에 재학 중이다. 본 연구는 전래동화 중심의 총체적 언어교육 프로그램이 읽기 · 쓰기 장애아동의 문자언어학습에 미치는 효과를 규명하기 위하여 '대상자 간 중다기초선 설계' 로 하였다.

4. 연구도구

본 연구에서 사용한 검사도구는 KEDI-WISC 지능검사, 기초학습기능검사의 읽기 I 과 쓰기 검사를 실시하고, 훈련도구로는 총체적 언어학습 프로그램을 적용하며, '읽기와 쓰기 능력검사' 를 실시한다. '읽기와 쓰기 능력검사' 는 총체적 언어교육 프로그램이 적용된 전래동화에 나오는 단어로 이충우(1992)의 「국어 교육용 어휘 연구」에 의거한 200개의 단어를 사용한다. 교사가 그림과 단어를 제공하면 그림을 보고 단어를 변별하여 다른 사람들이 이해할 수 있도록 명확한 발음으로 적당한 소리를 내어 읽고, 쓰는 능력을 측정한다.

5. 동화를 활용한 총체적 언어교육 프로그램

1) 교육 내용 및 활동

① 생각 모으기: 그림동화책을 읽기 전이나 읽은 후에 동화의 주인공, 내용, 여러 가지 상황에 대해 느낌이나 생각을 이야기 나눈다. 가장 중요하다고 생각되는 단어 또는 문장, 동화 제목 등을 그림이나 글로 표현하는 활동이다.

② 같은 점, 다른 점 찾기: 동화를 듣고 상황이나 소재 등을 기초로 공통점과 차이점을 비교해 보고 써 본다.

③ 주인공 이름 지어 주기: 그림동화책의 주인공과 등장인물들의 이름, 생김새, 행동, 특성, 느낌에 대해 이야기를 나눈 후, 이들의 이름을 지어 보는 활동이다.

④ 요리 순서표 만들기: 동화에서 소개되는 음식을 알아보고, 동화 내용과 연관 지어 음식의 이름, 모양, 특성에 대해 이야기를 나눈다. 음식을 먹어 본

경험과 맛, 음식을 만드는 순서를 글과 그림으로 나타내는 활동이다.

⑤ 재미있는 단어 찾기: 동화책을 읽은 후 동화에서 소개되는 단어를 읽어 본다. 재미있는 단어, 모양이 재미있는 단어, 어려운 단어, 좋아하는 단어, 기억하고 싶은 단어 등을 찾아보고 써 보는 활동이다.

⑥ 단어 이용하여 짧은 글짓기: 동화책을 두세 번 반복하여 읽은 후 여러 가지 단어를 찾아 쓰고 다시 읽어 본다. 단어의 글자 모양을 살펴보며 같은 글자를 찾는 활동이다. 단어를 이용하여 생각나는 단어나 문장을 써 본다.

⑦ 단어 연상하기: 동화에 등장하는 사물, 사람, 사건을 중심으로 아동들이 자신의 생각, 느낌, 감정을 연상하여 쓰는 활동이다.

⑧ 등장인물에게 하고 싶은 말 표현하기: 등장인물의 생김새, 행동, 생각 등에 대해 이야기 나눈 후 등장인물에게 하고 싶은 말을 다양한 방법으로 표현한다.

⑨ 조사한 내용을 글로 쓰기: 동화에 등장하는 동물, 식물을 중심으로 생김새, 사는 곳, 특성 등에 대해 이야기 나누고, 조사한 내용을 표에 쓰거나 그림으로 표현한다.

⑩ 동시나 노랫말로 재구성하기: 동화책에 나오는 동시나 노랫말을 찾아 읽어 보고 노래 부르면서 내용의 일부를 다른 문장으로 바꾸어 보는 활동이다. 반복되는 운율이 있는 동시나 노랫말을 이용해 재미있는 단어, 반복되는 단어를 찾아 다른 말로 써 본다. 동화의 주인공을 중심으로 동시를 지을 수도 있다.

⑪ 자신의 생각과 경험을 글과 그림으로 표현하기: 활동 주제에 따라 자신의 생각과 경험을 글과 그림으로 자유롭게 표현해 보는 활동이다.

⑫ 중간 이야기 또는 뒷이야기 짓기: 동화의 내용을 끝까지 듣고 사건이나 주인공의 행동 또는 생각을 상상하며 동화의 중간이나 끝 부분의 이야기를 꾸며 글과 그림으로 표현하는 활동이다.

2) 총체적 언어교육 프로그램의 내용

본 연구에서 사용하는 총체적 언어교육 프로그램은 앞서 제시한 원칙에 따라 김정규, 정남미와 한애향(2000)의 프로그램과 정미선(1999)의 지도프로그램을 수정 · 보완하여 구성하였는데, 구체적인 내용은 다음과 같다.

<table>
<tr><th>주</th><th>동화명</th><th>주제</th><th>동화 속의 선택단어</th><th>총체적 언어 접근 활동</th><th>교사 중재</th></tr>
<tr><td rowspan="2">1</td><td rowspan="2">햇님 달님</td><td rowspan="2">오늘날과 옛날</td><td>어머니, 오누이, 마을, 해, 달, 떡, 호랑이, 옷, 그림자, 밧줄</td><td rowspan="2">- 주인공 이름 지어 주기
- 요리 순서표 만들기
- 재미있는 단어 찾기
- 단어 만들기
- 단어 연상하기
- 등장인물에게 말하기
- 선택 단어 읽고 쓰기</td><td rowspan="2">전래동화를 아동의 수준, 상상력, 주의집중 시간을 고려하여 자연스럽고 또박또박한 발음으로 읽어 준다.</td></tr>
<tr><td>우물가, 도끼, 수수밭, 동생, 식탁, 책상, 침대, 냉장고, 의자, 시계</td></tr>
<tr><td rowspan="2">2</td><td rowspan="2">커다란 무</td><td rowspan="2">채소와 과일</td><td>밭, 할아버지, 할머니, 손자, 강아지, 고양이, 생쥐, 허리, 크다, 작다</td><td rowspan="2">- 채소 분류하기
- 무로 만들 수 있는 음식 그리기
- 채소의 좋은 점 말하기
- 함께할 수 있는 일 표현하기
- 동화책 만들기
- 동극하기
- 선택 단어 읽고 쓰기</td><td rowspan="2">다양한 매체를 사용하고 아동과 같은 방향으로 앉아 읽으며 모든 생각을 수용한다.</td></tr>
<tr><td>무, 배추, 당근, 고구마, 오이, 감자, 옥수수, 마늘, 딸기, 참외</td></tr>
<tr><td rowspan="2">3</td><td rowspan="2">곰 세 마리</td><td rowspan="2">동물과 식물</td><td>숲, 모락모락, 여자, 남자, 창문, 얼굴, 식탁, 세 그릇, 침대, 머리</td><td rowspan="2">- 곰 세 마리의 죽그릇 그리기
- 내가좋아하는음식말하기
- '아' 자가 들어있는 단어 찾기
- 요리 순서표 만들기
- 반대말 찾기, 이어질 이야기, 동화 속 곰과 실제 곰 차이 알기
- 선택 단어 읽고 쓰기</td><td rowspan="2">책을 읽어 준 후에 책에 나오는 그림의 실물이나 모형을 보여 준다.</td></tr>
<tr><td>의자, 창문, 아저씨, 아주머니, 아침, 허수아비, 아가씨, 아기, 아파트, 아이스크림</td></tr>
</table>

4	토끼와 거북	산과 바다	거북, 느릿느릿, 토끼, 깡충깡충, 달리기, 시합, 산 중턱, 만세, 낮잠 바위, 파도, 배, 갈매기, 나무, 흙, 구름, 바다, 물고기, 폭포	- 동물이 사는 곳 써 보기 - 좋아하는 게임 써 보기 - 거북을 자세히 관찰하기 - 이야기 만들기 - 토끼에게 편지 쓰기 - 선택 단어 읽고 쓰기	책 읽기가 끝난 후 이야기의 내용을 다시 회상하며 자신의 말로 표현할 수 있도록 한다.
5	세 마리 염소	여러 가지 소리	염소, 개울, 발톱, 목장, 풀, 중간, 개울, 괴물, 몸집, 다리 사뿐사뿐, 소리, 꽃, 시계소리, 붕붕, 딩동댕, 종소리, 고양이, 돼지	- 염소의 먹이 조사하기 - 염소 이야기 지도로 그리기 - 여러 가지 소리 써 보기 - 주인공에게 하고 싶은 말 써 보기 - 좋아하는 것 세 가지 그리기 - 선택 단어 읽고 쓰기	학습할 단어나 내용이 나오는 부분은 단서를 찾아낼 수 있도록 시간적 여유를 준다.

6. 결과 처리

전래동화 중심의 총체적 언어교육 프로그램이 읽기 · 쓰기장애아동에게 미친 영향을 알아보기 위하여 각 회기 동안 제시한 단어(A) 중 아동이 맞게 읽고 쓴 단어 수(B)의 비율(B/A × 100)을 산출하여 백분율로 나타내었다. 또한 유지 1, 2, 3의 기간 동안에 단어재인 검사를 실시하여, 각각 맞게 읽고 쓴 단어 수를 기록하고 그 비율을 백분율로 산출하여 읽기와 쓰기 능력의 향상 여부를 표와 그래프로 나타내었다.

7. 연구 결과

1) 총체적 언어교육 실시 후의 읽기 능력

총체적 언어교육 프로그램으로 세 아동 모두 기초선 기간에 비해 중재 기간 동안 평균 26%, 유지 기간 동안 평균 21%의 향상을 보여 전래동화 중심의 총체적 언어교육 프로그램이 읽기·쓰기장애아동의 읽기 능력을 향상시켰음을 알 수 있다. 기간별 읽기 능력 변화를 표와 그림으로 나타내면 〈표 12-2〉와 [그림 12-1]과 같다.

표 12-2 기간별 읽기 능력 변화

단위: %

아동	기초선 기간	중재 기간			유지 기간
		전반	후반	전체	
아동 A	5	19	33	26	27
아동 B	16	40	50	45	37
아동 C	23	49	55	52	45
평균	15	36	46	41	36

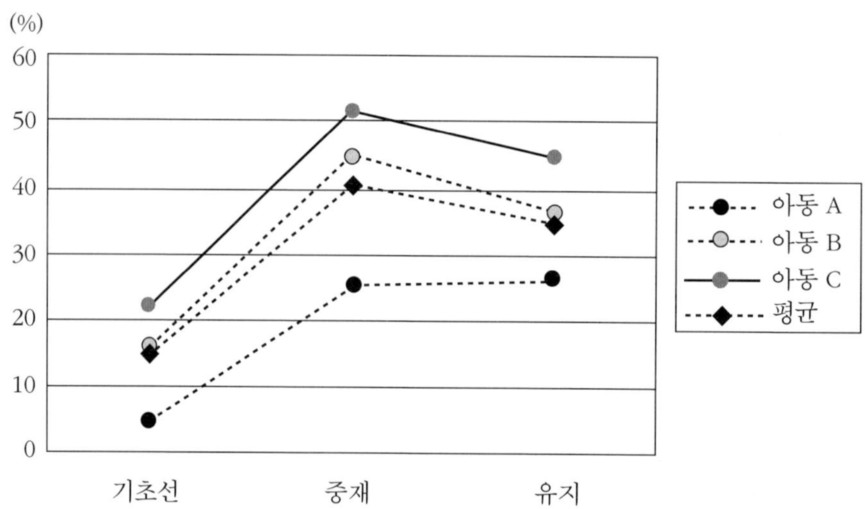

[그림 12-1] 기간별 읽기 능력 변화

〈표 12-2〉와 [그림 12-1]에서 보여 주듯이, 본 연구에서 실시한 총체적 언어교육 프로그램에서의 읽기·쓰기장애아동의 기간별 읽기능력 변화 경향은 세 아동 모두가 기초선에 비해 중재를 시작하면서 읽기능력이 상승하였다가 아동

A는 중재 기간과 비슷하게 유지되었으나, B와 아동 C는 다소 감소하였다. 그러나 기초선에 비하여 상승한 것은 프로그램의 효과라 할 수 있다.

2) 총체적 언어교육 실시 후의 쓰기 능력

총체적 언어교육 프로그램으로 세 아동 모두 기초선 기간에 비해 중재 기간 동안 평균 20%, 유지 기간 동안 평균 17%의 향상을 보여 전래동화 중심의 총체적 언어교육 프로그램이 읽기·쓰기장애아동의 쓰기 능력을 향상시켰음을 알 수 있다. 기간별 쓰기 능력 변화를 표와 그림으로 나타내면 〈표 12-3〉과 [그림 12-2]와 같다.

표 12-3 기간별 쓰기 능력 변화

단위: %

아동	기초선 기간	중재 기간			유지 기간
		전반	후반	전체	
아동 A	5	14	16	15	20
아동 B	13	36	45	41	33
아동 C	21	39	48	43	38
평균	13	30	36	33	30

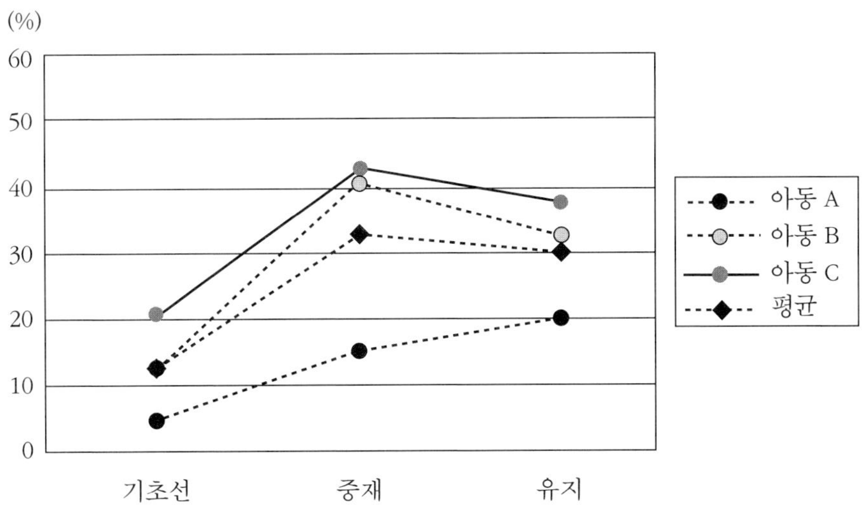

[그림 12-2] 기간별 쓰기 능력 변화

〈표 12-3〉과 [그림 12-2]에서 보여 주듯이, 본 연구에서 실시한 총체적 언어교육 프로그램에서의 읽기·쓰기장애아동의 기간별 쓰기 능력 변화 경향은 세 아동 모두가 정도의 차이는 있지만 기초선에 비해 중재를 시작하면서 상승하였다가 아동 A는 중재 기간과 비슷하게 유지되었으나, 아동 B와 아동 C는 다소 감소하였다. 그러나 대체로 기초선에 비하여 상승한 것은 프로그램의 효과라 할 수 있다.

총체적 언어교육의 예시

1. 총체적 언어학습 프로그램 활동[3]

1) 프로그램 교육 내용

이 연구에서 사용한 총체적 언어학습 프로그램은 말하기, 듣기, 읽기, 쓰기를 통합하고 여러 환경의 다양한 상황을 적용한 언어활동 영역을 총체적으로 지도할 수 있도록 개발된 발달장애학생 언어교육 프로그램(국립특수교육원, 1998)과 윤은섭(2003), 류애경(2005)이 사용한 언어교육 프로그램을 재구성한 것이다. 총체적 언어학습 프로그램의 교육 내용은 아동의 흥미, 발달 수준을 고려하여 다음과 같이 구성하였다.

차시	지도 내용	차시	지도 내용
1	동시의 세계	12	같은가요? 다른가요?
2	나도 할 수 있어요.	13	흩어진 조각들을 맞춰요.
3	상상해 볼까요?	14	안전이 우선이에요.
4	나의 책을 만들자.	15	다음에 무슨 일이 일어날까?
5	고기잡이	16	동물 농장을 만들어요.

3) 고춘매(2006). 총체적 언어학습 프로그램이 읽기장애아의 읽기속도와 정확도에 미치는 효과. 대구대학교 대학원 석사학위논문.

6	첫소리는 무엇일까요?	17	내가 듣고 있는 것은?
7	글자를 찾아봅시다.	18	이야기 만들기
8	무지개가 보인다.	19	남자와 여자 구별하기
9	무엇이 없어졌을까?	20	짧다, 길다
10	왜 다를까요?	21	위, 아래
11	사과와 오렌지		

2) 교수-학습 지도안

제재	흩어진 조각들을 맞춰요.	차시	13/21
학습 목표	상황에 맞는 낱말을 사용할 수 있다.		
학습 내용	교수-학습 활동	시간	자료 및 유의점
전시학습 상기하기	• 지난 시간에 배운 내용을 읽어 보기 - 내용을 요약하여 행동하고 읽기	5분	즐거운 마음으로 노래하도록 한다.
동기유발	• '안녕' 노래 부르기 - 듣고 따라 부르기 - 율동하면서 노래 부르기	8분	-
학습문제 제시	• 학습문제 확인하기	2분	-
학습활동 전개	• 그림을 보고 퍼즐을 맞춘 다음 보여 준 그림의 조각을 맞추기 - 아이스크림 그림, 천사 그림, 곰 인형 그림, 피자 조각 그림 • 조각의 그림을 맞추고 글자를 읽기 • 친구들과 돌려 가며 4가지 퍼즐을 맞춘다. - 퍼즐이 완성될 때마다 낱말의 글자를 읽어 보기 - 그림에 어울리는 낱말카드 찾아 읽기	17분	그림카드, 낱말카드
정리하기	• 내용 정리하기 - 어울리는 낱말카드를 소리 내어 읽기	5분	낱말카드
차시 예고	• 다음 시간에 공부할 내용을 안내한다.	3분	-

2. 동화를 활용한 총체적 언어교육 프로그램[4)]

본 연구에서 사용한 동화를 이용한 총체적 언어교육 프로그램은 Maehr(1991)가 개발한 High/Scope K-3 커리큘럼을 김경자가 번역한 '재미있는 언어여행'과 오영희와 양순희(2003)의 「동화를 통한 통합교육의 실제」에 기초해 아동 수준에 맞게 재구성하여 사용하였다. 그리고 동화는 저학년 수준에서 글의 예측이 가능하고 그림을 포함하며, 개념을 다루고 학생의 현재 능력에 알맞은 양과 깊이를 가지며, 주제를 포괄한 글이 효과적이라는 이경우(2001)의 보고를 기초로 해서 오영희와 양순희(2003)의 「동화를 통한 통합교육의 실제」에서 발췌하였다. 또한 이 프로그램은 각 동화마다 핵심 어휘 5개를 선정하여 총 21회기 중 35개의 어휘를 목표로 하였다.

총체적 언어교육 프로그램은 도입, 전개 및 정리의 세 부분으로 나누어 실시되었으며, 도입 부분은 아동의 생활 경험을 소재로 한 대화로 시작하여 학습할 언어교육 방법에 대한 소개를 하고, 전개 부분에서는 언어교육 방법의 계획에 의하여 해당 제재에 맞는 내용을 학습한다. 정리 단계에서는 학습한 정도를 알아보고 피드백과 다음 차시예고를 하였다. 총체적 언어교육의 내용과 활동은 다음과 같다.

4) 문경희(2005). 동화를 이용한 총체적 언어교육이 정신지체아동의 읽기능력에 미치는 효과. 순천향대학교 대학원 석사학위논문.

〈총체적 언어교육의 내용과 활동〉

번호	동화명	목표 어휘	활동 내용
1	사과가 먹고 싶어요	부리/힘들다/꼬리/길다/따다	- 동화 읽기 - 의성어/의태어 찾기 - 등장인물 순서대로 배열하기 - 큰 책 만들기
2	생쥐네 신발 집	춥다/팔다/무섭다/반죽/행복	- 동화 읽기 - 동화 제목 짓기 - 내가 생쥐네 집을 짓는다면? - 우리 집 퍼즐 맞추기
3	개구리와 쥐의 결혼식	잔치/재봉틀/구경/덩실덩실/도망	- 동화 읽기 - 1:1 대응(등장인물이 준비한 것) - 뒷이야기 짓기 - 반대말 찾기
4	금고기 할아버지	잡다/그물/소원/후회/던지다	- 동화 읽기 - 재미있는 단어 찾기 - 내가 받고 싶은 선물은? - 대사 없는 등장인물에게 이야기 주머니를 달아 준다면?
5	울타리를 없애야 해	울타리/이사/뽑다/사라지다/소동	- 동화 읽기 - 표지 보고 내용 추측하기 - 동화 속 주인공에게 편지 쓰기 - 여러 책에서 직업 찾아보기
6	생쥐와 빨간 딸기	배고프다/가다/자르다/떨어지다/놀라다	- 동화 읽기 - 요리책 만들기 - 동화 재구성하기 - 끝말 이어가기
7	치과의사 드소토 선생	치료/붕대/계단/바르다/찾아오다	- 동화 읽기 - 단어의 첫 글자로 이야기 만들기 - 작업 목록 쓰기 - 치과 가는 길 지도 만들기

〈교수-학습 지도안〉

<table>
<tr><td>동화명</td><td>치과 의사 드소토 선생</td><td>날짜</td><td>2005. 11. 25.</td></tr>
<tr><td>목표어휘</td><td>치료/ 붕대/ 계단/ 바르다/ 찾아오다</td><td>활동형태</td><td>개별 활동</td></tr>
<tr><td>활동명</td><td colspan="3">치과 가는 길 지도 만들기</td></tr>
<tr><td>활동목표</td><td colspan="3">주변을 주의 깊게 살피고 그림으로 표현해 본다.</td></tr>
<tr><td>활동과정</td><td>활동내용</td><td>시간</td><td>활동자료</td></tr>
<tr><td>도입</td><td>• 학습 분위기 조성
- 우리 동네 블록을 이용해 공공기관이나 가게가 하는 일, 사람들의 옷차림, 차량 등에 대해 이야기를 나눈다.</td><td>5분</td><td>우리 동네 블록,
장난감 자동차</td></tr>
<tr><td>전개</td><td>• 활동 내용 알아보기
- 약도를 보면서 무엇을 뜻하는지, 무엇을 알 수 있는지 이야기 해본다.
⇒ 약도를 보면 무엇을 알 수 있을까요?
⇒ 약도는 언제 필요할까요?
- 센터엔 어떻게 왔는지(어떤 길로) 오는 도중에 어떤 가게와 기관을 지나 왔는지에 대해 이야기 나눈다.
- 센터를 중심으로 치과까지 가는 길 약도를 그린다.
⇒ 센터를 중심으로 길을 만들고 큰 건물, 집, 자동차, 나무 등을 기억하여 그려 볼까요?
- 완성 후 그림에 단어를 써 넣는다.
- 완성된 약도를 벽면에 게시하여 준다.</td><td>30분</td><td>동화책,
필기도구,
학습지</td></tr>
<tr><td>정리</td><td>• 자료 정리하기/ 차시 학습 예고</td><td>5분</td><td></td></tr>
</table>

3. 교육연극을 활용한 총체적 언어학습 프로그램[5)]

1) 교육연극 적용 단계

「총체적 언어교육 방법론으로서의 교육연극 이해」(황정현, 2003)와 「교육연극

5) 고은희(2005). 교육연극을 활용한 총체적 언어학습 프로그램이 학습부진아동의 읽기이해력 및 자신감 향상에 미치는 효과. 창원대학교 대학원 석사학위논문.

의 학습단계에 관한 고찰」(심상교, 2003)의 내용을 기초로 교육연극 활동을 총체적 언어학습 활동으로 구안하여 학습부진아동의 흥미를 유발하며 말과 글의 관계를 이해하도록 돕고, 교육 내용은 아동의 경험과 놀이 주제를 중심으로 구성 적용하였다.

단계	교육연극 내용	세부 내용
수용	마임 단계	기초단계: 긴장 허물기(터치, 벽 더듬기, 가상 풍선불기 등) 중간단계: 마임을 통한 특정 상황의 연상 활동(마임으로 물건 사오기, 마임 도미노)
이해	모방 단계	1차 모방: 모방 대상의 외적 특성만 모방(소리 없이 몸동작으로 개구리 모방, 감정 모방 등) 2차 모방: 모방 대상의 내적 · 외적 특성 결합 모방(개구리의 여러 가지 특성을 모방, 즉 여러 동작의 모방) 3차 모방: 특정 상황 패러디(일상 속의 지식 관념에 근거)
응용	연극놀이 단계	미적 체험 단계: 상상력과 창의력을 활성화하는 단계

2) 교육연극 수업 절차

교육연극을 학습에 적용하는 단계는 설정 → 토의 → 발표 → 판단 단계로 진행되었다. 설정 단계에서는 어떤 주제와 상황으로 학습이 진행될 것인가를 파악하고, 이를 바탕으로 '무엇을 할 것인가' 를 설정한다. 토의 단계는 초인지 영역을 활용하기 위한 준비 단계다. 발표 단계는 초인지 영역이 구체화되는 단계로, 외형적 구체물을 만들어 토의의 결과를 확인하게 된다. 판단 단계에서는 정해진 주제나 상황과 어떤 관련을 맺는지 등을 분석한다. 이와 같은 단계를 바탕으로 한 미적 경험은 예술적 경험과 맞물려 정의적 측면을 극대화한다.

〈설정 단계〉
- 학습목표 파악
- 자기주도성 확립

〈토의 단계〉
- 자료 공유
- 표현방법 확정

〈발표 단계〉
- 구체화하기
- 부분 설명 유도

〈판단 단계〉
- 분석, 비판
- 미적 경험 확인

3) 교육연극 회기별 진행 절차

매 회기마다 본격적인 표현 활동을 하기 이전에 준비활동 단계(5분), 극적 동기 조성 단계(5분), 표현 활동 계획 세우기(10분), 말하기 표현 활동(10분), 전체 토의 및 공유하기(10분), 정리(5분) 총 45분으로 구조화하였다.

활 동	시 간	교육연극 프로그램의 매 회기별 진행 절차
		내 용
도입	10분	- 준비활동: 표현 활동을 하기 이전에 신체적, 정신적 긴장감 풀기 - 극적 동기 조성하기: 문제 상황을 설정, 목표를 인식하고 텍스트를 만나는 단계
전개	20분	- 표현 활동 계획 세우기: 구성원 간의 토의 협상 - 말하기 표현 활동: 장면 및 상황에 대한 이해
마무리	15분	- 전체 토의 및 공유하기: 활동에 대한 의견을 나누고, 극의 내용과 감상을 정리해 문자 언어로 표현하는 단계(편지, 시, 하고 싶은 이야기 등) - 정리: 마무리 인사

4. 동시를 통한 총체적 언어접근[6)]

〈동시를 통한 총체적 언어접근 교수-학습 과정안〉

<table>
<tr><th>동시 제목</th><td colspan="2">우리들은 2학년</td></tr>
<tr><th>수업 목표</th><td colspan="2">1. 말하기: '2학년' 하면 떠오르는 것을 말하고 자신의 생각을 넓혀 동시의 뒷부분을 이야기로 말할 수 있다.
2. 듣기: 소크라테스 문답법으로 동시의 내용을 듣고 이해할 수 있다.
3. 읽기: 자신의 느낌을 살려 동시에 어울리게 낭독할 수 있다.
4. 쓰기: 내가 그리는 2학년의 모습을 마인드맵으로 나타낼 수 있다.
5. 음악: 동시를 노래 가사로 만들어 노래를 부를 수 있다.</td></tr>
<tr><th rowspan="2">수업 목표의 차이점</th><th>전통식 수업</th><th>총체적 언어교육 수업</th></tr>
<tr><td>시를 읽고 느낌을 친구들에게 말할 수 있다.</td><td>총체적 언어 접근을 통해 2학년에 대한 감정을 고취시키는 다양한 활동을 할 수 있다.</td></tr>
<tr><th>활동 개요</th><td colspan="2">- 동시 제목과 연관하여 이야기 꾸며 말하기
- 동시 내용으로 소크라테스 문답법 놀이하기
- 동시에 어울리는 표현으로 동시 낭독하기
- 브레인스토밍으로 동시의 뒷이야기 꾸미기
- 내가 그리는 2학년의 모습을 마인드맵으로 나타내기
- 동시로 노래 가사 지어 부르기</td></tr>
<tr><th>자료</th><td colspan="2">- 동시, 녹음기, 학습지, 관찰양식
- 소감문</td></tr>
</table>

6) 황영미(2002). 동시를 통한 총체적 언어접근에서 나타난 양상 분석: 언어적, 음악적, 미술적 요소를 중심으로. 이화여자대학교 대학원 석사학위논문.

〈동시를 통한 총체적 언어접근 교수-학습 단계〉

단계	총체적 언어교육 영역	교수-학습 활동	활동 형태	관련 영역
문제인식	말하기	♣ 동시 제목과 연관하여 이야기 꾸며 말하기 • 교사는 아동들에게 '2학년' 하면 떠오르는 것을 말해 보도록 하기 – '2학년' 하면 떠오르는 것 꾸며 말하기 • 처음 등교하던 날 기분, 다짐 말하기 • 동시에서 자기의 마음과 비슷한 부분 말하기	전체	언어적
문제탐색	듣기	♣ 학습문제 확인 • 아동들에게 학습문제 안내하기	전체	언어적
문제추구 및 문제해결	듣기	♣ 학습활동 안내하기 • 동시 내용으로 소크라테스 문답법 놀이하기 • 동시에 어울리는 표현으로 동시 읽기 • 브레인스토밍으로 동시의 뒷이야기 꾸미기 • 내가 그리는 2학년의 모습을 마인드맵으로 나타내기 • 동시로 노래 가사 지어 부르기 • 수업 소감문 쓰기	전체	언어적
	듣기, 말하기	♣ 동시 내용으로 소크라테스 문답법 놀이하기 • 동시에 대한 질문을 하고 그 답에 계속 질문을 하는 식으로 교사-아동, 아동-아동이 묻고 답하기	전체	언어적
	읽기	♣ 동시에 어울리는 표현으로 동시 읽기 • 어울리는 표현으로 운율을 살려, 띄어 읽으며 바르게 읽기를 통해 동시에 대한 느낌을 표현하기 – 가볍게 노래하는 기분으로 읽기 – 정확한 발음으로 읽기 – 동시에 나타난 분위기를 생각하며 읽기 – 문장과 문장은 쉬어 읽기 • 모둠별로 동시 낭독하여 녹음하고 들어보기	전체	언어적
	말하기	♣ 브레인스토밍으로 동시의 뒷이야기 꾸미기 • 동시의 뒷부분 꾸며 보기 • 아동끼리 브레인스토밍하여 모둠별로 뒷부분 꾸미기	전체 및 개별	언어적

<table>
<tr><td rowspan="2">적용
발전</td><td>쓰기</td><td>심화
활동</td><td>♣ 내가 그리는 2학년의 모습을 마인드맵으로 나타내기
• '2학년' 을 중심단어로 넣고 마인드맵하기
- 마인드맵 한 것을 바탕으로 자기만의 같은 제목 다른 동시 지어 보기</td><td>개별</td><td>언어적
미술적</td></tr>
<tr><td>관련 교과
(즐생)</td><td>보충
활동</td><td>♣ 동시로 노래 지어 부르고 동작과 함께 부르기
• 2학년이 된 느낌을 노래로 만들어 부르기
- 기존에 있던 노래에 가사 바꿔 불러 보기</td><td>개별</td><td>음악적</td></tr>
<tr><td>학습정리</td><td>쓰기</td><td colspan="2">♣ 소감 쓰기
• 아동들이 자신의 하루를 돌아보고 평가해 보는 활동으로 자신을 돌아보고 느낌 표현하기</td><td>개별</td><td>언어적</td></tr>
</table>

♣ 참고문헌

강문희, 이혜상(1998). 아동문학교육. 서울: 학지사.

고은희(2005). 교육연극을 활용한 총체적 언어학습 프로그램이 학습부진아동의 읽기이해력 및 자신감 향상에 미치는 효과. 창원대학교 대학원 석사학위논문.

고춘매(2006). 총체적 언어학습 프로그램이 읽기장애아의 읽기속도와 정확도에 미치는 효과. 대구대학교 대학원 석사학위논문.

국립특수교육원(1998). 발달장애학생 언어교육프로그램. 서울: 교육과학사.

김경중, 김재숙(1997). 동화와 언어지도. 서울: 양서원.

김정규, 정남미, 한애향(2000). 유아언어교육프로그램. 서울: 정민사.

류애경(2005). 총체적 언어학습 프로그램이 학습장애아의 언어능력에 미치는 효과. 대구대학교 대학원 석사학위논문.

문경희(2005). 동화를 이용한 총체적 언어교육이 정신지체아동의 읽기능력에 미치는 효과. 순천향대학교 대학원 석사학위논문.

심상교(2003). 교육연극의 학습단계에 관한 고찰. 한국초등국어교육, 25, 115-142.

오영희, 양순희(2003). 동화를 통한 통합교육의 실제. 서울: 양서원.

윤은섭(2003). 총체적 언어교육 방법이 정신지체아동의 읽기 능력에 미치는 효과. 대구대학교 대학원 석사학위논문.

이경우(2001). 총체적 언어(문학적 접근을 중심으로). 서울: 창지사.

이성은(1997). 총체적 언어교육-교실 적용의 이론과 실제. 서울: 창지사.

이충우(1992). 국어 교육용 어휘 연구-초등학교, 중학교 국어과 교육용 어휘 선정을 중심으로. 서울대학교 대학원 박사학위논문.

정미선(1999). 전래동화를 통한 총체적 언어교육이 유아의 쓰기에 미치는 영향. 경남대학교 대학원 석사학위논문.

채지은(2006). 총체적 언어학습 프로그램이 읽기학습장애아동의 어휘력 및 독해력에 미치는 효과. 우석대학교 교육대학원 석사학위논문.

한영희(2002). 전래동화 중심의 총체적 언어교육 프로그램이 읽기, 쓰기장애아의 문자언어 학습에 미치는 효과. 부산대학교 대학원 석사학위논문.

황영미(2002). 동시를 통한 총체적 언어접근에서 나타난 양상 분석: 언어적, 음악적, 미술적 요소를 중심으로. 이화여자대학교 대학원 석사학위논문.

황정현(2003). 총체적 언어교육 방법론으로서의 교육연극 이해. 한국초등국어교육, 15, 51-67.

Goodman, K. S. (1986). *What's whole in whole language?* Portsmouth, N.H.: Heinemann.

Maehr, J. (1991). *Language And Literacy* (high/scope K-3 Curriculum Series). High/Scope Press.

Routman, R. (1991). *Invitations: Changing as Teachers and Learners K-12.* Portsmouth, N.H.: Heinemann.

Sobut, M. A., & Bogen, B. N. (1993). *Whole language literature activities for young children.* West Nyack, N.Y.: Center for Applied Research in Education.

13

Readers' Theater 전략

이론적 배경

1. Readers' Theater란?

Readers' Theater(RT)는 유창성, 일견 단어 지식, 동기 및 독해력을 구축하는 데 적합한 통합적인 방식(holistic method)으로, 학생들이 유창성과 표현력을 가지고 관객들 앞에서 공연할 수 있을 때까지 시, 유머, 이야기, 적절한 텍스트의 스크립트를 반복적으로 읽는 활동이다. RT와 다른 연극 활동을 구별 짓는 주요한 특징은 다음과 같다.

① RT 활동은 분장, 세트, 의상, 소품, 무대가 필요하지 않다. 이러한 소품과 신체적 행위의 사용은 최소한이며, 활동의 초점은 참가자가 그들의 해석적인 읽기를 통해 의미를 얼마나 잘 전달할 수 있느냐다. 학생들은 적절한 억

양과 구두 표현을 통해 캐릭터에 대한 이해를 공유하고 해석하는 데 자신의 에너지를 집중하며, 스크립트를 읽는다.

② RT 활동은 학생들이 자신의 파트 대사를 암기할 필요가 없다는 점에서 다른 유형의 연극 공연과 다르다.

③ RT 활동의 내레이터(해설자)는 중요한 역할을 지닌다. 그는 무대(세팅), 행동, 장면의 전환 단서를 묘사한다.

④ RT 공연을 하는 학생은 캐릭터의 감정, 태도, 행동을 표현하기 위해서 자신의 음성, 표정, 몸짓을 사용하여 관객 앞에서 큰 소리로 스크립트를 읽는다. 상황, 캐릭터의 의상과 행동을 상상하고 시각화하는 것은 관객의 역할이다.

⑤ RT 활동에 친숙해질수록, 학생들은 짧은 이야기나 다른 텍스트를 스크립트 포맷으로 바꾸기를 원하고 이 활동에 사용하기 위해 자신이 직접 스크립트를 쓰고자 한다. 학생이 직접 쓴 스크립트를 반복적으로 읽는 공연 리허설 과정은 쓰기와 읽기 학습을 의미 있는 맥락 안에서 연결한다.

⑥ RT 활동은 학생들이 텍스트의 반복읽기에 참여해야 하는 실제적인 이유(공연 준비)를 제공한다. RT 공연을 위해 준비하는 리허설 과정은 모델링, 교수, 피드백이라는 구성 요소를 포함한다. 읽기에 저항을 보이는 읽기부진학생조차도 RT 공연을 위해서 열심히 연습하고, 수십 번 스크립트를 읽고 또 읽는다. 그러나 이것은 의미에 집중하지 않은 채 단지 빨리 읽는 것이 아니라 적절한 속도로 의미를 이해하며 읽기에 참여하는 것이다. 학생들이 텍스트를 반복적으로 읽고 해석하며 타인의 공연을 평가할 때, 그들은 읽기의 모든 면에서 진전을 보일 수 있다.

⑦ RT 활동은 또래와 함께 협력적인 양식으로 전달되기 때문에, 학생은 읽을 때 고립감을 느끼지 않는다. 많은 학생은 또래와 상호작용함으로써 높은 동기가 부여된다. 다른 학생과의 반복읽기는 공연을 위해 준비하는 맥락에서 자연스럽게 일어난다. 학생들은 처음에 능력과 동기부여 수준에 의존한 짝읽기(paired reading)로 또래와 함께 텍스트를 읽는다. 또한 학생들은 다

른 파트를 친구와 번갈아 읽으며, 자신의 집단 안에서 캐릭터의 감정, 성격에 대한 느낌에 대해 토론한다.

⑧ 스크립트는 종종 다른 읽기 자료에 비해 덜 위협적으로 보이고, 학생들은 전체 텍스트를 혼자서 읽을 필요가 없다. 또한 각 학생이 맡은 파트는 다른 학생이 책임지는 파트와 섞여 있기 때문에, 학생들은 짧은 휴식 시간을 가질 수 있다. 또한 파트가 매우 다양한 길이로 이루어져 있기 때문에, 가장 수줍음이 많은 학생과 가장 사교적인 학생이 그들 성격에 맞는 역할을 선택할 수 있다.

2. RT 전략과 관련된 이론 고찰

이론	설명
자동성 (automaticity) (Samuels, 1979)	텍스트를 반복적으로 읽음으로써 독자는 단어를 빠르고 정확하게 해독할 수 있다. 따라서 독자는 의미 구성에 더 많은 주의를 기울일 수 있게 된다.
운율적 읽기 (prosodic reading) (Schreiber, 1980)	텍스트를 반복적으로 읽고 '유창한 읽기'를 들음으로써 독자는 문장을 적절한 구절로 끊어서 읽을 수 있게 된다. 이 과정은 독자가 보다 쉽게 읽도록 하며, 읽기의 정확성을 높이고 더 깊은 이해를 촉진한다. 또한 아이들은 의미를 해석하기 위해서 구어의 운율적 단서(prosodic cue)에 주의한다. 억양, 강세, 장단음 등은 학생들이 의존하는 운율적 단서다. 일반적인 텍스트에서는 이와 같은 운율적 단서가 부족하므로 특정한 교수가 필요하다. 그중 하나가 RT 활동이다. RT 공연을 하는 학생들은 캐릭터의 감정, 태도, 행동을 관객들에게 전달하기 위해서 자신의 운율적 단서, 음성, 표정, 몸짓을 사용하여 스크립트를 읽는다.
교류이론 (transactional theory) (Rosenblatt, 1978)	독자와 텍스트는 해석적인(interpretive) 과정 안의 파트너다. 텍스트는 독자의 다양한 과거 경험, 생각을 불러일으키는 자극으로 기능한다. 또한 독자는 의미를 구성하기 위해서 텍스트와 교류 과정에 참여할 심미 태도나 도출 태도를 취한다. 심미 태도가 좀 더 강한 독자는 텍스트가 전달하는 이미지에 감탄하고, 때로는 등장인물과 자신을 동일시하며, 자신의 경험과 책 속의 내용을 비교하고, 책 속의 특별한 장면이나 문장을 따라 재현하기도 하는 등 감성적으로 반응한다. 반면, 도출 태도가 강한 독자는 자신이 읽은 내용을 요약하고 평가하며, 책 속에서 얻은 새로운 지식이나 정보에 반응한다.

협동학습 (cooperative learning) (Johnson & Johnson, 1985; Slavin, 1987)	이질적 학생 집단은 활동에 함께 참여하고, 이는 인지적 학습과 사회적 학습을 모두 증진시킨다. 협동학습의 첫 번째 특징은 긍정적 상호 의존성으로, 집단의 한 명을 돕는 것은 모든 구성원을 돕는 것이고, 한 명을 해치는 것은 모든 구성원에게 해가 된다는 것이다. 때때로 한 집단은 좋은 작품을 만들 수 있다. 협동학습에서의 초점은 집단이 할 수 있는 것이 아니라, 각 집단 구성원의 학습에 있다. 개별적 책무성은 학생이 "팀의 성공은 모든 팀 구성원의 개별적 학습에 달렸다."고 느끼는 상황이다. 그러므로 집단이 성공하기 위해서 각 구성원은 학습하고 자신의 학습을 증명해야 하며 다른 구성원의 학습에 참여해야 한다.
반복읽기 (repeated reading)	학생의 구두읽기 유창성을 향상시키는 데 효과적이라고 입증된, 연구기반전략 중의 하나는 반복읽기다. 텍스트를 반복해서 읽는 것은 여러 영역에서 효과적인 전략이다. 첫째, 동일한 글을 반복해서 읽는 것은 읽기 속도와 정확성을 상당히 증진시킨다는 연구 결과가 있다(Carver & Hoffman, 1981; Chomsky, 1976; Dahl, 1974; Dowhower, 1987; Torgeson, Rashotte, & Greenstein, 1985; Samuels, 1979, 1997). 그리고 반복읽기는 텍스트를 의미 있는 단위로 분할하는 능력을 증진시킨다는 연구 결과가 있다. 둘째, 많은 학자가 반복읽기는 이해력을 상당히 증진시킨다고 한다(Chard, Simmons, & Kameenui, 1998; Sindelar, Monda, & O'Shea, 1990; Weinstein & Cooke, 1992). 셋째, 반복읽기의 효과는 읽기 연습을 하지 않은 텍스트에도 전이될 수 있다. Dowhower(1987, 1989)의 연구에 따르면, 하나의 단락읽기를 연습하는 것은 새로운 단락의 유창성과 이해력을 증가시키는 결과를 가져왔다.
반복읽기 vs. RT	RT의 중심축은 단기간 동안 읽기 유창성을 증진시킬 수 있는 교수전략으로 입증된 반복읽기다. 그러나 반복읽기를 적용하는 읽기 유창성 교수법의 공통된 유형은 단지 속도(rate)와 정확성(accuracy)에만 목표를 둔다는 것이다. 이렇게 좁은 관점은, 학생들에게 읽기가 그냥 단어를 정확히 읽는 것이고 빨리 읽는 것에만 관심있다는 인상을 줄 수 있다. 반복읽기는 단기간 동안 분명히 효과적이지만, 오랫동안 학생들의 관심을 붙들지는 못한다. 반복읽기 활동에 참여하는 많은 학생은 자신의 증가하는 유창성에 대해 놀라워하고, 자신의 진전도를 그래프로 그릴 때 기술이 성장하는 것이 눈에 보이기 때문에 기뻐한다. 이러한 학생들은 전형적으로 자신의 이전 유창성 속도를 극복하는 것과 친구들과 경쟁하는 것을 도전적으로 즐긴다(Samuels, 1979, 1997). 다른 학생들은 경쟁을 격려하지 않는 가정 분위기, 개별적인 성격, 실패에 대한 예상 때문에 경쟁에 의해 동기 부여가 잘 되지 않을 수 있다. 이는, 반복읽기를 통해서 유창성과 이해력의 향상에 가장 도움을 받을 수 있는 학생들이 이 활동에 참여하기 싫어한다는 것을 의미한다. 이러한 대다수의 학생에게 읽기는 지겹고, 외롭고, 보상이 주어지지 않는 과제다. 이들은 노력을 기울여서 동일한 단락을 읽는 과정에 참여

하는 반복읽기 활동에 동기부여되지 않는다. 또한 그들은 자신의 서투른 읽기에 대한 명백한 기록에 감동하지 않는다. 이러한 반복읽기의 문제점은 RT 활동으로 해결할 수 있다. RT는 읽기에 저항하는 많은 학생에게 또래와 함께 읽는 과정의 즐거움을 주고, 동일한 텍스트를 반복적으로 읽는 실제적 이유, 즉 RT 공연 준비를 위한 리허설(반복읽기)을 제공해 준다.

Readers' Theater 전략의 효과성

연구	효과
Liu (2000)	RT 사용에 대한 학생들의 반응을 알아본 결과, 다음 세 가지의 이점이 있었다. • RT는 언어 기술을 증진시킨다. • RT는 또래 협력을 격려한다. 학생들은 또래와 협력하여 읽은 내용을 이해하는 기회를 갖는다. • RT는 교실 분위기를 활기 있게 한다. - RT는 학생의 참여를 격려하고 강조한다. - RT에 참가한 학생은 읽을 자료와 읽기에 참가할 시기를 스스로 선택한다는 점에서 독립적인 의사결정자가 된다. - 학생 모두는 RT에서 저자, 내레이터, 등장인물, 청중, 비평가 등 다양한 역할을 지닌다. - RT는 학생들에게 쉽고 위협적이지 않다. - RT는 주의집중을 개발하는 데 도움이 된다. - RT는 교사가 학생에 대한 선입견을 피하도록 돕는다. - RT는 학생들이 흥미롭게 참여하는 상호작용적인 쓰기 과정이다. - RT는 학생들이 자신의 쓰기 능력을 더 잘 분석하게 돕는다.
Worthy & Prater (2002)	현재 학년보다 2년 낮은 읽기 수준을 지닌 학생과 읽기에 대한 저항이 심한 3, 4학년 학생들을 대상으로 한 연구로서, RT 활동 이후에 학생들은 자신의 파트를 완벽하게 읽을 수 있었고 대사의 억양, 감정 표현까지도 구사하였다. 이처럼 RT는 학생들이 스스로 읽고자 하는 동기와 읽기 능력에 영향을 미쳤다.

Millin & Rinehart (1999)	대상 아동은 1, 2학년 중 경도에서 중도까지의 읽기문제를 지닌 아동으로, 읽기의 기초수준에 머물거나, 학업적 읽기, 취미를 위한 읽기에 지속적인 문제를 지니고 있었다. 이들에게 RT 활동을 하게 한 결과, 몇몇 학생의 읽기 수행이 교수적 수준 이상으로 향상되었고, 정확하게 읽기를 하였을뿐만 아니라, 표현이 풍부해졌다. 또한 서투른 독자들에게 읽기에 대한 동기와 자신감을 심어 주는 실제적 중요성을 확인하였다.
Casey & Chamberlain (2006)	새로운 RT 스크립트를 읽을 때마다 학생들은 강조, 고저와 같은 운율적 단서를 더 많이 사용하여 읽었다. 또한 학생들은 이러한 기술을 다른 낯선 텍스트를 읽을 때(독립적인 읽기, 안내된 읽기, 함께 읽기)에도 전이시켰다. 모든 학생은 증진된 독해력을 보였고, 새로운 지식을 사용하였다.
Corcoran & Davis (2005)	학습장애와 정서장애를 동반한 12명의 2, 3학년 특수학급 학생들의 구두 유창성 요구에 맞도록 고안된 RT 프로그램의 효과를 측정한 결과, RT 프로그램이 학생들의 읽기 태도나 자신감에 긍정적인 효과를 주었으며 유창성 점수가 증가하는 방향으로 진보를 보였다.

Readers' Theater 전략의 예시

1. RT 활동의 준비 과정

1) 텍스트(스크립트)의 선택

RT 활동을 실시하는 방법은 많으며 이를 위해 많은 유형의 자료가 사용될 수 있다. 많은 교사가 RT를 위해 제작된 책이나 웹사이트를 사용해서 RT 활동을 시작하지만, 곧 교사 자신이 쓴 스크립트로 보충해야 할 필요가 있음을 인식하게 된다. Martinez, Roser와 Strecker(1998)에 따르면, 공연을 위해 선택된 텍스트는 독자의 교수적 수준 이상이어서는 안 된다. 텍스트는 대화가 포함되며 캐릭터가 움직이는 단순한 플롯을 가져야 한다. 동일한 저자는 친숙한 플롯 구조, 언어, 캐릭터를 이용하기 때문에 시리즈 책을 사용하는 것은 도움이 된다. 정보를 담은 책에 기반하여 스크립트를 쓰는 것은 설명적인 텍스트가 공연에 적합하지 않아 보이기 때문에 처음에는 어렵게 보일 수 있다. 그러나 과학, 역사, 수학의 내용 영역 주제와 연관된 책은 개념적 지식을 보충하는 것뿐만 아니라, 유창성을 증진시킬 수 있다. 학생들은 초반에 교사의 도움을 받아 RT를 위한 스크립트를 스스로 쓸 수 있다. 그들은 RT를 위해 가사, 동시를 사용할 수도 있다. 학생이 쓴 스크립트는 교사의 스크립트보다 종종 더욱 창의적일 수 있다.

2) 스크립트 구성하기

텍스트에는 다음을 포함한다. ① 내레이터가 이야기의 흐름을 말해준다. ② 캐릭터가 이야기 안에 있다. ③ 학생들에게 캐릭터 파트는 인용 표시(" ") 안에서 나타나고, 내레이터는 인용 표시 밖에서 등장한다.

(1) 지도하는 집단이 작을 때, 학생들보다 이야기 속의 역할(파트)이 많을 수 있다. 이때는 다음과 같은 스크립트 수정이 가능하다.

- 개별 학생에게 하나 이상의 역할을 부여한다. 그러나 학생들이 한 번에 한 가지 이상의 역할로 무대에 설 수 없음을 분명히 한다.
- 캐릭터를 제거하거나 합쳐서 다른 캐릭터로 바꿔본다. 한 캐릭터의 목소리는 종종 다른 캐릭터의 목소리로 첨가할 수 있다.
- 별도의 내레이터 대신에, 캐릭터 내레이션을 사용한다. 이 접근으로는, 캐릭터는 자신에 대해 말하고, 자신의 관점을 반영하기 위해 내레이터 부분을 읽는다(그러나 이는 때때로 서툴고 부자연스럽게 보일 수 있다.).

(2) 필요한 역할(파트)보다 더 많은 학생을 지도한다면, 다음과 같은 수정이 가능하다.

- 두 명 이상의 내레이터를 사용하라. 이는 어린 학생들에게 좋은 방법이 될 수 있다.
- 캐릭터를 둘 이상으로 나눈다. 캐릭터는 때때로 여러 개의 캐릭터 세트로 변화될 수 있다.

- 조용한 캐릭터를 할당한다. 종종 이야기에는 말하는 부분이 많지 않은 인물이 있다. 교사의 지도 범위가 무대를 움직이는 것을 포함한다면, 이러한 역할을 나머지 학생에게 맡길 수 있다. 교사는 그들을 위해서 대사를 부여할 수도 있다.

(3) 스크립트 수정하기(삭제와 변화): 스크립트를 생동감 있고 이해하기 쉬우며, 공연하는 데 유용하게 만들기 위해서 이야기의 일정 부분을 수정하여 활용할 수 있다. 그러나 읽어 가면서 이야기의 모든 부분이 이치에 맞는지를 체크해야 한다.

① '삭제(cut)' 가 필요한 경우
- "그/그녀는 말했다." 라고 말하는 부분이다. 이 부분은 이야기의 흐름을 깨거나 독자를 혼란스럽게 한다. 그러나 부가적인 정보를 주는 부분과 저자가 리듬을 맞추기 위해 사용했던 부분은 남겨 두어야 한다.
- 많은 이야기는 흐름을 느리게 하는 자세한 묘사와 같은 내레이션을 포함한다. 이는 종종 축소, 제거될 수 있다.
- 중요하지 않은 캐릭터와 장면을 제거하는 것은 무대 연기를 단순화하고, 소집단의 학생을 배려하는 수정이다. 종종 중요한 대사나 정보는 다른 캐릭터나 장면으로 변환될 수도 있다.

② '변화(change)' 가 필요한 경우
- 캐릭터를 나누거나 합칠 때 스크립트의 변화가 필요하다.
- 몇몇 캐릭터는 대사가 없거나 오랜 시간 동안 무대에 말없이 서 있을 수 있다. 이런 경우에, 그들에게 짧은 대사를 만들어 줄 수 있다. 내레이션이 캐릭터의 대사와 행동에 대해 언급한다면 이것을 캐릭터의 대사로 바꾸어 줄 수 있다.
- 학생이 자신의 수준보다 더 높은 수준의 읽기를 해야 할지라도, 스

크립트는 청중과 독자들이 따라가기 쉬워야 한다. 어렵고 애매모호한 단어를 단순한 단어로 바꾸거나, 한 문장을 두 문장으로 나눌 수 있다.

③ 내레이션 수정하기

- 두 명의 내레이터에게 단락을 번갈아 맡기거나 반쪽의 단락을 할당한다.
- 각각의 새로운 장면과 함께 다른 내레이터로 변화를 준다.
- 두 명의 내레이터에게, 저자의 강한 리듬 구조를 표현하는 방식으로, 교대로 읽게 한다.
- 한 명의 내레이터가 캐릭터 대사의 앞문장과 뒷문장을 둘 다 말한다. 다음 내레이터 역시 동일하게 한다.
- 각 캐릭터에게 내레이터를 할당한다. 각 내레이터는 자신이 할당받은 캐릭터를 언급하는 모든 부분을 읽는다.

④ 스크립트 포맷

- 스크립트는 읽기 쉽고 깔끔해야 한다. 페이지가 텍스트로 가득 차 있으면, 학생들은 자신의 대사를 찾는 데 어려워한다.

2. RT 활동의 교수적 절차

1) Liu(2000)의 RT 단계

단계	내용
1단계 자신의 구절을 낭독하기 (reading aloud from the readings)	- 학생들은 텍스트에서 가장 마음에 드는 구절을 고른 후, 선택한 구절을 쪽지에 써서 상자에 담는다. - 학생들은 반원으로 동그랗게 앉아서 상자에서 구절을 하나씩 집는다. - 학생들은 이야기 순서에 맞게 읽어야 하는 부담감 없이 선택한 구절을 읽는다. 그들은 이야기의 흐름에 기반하여 자신의 구절을 읽어야 하는 시점에 대해 결정하고 자연스럽게 읽는다.

	- 교사는 학생들에게 더 창의적인 방식으로 구절을 읽을 수 있다는 것을 보여주는 시범을 보인다(예: 구절의 억양이나 목소리 크기를 변화시켜서 읽기, 시작/중간/마지막 부분에 읽기). - 학생들은 교사의 시범을 통해 자극을 받고 다른 조합으로 읽어 보려고 노력한다. 그들은 크게 소리 내어 읽기의 다른 표현들의 조합이 가지는 다양한 효과에 대해 깨닫기 시작할 때, RT 활동을 하는 데 동기 부여될 수 있다.
2단계 다른 사람 구절을 낭독하기 (Reading aloud from reading responses)	- 학생들은 할당된 읽기 자료에서 자신의 마음에 드는 구절을 선택한다. - 자신이 선택한 구절을 큰 소리로 읽는 것이 아니라, 또래의 구절을 무작위로 선택하여 읽는다(이 과정은 학생들의 반응을 통해서 새로운 텍스트, 새로운 주제, 다양한 주제를 창조할 수 있기 때문에, 학생들에게 더욱 도전적이다.). - 학생들은 각 구절에 포함된 대명사에 따라서 여러 개의 원으로 둘러앉아 함께 읽는다. 예를 들면, 일인칭 개인이 시작하고, 그다음은 일인칭 집단, 그다음은 삼인칭 집단, 작가적 관점 집단이 번갈아 가면서 읽었다.
3단계 작문한 것을 낭독하기 (Reading aloud from writings)	- 학생들은 둘씩 짝지어 이야기의 마지막 부분을 상상하여 대화 형식으로 작문한다. → 학생들이 쓴 RT 스크립트는 텍스트의 양적인 측면뿐만 아니라, 창의성과 상상력에서도 뛰어났다. - RT 활동 시 학생들은 극적인 감정과 표정을 살려서 그들의 대화를 크게 읽음으로써 이야기의 끝부분을 표현하도록 격려받는다. - 학생들이 무엇을 해야 하는지 잘 모를 때, 교사가 먼저 극적인 효과를 연기하면서 감정을 살려 읽는 시범을 보인다.
RT 전략 효과 평가	- RT 활동이 사용된 수업 이후에 개인적인 저널 - RT 활동 이후의 학생들의 저널 - 교실에서 RT 사용에 대한 학생들의 반응을 알아보는 조사 - 학생들이 쓴 RT 활동 결과물

2) Carrick(2001)의 RT 단계

<table>
<tr><td colspan="2">스크립트의 길이와 읽기에 할당된 시간에 따라 RT 프로젝트의 기간은 달라질 수 있다. 하나의 스크립트를 학습하는 데 소요되는 시간은 일반적으로 5~10일 정도다. 짧은 스크립트로 5일 프로젝트를 할 때 매일의 일정은 다음과 같다.</td></tr>
<tr><td>1일
스크립트의
내용과 단어
파악하기</td><td>- 각 학생에게 스크립트 복사본을 나눠 준다.
- 학생들과 함께 스크립트의 제목과 저자를 읽는다.
- 학생들이 이야기, 캐릭터에 대해 상상하게끔 격려한다.
- 교사는 학생들에게 스크립트를 큰 소리로 읽어 주고, 학생들은 교사를 따라서 읽는다.
- 피드백을 요구한다(예: 이야기가 재미있니? 생각나는 또 다른 이야기가 있니?).
- 학생들과 함께 스크립트에서 잘 모르는 어휘 목록을 선택한 후 커다란 종이나 칠판에 단어를 적는다. 그리고 이 RT 기간 동안 그 단어 목록을 붙여 놓고, 단어의 의미와 발음에 집중하면서 매일 읽는다.</td></tr>
<tr><td>2일
짝읽기
(Paired
reading)</td><td>- 학생들을 짝 짓는다. 읽어야 하는 긴 스크립트는 여러 파트로 나누어질 수 있다.
- 짝과 함께 읽는 짝읽기를 위한 시간을 할당한다.
- 학생들은 스크립트의 각 부분을 번갈아 가면서 읽는다. 이 과정은 학생들이 읽어야 하는 자료의 양을 동일하게 만들어 준다. 짝들은 할당된 읽기 시간이 끝날 때까지 그 부분을 다시 반복해서 읽는다.
- 학생들이 스크립트를 읽는 동안, 교사는 정확한 발음으로 단어 읽기, 감정을 살려서 읽기, 적절한 속도와 크기로 읽기와 같은 도움을 제공하기 위해서 그들 주변을 돌아다닌다.</td></tr>
<tr><td>3, 4일
집단읽기
(Group
reading</td><td>- 모든 학생이 번갈아 가면서 전체 스크립트를 읽을 때까지, 짝을 바꾸어가며 짝읽기를 계속한다.
- 학생들이 스크립트에 친숙해졌을 때, 그들은 3~4명의 집단으로 작업을 시작할 수 있으며, 각 집단의 구성원은 자신이 맡은 파트를 읽는다.</td></tr>
<tr><td>5일</td><td>- 옵션 1: 파트를 할당하고, 학생들이 자신의 학급을 위해서 비공식적으로 공연을 한다. 독자는 한 파트 이상을 읽을 수 있다. 모든 학생은 가능한 한 텍스트의 모든 부분에서 동등하게 읽을 기회를 제공받아야 한다. 그렇지 않다면 작은 파트를 맡은 학생은 자신이 열등한 독자라고 여길 수 있고, 흥미와 열정을 잃을 수도 있다.
- 옵션 2: 어떤 경우에, 학생은 큰 공연에 참여할 수 있다. 역할을 할당하고, 교실을 공연장으로 바꾸고, 다른 학급이나 부모를 공연에 초대함으로써 공연이 이루어질 수 있다. 이러한 공연은, 각 집단이 다른 스크립트를 읽음으로써 두세 집단에 한정할 수 있다.</td></tr>
</table>

3) Casey & Chamberlain(2006)의 RT 단계

1	교사와 학생은 함께 읽을 작품을 선택하라. 대사가 있는 흥미로운 책이 유익할 것이다.
2	학생과 교사가 함께 읽고, 학생이 다시 읽은 후, 이야기를 토론하라.
3	이야기를 위한 스크립트를 개발하라. 학생들은 이 과정에 참여할 수 있다.
4	파트를 선택하라.
5	소품과 특별한 필요에 대해서 토론하라. 소품은 읽기를 증진시켜야 하며, 그것으로 인해 혼란스러워지면 안 된다.
6	준비하고, 연습하고, 리허설하라. 학생들은 유창해지기까지 오랜 시간 연습해야 한다. 이 연습은 다른 활동으로 통합될 수 있다. 학생들이 바란다면 파트를 바꿀 수도 있다.
7	전체 학급이나 대중 앞에서 공연하라. 학생들은 실제적으로 읽어야 하고, 암송하지 않아야 한다.
8	공연이 어떠하였고, 무엇을 성취하였는지 토론하라.

4) Corcoran & Davis(2005)의 RT 단계

1일	- 집단은 개별적으로는 각자 조용히 스크립트를 읽고 집단구성원과 함께할 때는 큰 소리로 읽는다. 교사는 초반에 학생들이 모르는 단어를 해독하는 것을 돕는 데 주의를 기울인다.
2일	- 교사는 스크립트를 읽을 때, 소리의 고저와 장단을 고려하여 낭독한다. 학생들은 읽기의 형식을 모방하고, 이야기를 이해하는 능력에 영향을 주는 것을 분석한다. - 학생들은 세 번 정도 스크립트를 큰 소리로 읽는다. 이때 그들의 음성에 집중하고, 단어를 구절로 묶어서(chunking), 그리고 감정을 살려서 읽는다.
3일	- 교사는 집단이 독립적으로 읽기를 연습하기 전에, 개별 집단과 함께 스크립트를 함께 읽는다. - 교사는 집단의 한 학생을 불러내어 자신의 파트를 따라 읽기(echo reading)를 하게끔 한다. 1:1 따라 읽기는 교사가 유창하게 감정과 억양을 살려서 학생에게 읽어 주면, 학생은 유창하게 읽는 것이 어떤 소리이며 어떤 느낌인지 알기 위해서 교사가 읽은 방식을 흉내 내는 것이다. 교사는 집단 회기 동안 따라 읽기를 위해서 한 집단당 적어도 두 명의 학생을 번갈아 읽힌다.

4일	- 3일차와 유사한 연습을 많이 한다. 따라 읽기를 위해서 학생들이 번갈아 읽고, 교사는 그들의 읽기에 대해서 전체적으로 피드백을 준다. 공연이 있는 날까지 학생들은 스크립트를 연습하고, 교사는 필요할 때마다 안내, 피드백, 모델링을 제공한다. - 학생들은 가족과 함께 구두 읽기를 연습하도록 일주일 동안 스크립트 복사본을 과제로 받는다. RT의 목적은 학생들이 스크립트를 암기하는 것이 아니라, 스크립트를 손에 든 채로 유창하게 읽는 것이다. - 학생들의 중요한 비평 기술을 향상시키기 위해서 공연을 녹화한다. 공연 이후의 수업시간에 학생들은 자신의 공연 녹화 비디오를 보고, 자신이 가장 잘 했다고 생각하는 장면 두 개와 연습이 더 필요하다고 느끼는 장면 두 개를 선택한다.

✤ 참고문헌

Carrick, L. (2001). Internet resources for conducting Readers Theatre. *Reading Online, 5*(1). Available: http://www.readingonline.org/electronic/elec_index.asp?HREF=carrick/ index.html

Carver, R. P., & Hoffman, J. V. (1981). The effect of practice through repeated reading on gain in reading ability using a computer-based instructional system. *Reading Research Quarterly, 16*(3), 374-390

Casey, S., & Chamberlain, R. (2006). Bringing reading alive through RT. *Illinois Reading Council Journal, 34*(4), 132-140.

Chard, D. J., Simmons, D. C., & Kameenui, E. J. (1998). Word Recognition: Research Bases. In D. C. Simmons & E. J. Kameenui (Eds.), *What Reading Research Tells us about Children with Diverse Learning Needs: Bases and Basics* (pp. 141-168). New Jersey: Lawrence Erlbaum Associates.

Chomsky, C. (1976). After decoding: What? *Language Arts, 53*(3), 288-296.

Corcoran, C. A., & Davis, A. D. (2005). A study of the effect of Readers' Theater on second and third grade special education students' fluency growth. *Reading Improvement, 42*(2), 105-111.

Dahl, P. J. R. (1974). *An Experimental Program for Teaching High Speed Word*

Recognition and Comprehension Skills. Final Report. MN: Bloomington Public Schools.

Dowhower, S. L. (1987). Effects of repeated reading on second-grade transitional readers' fluency and comprehension. *Reading Research Quarterly, 22*(4), 389-406.

Dowhower, S. L. (1989). Repeated reading: Research into practice. *The Reading Teacher, 42*(7), 502-507.

Johnson, D. W., & Johnson, R. T. (1985). The internal dynamics of cooperative learning groups. In R. Slavin, S. Sharan, S. Kagan, R. H. Lazarowitz, D. Webb, & R. Schmuck (Eds.), *Learning to Cooperate, Cooperating to Learn* (pp. 103-124). New York: Plenum Press.

Liu, J. (2000). The Power of readers theater: From reading to writing. *The ELT Journal, 54*, 354-361.

Martinez, M., Roser, N. L., & Strecker, S. (1998). "I Never Thought I Could Be a Star": A Readers Theatre Ticket to Fluency. *The Reading Teacher, 52*(4), 326-334.

Millin, S. K., & Rinehart, S. D. (1999). Some of the benefits of readers theater participation for second-grade title I students. *Reading Research and Instruction, 39*(1), 71-88.

Rosenblatt, L. (1978). *The reader, the text, and the poem: A transactional theory of reading.* Carbondale, IL: Southern Illinois University Press.

Samuels, S. J. (1979). The method of repeated reading. *The Reading Teacher, 32*(4), 403-408.

Samuels, S. J. (1997). The method of repeated readings. *The Reading Teacher, 50*(5), 376-381.

Schreiber, P. A. (1980). On the acquisition of reading fluency. *Journal of Reading Behavior, 7*(3), 177-186.

Sindelar, P. T., Monda, L. E., & O' Shea, L. J. (1990). Effects of repeated readings on instructional-and mastery-level readers. *Journal of Educational Research, 83*(4), 220-226.

Slavin, R. E. (1987). Developmental and motivational perspectives on cooperative learning: a reconciliation. *Child Development, 58*(5), 1161-1167.

Torgeson, J. K., Rashotte, C. A., & Greenstein, J. J. (1985). *Listening comprehension in learning disabled children who perform poorly on memory span tasks.* (Experiments 5, 6, and 7). Unpublished manuscript, Tallahassee: Florida State

University.
Weinstein, G., & Cooke, N. L. (1992). The Effects of Two Repeated Reading Interventions on Generalization of Fluency. *Learning Disability Quarterly, 15*(1), 21–28.
Worthy, J., & Prater, L. (2002). "I thought about it all night": Readers theatre for reading fluency and motivation. *The Reading Teacher, 56*(3), 294–297.

14
CIRC 프로그램

이론적 배경

1. CIRC 프로그램의 특징

초등학교 읽기 수업의 전형적인 모습은 비슷한 수준을 가진 동질적인 읽기집단을 활용하고 있다는 것이다. 그러나 이때 발생하는 현실적인 문제는 교사가 어떠한 집단을 도와주고 있을 때 다른 집단들은 교사의 최소한의 지도도 받지 못한다는 점이다. Beck과 그의 동료들은 실제로 교사의 지도가 없는 학습활동에 대한 연구에서 그 활동의 질이 매우 낮고, 학습활동 시간에 과제에 집중하는 시간도 매우 짧다고 보고하였다(정문성, 김동일, 1998). CIRC(Cooperative Integrated Reading and Composition) 학습모형은 이러한 학습활동을 효과적으로 개선하는 데 초점을 두고 개발되었다. 즉, 모든 구성원이 과제를 완수함으로써 얻게 되는 보상을 위해 구성원들이 서로 열심히 학습하도록 동기화시키는 것이다.

2. CIRC 프로그램의 절차

Madden, Slavin과 Stevens(1986)의 연구보고서에 소개된 CIRC 모형의 프로그램 절차를 요약하면 다음과 같다. CIRC 프로그램은 읽기이해를 위한 직접교수, 이야기 관련 활동, 읽기와 쓰기의 통합 활동 등의 세 가지 주요 요소로 구성되어 있다. 이들의 모든 교수-학습활동은 이질적 학생 집단 속에서 이루어지며, 교사의 설명, 팀 연습, 동료의 점검, 추가 연습, 평가 등을 포함하고 있다. 이 CIRC의 수업 절차는 다음과 같다.

1) 팀 구성

학생들은 자신의 읽기집단 내에서 2~3명씩 짝을 이루고 다른 읽기집단에서 온 다른 짝들과 함께 한 팀을 이룬다. 예를 들어, 상위 수준의 읽기집단에 속한 두 명의 학생과 하위 수준의 읽기집단에 속한 두 명의 학생이 한 팀을 구성하게 되는 것이다. 학급에 통합된 읽기장애 학생은 각 팀에 고르게 분포된다. 모든 퀴즈 작문 교재에 나온 과제 등에 대한 학생들의 점수는 팀 점수에 반영된다.

Slavin(1983)의 선행연구에 따르면, 집단구성원의 학업 수행 능력에 기초하여 이질집단을 보상으로 사용하는 것이 교육적인 효과가 있었다. 그 이유는 한 팀을 이루는 구성원이 이질집단일 때 다양한 생각과 관점에서 활발한 토론이 이루어지고 상호작용이 극대화될 수 있기 때문이다.

2) 읽기이해를 위한 직접 교수

교사는 중심내용 찾기, 추론하기 등의 읽기이해 기능을 단계적으로 직접 교수한다. 이 수업 후에 학생들은 읽기이해 문제를 해결하는데, 한 문항에 모든 학생이 합의를 해야 다음 문항으로 넘어갈 수 있다.

3) 이야기 관련 활동

매일 약 20~30분 동안 교사의 주도하에 이야기가 소개된다. 수업을 하는 동안 교사는 읽기의 목적을 제시하고, 새로운 어휘를 소개하며, 배웠던 어휘에 대한 복습을 하고 학생들에게 읽게 한 후 이야기에 대한 내용을 질문한다. 각 영역별 활동은 구조화된 절차에 의해 진행된다. 예를 들어, 교사는 낱말 이해의 실연, 낱말의 발성법, 연습, 자동화를 위한 소리 내어 읽기 등을 요구하는 어휘 소개 절차의 사용을 가르친다. 이야기에 대한 토의는 예측 능력을 향상시키고 문제의 주요 구성 요소들을 이해하도록 한다. 이야기 소개가 끝난 후 학생들에게 교사와 함께 공부하지 않을 때 팀에서 진행해 나가는 여러 활동이 주어지며 절차는 다음과 같다.

활동	내용
짝끼리 읽기 (Partner reading)	학생들은 각자 조용히 이야기를 읽고 난 후, 짝과 함께 한 문단씩 번갈아 가며 소리 내어 읽는다. 이때 짝의 틀린 부분을 지적해 준다. 번갈아 가며 읽는 활동은 낱말의 독해나 이야기의 이해에 기여하는 것으로 확인되었다. 또한 짝끼리 읽기는 학생들에게 소리 내어 읽기의 연습량을 많이 제공하고 교사에게는 시간적 낭비 없이 학생의 성취도 평가를 가능하게 해 준다.
보물찾기 (Treasure hunts)	보물찾기의 목적은 학생들이 읽은 이야기를 파악하여 이야기의 내용과 구조에 대한 이해를 돕는 데 있다. 학생들은 이야기를 읽는 중간에 읽기를 중단하고, 이야기에서 발생한 사건, 나오는 인물, 배경, 문제해결과 같은 이야기와 관련된 질문을 받게 된다. 또한 이야기의 사건이 어떻게 해결될 것인지를 추측하게 하며, 이야기의 끝부분에서 전체적인 질문에 대답하게 하고, 이야기 주제와 관련하여 마지막 부분을 꾸며 보도록 한다. 이 같은 이야기 구조에 대한 질문을 통해 학생들은 이야기를 이해하는 데 도움이 되고, 유사한 구조를 갖는 새로운 이야기를 이해하는 능력 또한 향상된다. 최근의 연구들은 이같이 질문을 예언하고 명확히 하는 것은 학생이 읽은 것에 대한 이해를 개선하고, 이야기에서 제시된 정보의 인지적 과정을 증대시킨다고 보고하고 있다(Brown & Palincsar, 1984).
소리 내어 읽기 (Words out loud)	학생들의 이야기 이해는 정확하고 빠르게 낱말을 해석하는 능력에 달려 있다. 따라서 교사는 학생들에게 이야기 이해를 위한 어휘 또는 어려운 어휘 목록을 제공해 주고, 학생들은 이야기를 읽기 전에 짝과 같이 자연스럽게 읽을 수 있을 때까지 연습한다. 이 같은 소리 내어 읽기 연습의 목적은 학생들이 어휘에 대해 자동적일 수 있도록 하는 데 있다.

낱말의 뜻 알기 (Word meaning)	학생들에게 그들이 사용하는 어휘 중 새로운 낱말 목록이 주어지면 학생들은 사전에서 낱말의 뜻을 찾아 쓰고, 그 의미의 낱말이 들어간 문장을 쓴다. 그러나 낱말의 뜻을 가르치는 것만으로는 낱말과 그 뜻을 충분히 이해하지 못한다(Mezynski, 1983). 효율적인 읽기교수는 의미 있는 문맥 속에서 낱말의 의미에 대한 이해를 발달시키는 데 있다. CIRC에서는 학생들에게 새로운 낱말의 뜻을 이해하고 그 낱말의 의미가 무엇인지 말해 주는 문맥에 그 낱말을 사용하도록 한다. 이 목적은 낱말을 사용하고 문장을 쓸 때 그들의 관련 배경지식을 이용하며 낱말을 의미 있는 문맥에 연결시키는 것을 돕는 데 있다.
이야기 다시 말하기 (Story retelling)	이야기를 읽고 토의하기가 끝난 후, 학생들은 짝에게 이야기의 요점을 간추려서 말한다. 또래에게 읽기 제재를 간추려 말하는 활동은 이해력과 기억력을 높여 준다(Dansereau, 1985). 이 활동의 목적은 학생들이 이야기에서 무슨 일이 일어났는지에 대해 공부하는 다음 과정을 돕기 위해 그들 자신의 말로 사건을 간단히 간추리게 하고 중요한 정보를 회상시키는 데 있다. 그들이 읽은 것을 요약하고 다시 말하는 정보는 교재에 제시되어 있는 정보들 간의 관계를 만들어 내고, 그것의 선험적 지식에 관련짓는 것을 돕는다. 이야기 다시 말하기 활동을 통해 이런 기술들이 다른 읽기 과제에 일반화되어 자극을 주지 않아도 학생들은 이런 관계를 만들어 내는 기술을 습득할 것이다.
통합된 언어교육과 쓰기활동 (Integrated reading and writing)	언어교육을 할 때 교사는 특별히 개발된 프로젝트인 '구체적 언어교육과 쓰기과정'을 사용한다. 이 프로젝트는 학생들이 팀과 함께 직접적인 쓰기활동을 통하여 언어표현 기술을 배우는 것이다. 이 과정에서는 쓰기활동을 강조하며, 언어의 기능별 교수는 분리된 영역이라기보다 쓰기활동의 보조적인 것으로 소개된다. 학생들은 수식어구를 배운 후 수식어구의 사용이 강조된 문장들을 쓴다. 그리고 글을 쓰기 전에 인용부호에 대해서도 공부한다. 쓰기 활동을 하는 모든 학생은 동료와 상의하여 초고 쓰기를 하되, 글의 내용, 문법, 기능적 정확성 등이 모두 강조되는 편집방식에 따라 동료에 의해 편집활동이 이루어진다. 그러고 나서 학생들은 동료의 피드백을 기초로 완성된 글을 수정한다.
평가 (Quizzes)	수업의 마지막 부분에 학생들에게 이야기에 근거한 이해력 검사가 실시된다. 주어진 어휘를 이용하여 의미 있는 문장을 쓰기, 주어진 읽기 목록을 보고 교사 앞에서 정확하게 읽기 등인데 이때 동료들은 도와줄 수 없게 한다. 이 평가의 목적은 각각의 학생이 새로운 낱말을 완벽하게 학습했고 이야기를 이해했는지 확인하기 위한 것이다. 이 점수와 이야기와 관련된 쓰기 점수는 매주 합산되는 팀 점수의 기초가 된다. 이런 방법을 통해 획득한 팀 점수와 그 결과로서 생기는 집단의 목적은 개인적 책무성에

	기초한다. 이것이 집단의 성공을 각각의 팀 구성원의 성공과 연결시키고 집단 구성원이 서로 도울 수 있도록 동기를 부여해 준다.
개별 읽기 (Independent reading)	학생들에게 매일 저녁 적어도 20분 이상 자신이 선택한 책을 읽도록 요구한다. 학부모들은 학생들이 주어진 시간 동안 책을 읽었는지에 대해 주어진 양식으로 확인을 하고, 학생들은 매주 완성된 양식을 제출함으로써 팀 점수에 기여한다. 학생들은 또한 적어도 2주에 한 편씩 독후감을 써야 하며, 이 결과도 팀 점수에 반영된다. 홀로 읽기와 독후감 쓰기는 언어교육의 과제로 대체되며 만일 학생들이 이야기 구성이나 다른 활동이 일찍 끝날 경우에는 수업 중에도 홀로 읽기를 할 수 있다.

3. CIRC 프로그램과 읽기 및 쓰기 교육

CIRC 프로그램은 현재 초등학교에서 이루어지고 있는 언어교육의 문제점을 분석하여 효과적인 언어교육이 이루어지도록 개발되었다. 정혜영(2001)은 현재 초등학교에서 분석된 읽기 · 쓰기 활동의 문제점과 이에 대한 CIRC 프로그램의 개선점을 다음과 같이 요약하고 있다.

1) CIRC 프로그램과 초등학교 읽기교육

초등학교 읽기 수업에 관한 연구들은 추론적 이해보다는 문자적 이해를 지나치게 강조하는 점을 문제점으로 지적하고 있다(Hansen, 1981). 읽기에 문제가 있는 학생들은 이해전략(comprehension strategies)과 읽기에 대한 초인지 통제(metacognitive control)가 미흡하며, 이러한 전략의 미흡함이 그들의 이해력에 문제를 가져온다고 알려져 있다(Baker & Brown, 1984). 따라서 요약, 질문, 명료화, 예측 기능 등과 같이 읽기 이해전략과 초인지적 모니터 과정 등을 가르치는 구체적인 수업이 읽기의 이해 기능을 증진시켜 줄 수 있다(Palincsar & Brown, 1984). 또한 소리 내어 읽기는 학생들의 소리 내어 읽기 기회를 최대화시켜 주고, 동료로부터 피드백을 받고 또한 또래의 읽기에 반응함으로써 읽기를 훈련하는 데 초점을 두고 있다. 전통적인 수업 구조에서는 학생들이 큰 소리로 읽어 볼 기회를 별로 갖지 못하는 반면, CIRC는 대부분 읽기 수업에서 활용되는 전략이다(최영환, 1997).

2) CIRC 프로그램과 초등학교 독해교육

최근의 인지심리학 연구들은 다양한 인지적 단계를 지닌 학생들이 서로에게 인지적 지원을 하려 할 때 협력 학습이 더욱 많은 도움을 줄 수 있고 이를 통해 서로 다른 학생들의 학습 상황을 관찰할 수 있다고 본다. 연구자들은 협력 학습 속에서 서로 도움을 주려고 노력하는 중에 인지적 기능들을 내면화할 수 있다고 보고하고 있다(Vygotsky, 1978). Brown과 Campione(1986) 그리고 Wittrock(1986)은 학생들은 협력적으로 상호작용할 때 학생 자신의 말로 다른 학생들에게 전략을 설명할 수 있고, 그렇게 함으로써 좀 더 복잡한 인지적 활동의 과정을 도울 수 있게 된다고 보고하고 있다(이종억, 1997).

Stevens, Slavin과 Farnish(1991)는 읽기이해 전략교수에 대한 효과적인 협력 학습의 인지적 접근법을 발견하였다. 학생들에게 문장의 중심생각을 찾아내기 위한 전략인 메타인지 기술을 직접 교수하였다. 이것은 다양한 문장에 따른 전략을 적용한 구조화된 협력 학습 과제에 따른 것이다. 처음에 학생들은 안내된 연습을 통해 인지적 도움을 받고 교사로부터 피드백을 제공받으며 동료들로부터 협력적 지원과 피드백을 제공받는다. 인지적 지원은 학생이 독립적으로 인지적·초인지적 전략을 사용할 때까지 점차 감소시킨다. 이런 협력 학습의 인지적 접근 방법은 전통적 교수보다 중심생각 찾기 능력과 학업 성취에서 높은 것으로 나타났다.

3) CIRC 프로그램과 초등학교 쓰기교육

쓰기교육을 위해 CIRC를 개발한 주요 목적은 또래들과 협력하여 쓰기 과정을 설계하고 실행하고 평가하는 데 있다. 대부분의 쓰기 과정 모형에서 동료반응 집단은 전형적인 구성 요소이지만, 동료 참여가 핵심 활동은 아니다. 그러나 CIRC에서는 소집단 또래들과 함께 학생들이 작품을 계획, 수정 및 편집한다. 또한 초등학교의 쓰기와 언어교육에 관한 수업은 실제 쓰기활동보다는 분리된 언어기능별 교수에 시간을 주로 할애하고 있다. 그러나 CIRC는 언어기능별 수업이 쓰기에 완전히 통합되어 있으며 쓰기 수업에 새로 배운 읽기 이해기능을 사용함으로써 쓰기 활동과 읽기 활동을 통합시키고 있다.

CIRC 프로그램의 효과성[1)]

1. 연구 방법

연구대상으로 초등학교 3학년 두 학급을 선정하여, 한 학급은 실험집단으로, 다른 학급은 통제집단으로 배치하였다. 두 집단은 읽기능력 및 쓰기능력에 관한 사전 검사 실시 후, 실험 집단에서는 총 9주 45차시의 CIRC 프로그램을 통한 읽기 · 쓰기 통합학급, 통제집단에서는 읽기 · 쓰기 분과학습을 실시하였고, 실험처치가 끝난 후 사후 검사를 실시하였다.

2. 연구 결과: 집단 간 읽기능력의 차이

1) 이해능력 면에서의 차이

표 14-1 이해능력검사에서의 집단 간 차이

이해능력검사	$M(SD)$		F	p
	실험집단(n=35)	통제집단(n=35)		
사전	7.43(1.69)	7.94(1.37)	5.883	.018
사후	8.80(1.28)	8.34(1.41)		

1) 이성은, 윤연희(2004). 협동적 읽기 · 쓰기 통합(CIRC) 프로그램이 초등학생의 읽기 능력 및 쓰기 능력에 미치는 효과. 열린교육연구, 12(1), 169-189.

〈표 14-1〉에 따르면 이해능력에 대한 사전 · 사후 검사 결과의 평균 차이가 실험집단은 1.37, 통제집단은 0.40으로, 실험집단이 상대적으로 크게 나타났다. *F*값은 5.883이고, 유의확률은 .018로 유의수준 .05에서 검정했을 때 통계적으로 유의미한 차이가 있었다.

2) 요약능력 면에서의 차이

표 14-2 요약능력검사에서의 집단 간 차이

요약능력검사	*M(SD)*		*F*	*p*
	실험집단(n=35)	통제집단(n=35)		
사전	3.66(3.27)	2.63(2.82)	5.644	.020
사후	5.03(2.67)	3.37(2,78)		

〈표 14-2〉에 따르면 요약능력에 대한 사전 · 사후 검사 결과의 평균 차이가 실험집단은 1.37, 통제집단은 0.74로, 실험집단이 상대적으로 크게 나타났다. *F*값은 5.644이고, 유의확률은 .020로 유의수준 .05에서 검정했을 때 통계적으로 유의미한 차이가 있었다.

3) 추론능력 면에서의 차이

표 14-3 추론능력검사에서의 집단 간 차이

추론능력검사	*M(SD)*		*F*	*p*
	실험집단(n=35)	통제집단(n=35)		
사전	6.00(2.33)	6.34(2.45)	1.314	.256
사후	7.37(1.44)	6.80(2,58)		

〈표 14-3〉에 따르면 추론능력에 대한 사전·사후 검사 결과의 평균 차이가 실험집단은 1.37, 통제집단은 0.46이다. 실험집단이 평균의 차이뿐 아니라 사후 검사 결과의 평균값도 상대적으로 높게 나타났으나, 통계적으로 분석해 보았을 때, *F*값은 1.314, 유의확률은 .256으로서 유의수준 .05보다 크므로 집단 간에 통계적으로 유의미한 차이가 나지 않았다고 할 수 있다.

3. 연구 결과: 집단 간 쓰기능력의 차이

1) 글의 내용 면에서의 차이

표 14-4 글의 내용에서의 집단 간 차이

글의 내용(총점)		*M(SD)*		*F*	*p*
		실험집단 (n=35)	통제집단 (n=35)		
글의 내용(10)	사전	6.97(2.24)	7.20(2.18)	12.963	.001
	사후	9.20(1.30)	7.66(2.14)		
주제와 내용의 일치(5)	사전	3.97(1.48)	3.97(1.48)	5.235	.025
	사후	4.94(0.34)	4.54(0.98)		
풍부한 내용 및 정서 표현(5)	사전	3.00(1.68)	3.23(1.52)	10.992	.001
	사후	4.26(1.20)	3.11(1.60)		

〈표 14-4〉에 따르면 글의 내용에 대한 사전·사후 검사 결과의 평균 차이가 실험집단은 2.23, 통제집단은 0.46으로, 실험집단이 상대적으로 크게 나타났다. *F*값은 12.953이고, 유의확률은 .001로 유의수준 .05에서 검정했을 때 통계적으로 유의미한 차이가 있었다.

2) 글의 조직 면에서의 차이

표 14-5 **글의 조직에서의 집단 간 차이**

글의 조직(총점)		*M(SD)*		*F*	*p*
		실험집단 (*n*=35)	통제집단 (*n*=35)		
글의 조직(10)	사전	3.26(1.69)	3.43(1.97)	23.804	.000
	사후	5.71(3.00)	2.91(1.56)		
문단의 짜임(5)	사전	1.91(1.12)	2.09(1.63)	23.762	.000
	사후	3.06(1.57)	1.51(1.01)		
문단의 조직(5)	사전	1.34(1.03)	1.34(0.91)	12.771	.000
	사후	2.66(1.78)	1.40(1.06)		

〈표 14-5〉에 따르면 글의 조직에 대한 사전 · 사후 검사 결과의 평균 차이가 실험집단은 2.45, 통제집단은 0.52로, 실험집단이 상대적으로 크게 나타났다. *F* 값은 23.804이고, 유의확률은 .000로 유의수준 .05에서 검정했을 때 통계적으로 유의미한 차이가 있었다.

3) 글의 표현 면에서의 차이

표 14-6 **글의 표현에서의 집단 간 차이**

글의 표현(총점)		*M(SD)*		*F*	*p*
		실험집단 (*n*=35)	통제집단 (*n*=35)		
글의 표현(10)	사전	6.97(2.24)	7.20(2.18)	12.963	.001
	사후	9.20(1.30)	7.66(2.14)		
표기법(5)	사전	3.97(1.48)	3.97(1.48)	5.235	.025
	사후	4.94(0.34)	4.54(0.98)		
정확한 어휘의 사용(5)	사전	3.00(1.68)	3.23(1.52)	10.992	.001
	사후	4.26(1.20)	3.11(1.60)		

실험집단은 0.97, 통제집단은 0.11로, 실험집단이 상대적으로 크게 나타났으나, *F*값은 3.9574이고, 유의확률은 .051로 유의수준 .05에서 검정했을 때 통계적으로 유의미한 차이가 나타나지 않았다. 이는 CIRC 프로그램이 초등학생의 글의 표현, 특히 정확한 어휘의 사용의 향상에는 효과가 없음을 보여 주는 것이다.

CIRC 프로그램의 예시

1. CIRC 프로그램의 절차[2]

본 연구에 사용된 중재 프로그램은 초등학교 3학년 1학기 국어과 읽기 교육과정과 Madden, Slavin과 Stevens(1986)의 CIRC 모형을 참고로 수정한 것이다. 본 중재 프로그램의 모형은 [그림 14-1]과 같다.

CIRC 협력학습 프로그램이 학습장애아동의 읽기 · 쓰기능력에 미치는 효과

팀 구성	➡	읽기이해를 위한 직접 교수	➡	〈이야기 관련 활동〉 - 짝끼리 읽기 - 보물 찾기 - 소리 내어 읽기 - 낱말의 뜻 알기 - 이야기 다시 말하기 - 철자법 익히기	➡	평가	➡	홀로 읽기
학습장애 아동 3명과 협력아동 3명이 한 팀을 이룸		필요한 경우에만 직접 교수		이야기 관련 활동에 중심을 두고 실시하였으며, 글의 내용이해와 어려운 낱말 익히기를 중점 지도		매 차시 읽기 · 독해력 · 쓰기 평가		과제로 제시

[그림 14-1] CIRC 읽기 · 쓰기학습모형

2) 권순옥(2004). CIRC 협력학습 프로그램이 학습장애아의 읽기 및 쓰기 능력에 미치는 효과. 부산대학교 석사학위논문.

를 알아보기 위하여 읽기이해를 위한 직접 교수는 필요하다고 판단되는 경우에 수시로 하였으며, 초기에는 교사의 직접 교수가 다소 많은 비중을 차지하였으나 갈수록 직접 교수보다는 아동 중심의 이야기 활동으로 수업을 실시하였다. 본 연구에 활용된 CIRC 프로그램의 내용은 〈표 14-7〉과 같다. 본 연구에서는 초등학교 3학년 1학기 국어 읽기의 다섯 마당 10단원을 모두 선정하였으며, 구체적인 교수-학습지도안은 〈표 14-8〉에 제시하였다.

표 14-7 연구에 사용된 CIRC 프로그램의 내용

<table>
<tr><th colspan="2">단계</th><th>내용</th></tr>
<tr><td colspan="2">읽기이해를 위한 직접 교수</td><td>- 중심생각 찾기, 비교/대조하기, 추론하기, 요약하기,
- 읽은 글의 결론 내리기, 예견하고 명료화하기</td></tr>
<tr><td colspan="2">교사 주도 활동</td><td>- 지난 시간에 학습한 낱말 복습 및 새로운 낱말 학습하기</td></tr>
<tr><td rowspan="9">아동 주도 활동</td><td>짝끼리 읽기</td><td>- 짝과 번갈아 가며 한 문장씩 소리 내어 읽기
- 짝이 읽는 동안 묵독하며 틀리게 읽으면 고쳐 줌</td></tr>
<tr><td>보물 찾기</td><td>- 이야기를 읽는 도중에 짝끼리 이야기에서 무슨 일이 일어났는가에 대해 질문하고 대답하기
- 등장인물, 배경, 사건, 문제해결과 관련된 질문하기
- 이야기의 사건이 어떻게 해결될 것인지 추측하기
- 이야기의 끝부분에는 이야기에 대한 전체적인 질문하기</td></tr>
<tr><td>낱말을 소리 내어 읽기</td><td>- 교사가 제시한 새로운 어휘 목록 연습하기
- 짝끼리 번갈아 점검하며 교정 연습하기</td></tr>
<tr><td>낱말의 뜻 알기</td><td>- 새로운 어휘의 뜻을 이해하기
- 문맥 속에서 어휘의 의미를 이해하고 문장 속에 사용하기</td></tr>
<tr><td>이야기 다시 말하기</td><td>- 이야기의 주요 사건을 짝에게 이야기하기
- 이야기의 필수요소들이 적힌 목록을 가지고 짝의 이야기 완성도를 점검하기</td></tr>
<tr><td>철자법 익히기 및 이야기 관련 지어 쓰기</td><td>- 철자법 익히기
- 이야기의 사건을 자세히 쓰기
- 이야기의 사건을 자신의 경험과 관련지어 쓰기</td></tr>
<tr><td>평가</td><td>- 읽기 및 쓰기 평가하기</td></tr>
<tr><td>홀로 읽기</td><td>- 개별적으로 수준에 맞게 읽기 활동하기 및 과제 제시</td></tr>
</table>

표 14-8 CIRC 교수-학습 지도안(예시)

<table>
<tr><th>단원</th><td>1. 서로를 생각하며</td><th>본시 주제</th><td colspan="2">낱말이 어떤 뜻으로 쓰였는지 생각하며 글을 읽고 줄거리 간추리기</td><th>차시</th><td>2/20</td></tr>
<tr><th></th><td></td><th></th><td colspan="2"></td><th>쪽수</th><td>8~9</td></tr>
<tr><th>학습목표</th><td colspan="6">글자는 같지만 뜻이 다른 낱말이 어떤 뜻으로 쓰였는지 생각하며 글을 읽고 내용을 알 수 있다.</td></tr>
<tr><th rowspan="2">단계</th><th colspan="3">교수-학습 활동</th><th rowspan="2">시간</th><th colspan="2" rowspan="2">자료 및 유의점</th></tr>
<tr><th colspan="2">교사</th><th>아동</th></tr>
<tr><td rowspan="2">학습동기 유발 교사의 안내</td><td colspan="2">• 낱말의 뜻 복습하기
- 어휘 목록 보여 주기 (말 장수, 선비, 단 숨, 후회)
- 낱말을 따라 읽고 낱말의 뜻을 복습한다.</td><td>- 지난 시간에 배운 낱말의 뜻을 상기한다.</td><td rowspan="2">5분</td><td colspan="2">어휘 목록</td></tr>
<tr><td colspan="2">• 학습 목표 확인하기
- 글자는 같지만 뜻이 다른 낱말이 어떻게 쓰였는지 알 수 있다.</td><td>- 교과서를 보며 학습목표를 확인한다.</td><td colspan="2"></td></tr>
<tr><td rowspan="3">읽기와 쓰기의 통합 단계</td><td colspan="2">• 짝끼리 읽기</td><td>- 교과서 8~9쪽을 각자 조용히 읽는다.</td><td rowspan="3">25분</td><td colspan="2"></td></tr>
<tr><td colspan="2">• 보물 찾기
- 등장인물은 누구누구인가요?
- 나그네는 왜 가까운 마을에 갔습니까?
- 나그네는 왜 선비의 말을 가로막았나요?
- 나그네는 선비의 말에 왜 당황하였나요?
- 그런데 나그네는 왜 공손하게 다시 물었나요?</td><td>- 나그네, 선비
- 목이 말라서
- 물을 얻어 마실 집을 물어보려고
- 잘 걷고 있는 말을 갑자기 물려고 하여서
- 갑자기 말을 가로막은 자신의 행동 때문에 선비가 화가 나서 그러하였을 것이라는 생각에</td><td colspan="2">짝끼리 묻고 답한다.</td></tr>
<tr><td colspan="2">• 소리 내어 읽기</td><td>- 짝과 함께 한 문장씩 큰 소리로 읽는다.</td><td colspan="2">틀린 부분을 지적해 준다.</td></tr>
</table>

	• 낱말 뜻 알기 (목이 마르다, 두리번거리다, 당황하다, 공손하다) • 이야기 다시 말하기	- 낱말의 뜻을 알아본다. - 주요 사건을 짝에게 간단하게 정리하여 말한다.		낱말카드, 국어사전 사전지도를 통해 학생들끼리의 학습이 이루어지도록 한다.
	• 철자법 익히기	- 어려운 낱말을 찾아 줄을 긋고 짝과 함께 읽고 쓰면서 익힌다.		
평가	• 평가	- 소리 내어 큰 소리로 읽기 및 독해력, 짧은 문장 받아쓰기를 평가하되 서로 도울 수 없게 한다.	10분	평가지
	• 홀로 읽기	- 학생들에게 과제로 매일 10분 이상 책을 소리 내어 읽고 오도록 과제로 제시한다.		알림장에 부모의 사인을 받아 오도록 한다.

2. CIRC 프로그램의 활동지

도대체 누굴까?[3)]

◆ 새로운 낱말

촉촉이, 수줍음, 부리나케, 화분, 싱그러운, 게으름뱅이, 흔적, 우스꽝스러운, 달콤한, 와글거리는, 꼬투리, 슬며시, 여물어

◆ 낱말 풀이

낱말	낱말의 뜻 추측하여 쓰기	낱말의 뜻 (사전 찾아 쓰기)
촉촉이		
수줍음		
부리나케		
화분		
싱그러운		
게으름뱅이		
흔적		
우스꽝스러운		
달콤한		
와글거리는		
꼬투리		
슬며시		
여물어		

3) 김자영(2005). CIRC 프로그램이 읽기능력 향상에 미치는 효과. 서울교육대학교 대학원 석사학위 논문.

◆ 짧은 글짓기

◆ 보물 찾기

◆ 이야기 관련지어 쓰기

중심생각 찾기[4)]

1. 파랑새는 나무에 둥지를 짓는다. 독수리는 높은 바위에 둥지를 짓는다. 꿩은 초원에 지으며 철새와 굴뚝새는 새집이나 주택가의 처마 밑에 짓는다. 펭귄은 바위가 있는 해변에 짓는다.

중심생각 ____________________

2. 우리가 살고 있는 고장의 사정을 알려고 할 때, 여러 가지 지도가 이용된다. 산, 들, 강과 같은 고장의 땅 모양을 알려고 할 때에는 지형도를 보면 된다. 고장에서 나는 여러 가지 산물은 어떤 것이 있는지 알아보려고 할 때에는 상업도를 이용한다. 고장에 있는 이름난 절, 성터, 경치가 좋은 곳 등 관광할 곳을 알아볼 때는 관광안내도를 이용하면 좋다.

중심생각 ____________________

3. 생물은 여러 가지 방법으로 대를 이어 간다. 소나 말, 돼지, 토끼와 같은 짐승은 새끼를 낳아 대를 이어 가며 닭, 오리, 꿩, 비둘기, 참새와 같은 새나 벌, 나비, 잠자리, 방아깨비와 같은 곤충, 바다에 사는 물고기 등은 알을 낳아 대를 이어 간다.

중심생각 ____________________

4. 우리는 일상생활에서 전기 기구를 잘 이용함으로써 에너지를 절약할 수 있다. 냉장고 문은 자주 여닫지 않는다. 조명 기구는 사용하지 않을 때 반드시 끈다. 텔레비전은 사용하지 않을 때에는 켜 놓지 않는다. 세탁기의 사용은 빨래를 모았다가 한꺼번에 한다.

중심생각 ____________________

5. 농촌 사람들은 일손이 모자랄 때 서로 도와 가며 산다. 많은 일손이 필요한 모내기와 추수철에는 온 마을 사람이 서로 도와 가며 일을 한다. 결혼식과 같은 기쁜 일이 생겼을 때에는 온 마을이 자기 일처럼 생각하며 서로 도와준다. 그리고 장례식과 같은 궂은 일이 생겼을 때에도 마을 사람들이 다함께 도와 가며 산다.

중심생각 ____________________

4) 김자영(2005). CIRC 프로그램이 읽기능력 향상에 미치는 효과. 서울교육대학교 대학원 석사학위 논문.

읽기 형성 평가: 명탐정 필립[5)]

◆ 낱말 풀이를 보고 〈보기〉에서 해당하는 낱말을 찾아 쓰시오.

〈보기〉

자욱하였다, 미궁, 정적, 중절모자, 의뢰인, 촌장, 여생, 수완, 우애, 모금, 증서, 제각기, 불길한, 예감, 설마, 변호사, 소송, 보관, 제출, 허탈한, 도리, 탐정, 난감하다, 단호한, 원고, 피고, 서명, 기세, 당연히, 방청객, 발언, 법정, 긴장감, 재판장, 판결

1. 복잡하게 얽혀서 판단하거나 해결하기 어렵게 된 상태	
2. 일을 꾸미거나 치러 나가는 재간	
3. 남에게 어떤 일을 부탁한 사람	
4. 연기나 안개 같은 것이 끼어 있는	
5. 법률상 재판을 법원에 요구함, 또는 그 절차	
6. 무슨 일이 있기 전에 암시적으로 미리 느끼는 일	
7. 이러기도 어렵고 저러기도 어려워 처지가 매우 딱함	
8. 민사 소송에서 소송을 당한 쪽의 당사자	
9. 자기의 이름을 문서에 적음	

◆ 다음 주어진 낱말을 이용하여 짧은 글짓기를 하시오.

10. 보관

____

____

11. 불길한

____

____

5) 김자영(2005). CIRC 프로그램이 읽기능력 향상에 미치는 효과. 서울교육대학교 대학원 석사학위 논문.

◆ '명탐정 필립' 의 이야기를 떠올리며 다음 문제에 답하시오.

12. 필립은 어떤 일을 하는 사람입니까?

13. 삼 형제가 많은 돈을 번 대신에 잃은 것은 무엇입니까?

14. 원고 쪽에서 제출한 증거물의 내용은 무엇입니까?

15. 노인의 목소리에서 점점 기운이 빠져 나간 까닭은 무엇입니까?

짝과 함께 공부해요![6)]

활동 1

• 짝과 함께 낱말을 소리 내어 읽으세요. 그리고 낱말의 뜻도 이야기해 보세요.

① 선비　　② 체면　　③ 서투른　　④ 광경

활동 2

• 위에서 공부한 낱말 중에서 뜻과 어울리는 곳에 적어 넣으세요.

① 눈앞에 눈부신 (　　　)이 펼쳐졌다.

② 선비 (　　　)에 점잖지 못한 행동을 할 수가 없었다.

③ 아직까지 글자 쓰기가 (　　　) 동생은 글자의 모양이 비뚤비뚤했다.

활동 3과 활동 4

• 짝과 함께 글을 읽으면서 아래의 답을 찾아보세요.

① 부자의 딸들이 서로 자기가 아버지를 잘 모신다고 말한 까닭은? ____________________

② 선비는 자기의 바지를 딸들에게 어떻게 해달라고 말했는가? ____________________

③ 선비의 세 딸은 아버지의 말을 듣고 각각 어떻게 하였나? ____________________

④ 선비의 말을 듣고 부자는 어떻게 하였나? ____________________

⑤ 부자의 바지는 어떻게 되었나? ____________________

활동 5

• 읽은 글을 요약하여 친구에게 이야기해 보세요. 그리고 짝은 아래의 항목을 확인하면서 검사해 주세요.

① 선비의 바지가 짧아진 원인과 그 결과를 말했는가?

② 부자의 바지가 그대로인 원인과 그 결과를 말했는가?

활동 6

• 이야기를 읽고 자신의 경험과 관련지어 느낀 점을 적으세요.

____

____

____

____

6) 정혜영(2001). 협동적 읽기 · 쓰기 통합(CIRC) 프로그램이 초등학생의 읽기 전략과 읽기 태도에 미치는 효과. 부산대학교 대학원 석사학위논문.

활동 7

• 오늘도 열심히 공부하였나요? 다음 문제를 풀어 보세요.

① '광경'이라는 말을 넣어서 짧은 글짓기를 하시오.

____

____

____

____

② 다음의 뜻을 가진 낱말을 적으시오.

남을 대하기에 반듯한 얼굴 → ______________

③ 선비는 왜 무릎이 드러날 정도로 짧은 바지를 입고 있었습니까?

____

____

____

____

④ 부자의 딸들이 효성스럽지 못하다는 것을 어떻게 알 수 있습니까?

____

____

____

____

3. CIRC 프로그램 점수표와 상장

읽기점수표[7)]

5학년 (　)반 (　)번 모둠 이름 (　　　)

횟수	평가 점수	학습지 점수	개인 점수(합계)	모둠 평균 점수	모둠 점수(합계)
1					
2					
3					
4					
5					
6					
7					
8					
9					
10					

스티커 모음판[8)]

1	2	3	4	5	6	7	8	9	10
11	12	13	14	15	16	17	18	19	20
21	22	23	24	25	26	27	28	29	30
31	32	33	34	35	36	37	38	39	40

★ 스티커 받는 기준	★ 스티커를 모으면
- 모둠 점수 1위 스티커 3장, 2위는 스티커 2장, 3위는 스티커 1장 - 개인 점수 향상은 스티커 3장	10장 - 사탕 3개, 스티커 2장 20장 - 1주일 급식 우선권, 반성문 1회 면제권 30장 - 청소 1주일 면제권, 자리 선택권 40장 - 학용품 뽑기, 당번 1주일 면제권, 반성문 2회 면제권

7) 8) 김자영(2005). CIRC 프로그램이 읽기능력 향상에 미치는 효과. 서울교육대학교 대학원 석사학위논문.

우리 팀 학습 상황표[9)]

<table>
<tr><td colspan="7">(　　)조 팀장(　　)</td></tr>
<tr><td colspan="7">______년 ___월 ___일 ___요일 ___교시</td></tr>
<tr><th>조원번호</th><th>조원 이름</th><th>성별</th><th>퀴즈 점수</th><th>독후감 점수</th><th>보너스 점수</th><th>우리 조 점수</th></tr>
<tr><td>1</td><td></td><td></td><td></td><td></td><td></td><td></td></tr>
<tr><td>2</td><td></td><td></td><td></td><td></td><td></td><td></td></tr>
<tr><td>3</td><td></td><td></td><td></td><td></td><td></td><td></td></tr>
<tr><td>4</td><td></td><td></td><td></td><td></td><td></td><td></td></tr>
<tr><td colspan="7">활동 사항:</td></tr>
</table>

9) 이상웅(2001). 협동적 읽기 · 쓰기 통합프로그램 적용이 학습부진아의 읽기메타인지 및 학습동기에 미치는 효과. 인천교육대학교 교육대학원 석사학위논문.

상 장[10)]

♧무궁화상♧

제 ____학년 ____반 (   )팀

위 팀은 협동학습을 하는 데 있어서
팀 구성원들이 자기의 책임을 다하고
팀 동료 간에 서로 협력하여 열심히 공부하였으므로
이번 주 무궁화 팀으로 선정되었습니다.
이에 이 상장을 줍니다.

년 월 일

○○ 초등학교
담임 ○○○

✤ 참고문헌

권순옥(2004). CIRC 협력학습 프로그램이 학습장애아의 읽기 및 쓰기 능력에 미치는 효과. 부산대학교 대학원 석사학위논문.

김자영(2005). CIRC 프로그램이 읽기능력 향상에 미치는 효과. 서울교육대학교 대학원 석사학위논문.

10) 이상웅(2001). 협동적 읽기 · 쓰기 통합프로그램 적용이 학습부진아의 읽기메타인지 및 학습동기에 미치는 효과. 인천교육대학교 교육대학원 석사학위논문.

이상웅(2001). 협동적 읽기 · 쓰기 통합프로그램 적용이 학습부진아의 읽기메타인지 및 학습동기에 미치는 효과. 인천교육대학교 대학원 석사학위논문.

이성은, 윤연희(2004). 협동적 읽기 · 쓰기 통합(CIRC) 프로그램이 초등학생의 읽기 능력 및 쓰기 능력에 미치는 효과. 열린교육연구, 12(1), 169-189.

이종억(1997). 협동적 통합 읽기 · 작문(CIRC) 프로그램이 초등학생의 읽기메타인지에 미치는 효과. 한국교원대학교 대학원 석사학위논문.

정문성, 김동일(1998). (열린교육을 위한) 협동학습의 이론과 실제. 서울: 형설출판사.

정혜영(2001). 협동적 읽기 · 쓰기통합(CIRC) 프로그램이 초등학생의 읽기 전략과 읽기 태도에 미치는 효과. 부산교육대학교 대학원 석사학위논문.

최영환(1997). 기능과 전략 중심의 교육과정 설계 방안. 국어교육, 95, 147-173.

Baker, L., & Brown, A. L. (1984). Metacognitive Skills and Reading. In P. D. Pearson (Ed.), *Handbook of Reading Research* (pp. 353-393). NY: Longman.

Brown, A. L., & Campione, J. C. (1986). Psychological theory and the study of learning disabilities. *American Psychologist, 41*(10), 1059-1068.

Hansen, J. (1981). The Effects of Inference Training and Practice on Young Children's Reading Comprehension. *Reading Research Quarterly, 16*, 391-417.

Madden, N. A., Slavin, R. E., & Stevens, R. J. (1986). *Cooperative Integrated Reading and Composition: Teacher's Manual*. Baltimore, Md: Center for Research on Elementary and Middle Schools, Johns Hopkins University.

Palincsar, A. S., & Brown, A. L. (1984). Reciprocal Teaching of Comprehension Monitoring Activities. *Cognitive and Instruction, 2*, 117-175.

Slavin, R. E. (1983). When does cooperative learning increase student achievement? *Psychological Bulletin, 94*(3), 429-445.

Stevens, R. J., Slavin, R. E., & Farnish, A. M. (1991). The effects of cooperative learning and direct instruction in reading comprehension strategies on main idea identification. *Journal of Educational Psychology, 83*(1), 8-16.

Vygotsky, L. (1978). *Mind in Society: The Development of Higher Psychological Processes*. Cambridge, MA: Harvard University Press.

Wittrock, M. C. (1986). *Handbook of Research on Teaching*. New York: Macmillan.

찾/아/보/기

《인 명》

《내 용》

| 저자 소개 |

김동일, Ph.D.

현재 서울대학교 사범대학 교육상담 전공 및 동 대학원 특수교육 전공 주임교수로 재직하고 있다. 서울대학교 교육학과를 졸업하고 교육부 국비유학생으로 선발되어 미네소타 대학교 교육심리학과에서 학습 및 정서장애 연구로 석사 · 박사 학위를 취득한 후 Developmental Studies Center Research Associate, 한국청소년상담원 상담교수, 경인교육대학교 교육학과 교수, 한국학습장애학회 회장을 역임했다. 현재 한국아동청소년상담학회 회장, 한국교육심리학회 부회장, 서울경기인천상담학회 부회장을 맡고 있으며, 2007~2011 BK역량기반교육혁신연구사업단 연구부문 공로업적상, 2009 독서교육대상, 2009 인터넷역기능연구부문 행정안전부 장관 표창을 수상했다.

바사(BASA)와 함께하는

증거기반 읽기 교수-학습 전략

2013년 1월 10일 1판 1쇄 인쇄
2013년 1월 15일 1판 1쇄 발행

지은이 • 김동일
펴낸이 • 김진환
펴낸곳 • (주) 학지사
121-837 서울특별시 마포구 서교동 352-29 마인드월드빌딩 5층
대표전화 • 02)330-5114 팩스 • 02)324-2345
등록번호 • 제313-2006-000265호

홈페이지 • http://www.hakjisa.co.kr
커뮤니티 • http://cafe.naver.com/hakjisa

ISBN 978-89-6330-984-2 93370

정가 17,000원